LE GABON :
APPROCHE PLURIDISCIPLINAIRE

www.librairieharmattan.com
diffusion.harmattan@wanadoo.fr
harmattan1@wanadoo.fr

ISBN : 2-296-01529-8
EAN : 9782296015296

Sous la coordination de
Gilchrist Anicet NZENGUET IGUEMBA

LE GABON : APPROCHE PLURIDISCIPLINAIRE

Préface de
Colette DUBOIS

L'Harmattan
5-7, rue de l'École-Polytechnique ; 75005 Paris
FRANCE

L'Harmattan Hongrie
Könyvesbolt
Kossuth L. u. 14-16
1053 Budapest

Espace L'Harmattan Kinshasa
Fac..des Sc. Sociales, Pol. et
Adm. ; BP243, KIN XI
Université de Kinshasa – RDC

L'Harmattan Italia
Via Degli Artisti, 15
10124 Torino
ITALIE

L'Harmattan Burkina Faso
1200 logements villa 96
12B2260
Ouagadougou 12

Etudes Africaines

Collection dirigée par Denis Pryen

Déjà parus

Innocent BIRUKA, *La protection de la femme et de l'enfant dans les conflits armés en Afrique*, 2006.
Alain BINDJOULI BINDJOULI, *L'Afrique noire face aux pièges de la mondialisation*, 2006.
Benedicta Tariere PERETU, *Les Africaines dans le développement, le rôle des femmes au Nigeria*, 2006.
Armand GOULOU, *Infrastructures de transport et de communication au Congo-Brazaville*, 2006.
Abraham Constant NDINGA MBO, *Savorgnan de Brazza, les frères Tréchot et les Ngala du Congo-Brazzaville (1878- 1960)*, 2006.
Alfred Yambangba SAWADOGO, *La polygamie en question*, 2006.
Mounir M. TOURÉ, *Introduction à la méthodologie de la recherche*, 2006.
Charles GUEBOGUO, *La question homosexuelle en Afrique*, 2006.
Pierre ALI NAPO, *Le chemin de fer pour le Nord-Togo*, 2006.
Université Catholique de l'Afrique Centrale, Faculté de théologie, *Le travail scientifique*, 2006.
Augustin RAMAZANI BISHWENDE, *Église-Famille de Dieu dans la mondialisation*, 2006.
Eugénie MOUAYINI OPOU, *La reine Ngalifourou, souveraine des Téké*, 2006.
Georges NGAL, *Reconstruire la R.D.-Congo*, 2006.
André SAURA, *Philibert Tsiranana (1910-1978), premier président de la République de Madagascar (2 tomes)*, 2006.
Dingamtoudji MAIKOUBOU, *La femme ngambaye (Tchad) dans la société pré-coloniale*, 2006.
Dominique BANGOURA, Mohamed Tétémadi BANGOURA, Moustapha DIOP, *Quelle transition politique pour la Guinée ?*, 2006.
Gilbert ZUÈ-NGUÉMA, *Africanités hégéliennes, alerte à une nouvelle marginalisation de l'Afrique*, 2006.
Claude KOUDOU (sous la dir.), *L'espérance en Côte d'Ivoire*, 2006.

SOMMAIRE

AVERTISSEMENTS

Cet ouvrage est un collectif qui regroupe les réflexions de quelques chercheurs travaillant sur le Gabon. Ce premier volume s'articule autour des travaux des sociologues, historiens et linguiste qui ont bien voulu participer à ce projet. Aussi, faut-il retenir que les réflexions mentionnées dans les différents articles n'engagent que leurs auteurs. Toutes interprétations erronées des articles composant cet ouvrage en dehors du cadre scientifique ne sauraient engager la responsabilité des auteurs.

REMERCIEMENTS

Au seuil de cet ouvrage, nous tenons à remercier Madame Colette Dubois pour les conseils qu'elle n'a cessé de nous prodiguer et surtout pour avoir accepté de préfacer cet ouvrage. Enfin une profonde reconnaissance aux auteurs : Emmanuel Ebang, Georges Moussavou, Romain Mékodiomba, Fred-Paulin Abessolo Mewono, Fabrice Nguiabama-Makaya, Rodrigue Lékoulékissa, Pierre Romuald Ombigath, Hines Mabika Ognandzi, Clotaire Messi Me Nang et Firmin Ibouanga Moussounda, pour l'abnégation et la volonté dont ils ont fait preuve pour qu'aboutisse ce projet.

Nos remerciements à Mireille Nzoubou Mpiga, Fortuné Matsiégui, Christophe Nanga, Parfait Doukaga Kassa, Léon Modeste Nnang Ndong, Aimé Moundziégou Moussavou et Patrick Mvé Ella pour leur contribution.

Nous adressons également nos vifs remerciements aux membres de l'Association des Étudiants et Stagiaires Gabonais d'Aix-Marseille (A.E.S.G.A.M) pour leur soutien moral. Qu'ils trouvent par cette réalisation l'émulation saine et surtout nos fervents encouragements dans la suite de la scolarité des uns et des autres.

PRÉFACE

Cet ouvrage collectif porté par une équipe pluridisciplinaire de jeunes chercheurs gabonais formés dans des universités françaises, arrive à point nommé. En effet, leur démarche intellectuelle (2006) s'inscrit au cœur du brusque réveil des passions autour du colonialisme, et des débats sur la décolonisation des sciences, plus particulièrement de l'histoire. De fait, les premières générations d'historiens issues des nouveaux États indépendants avaient affirmé la nécessité d'une prise en charge de leur passé et d'une écriture « décolonisée » de leur histoire. Par leurs travaux, elles avaient participé à ce qu'elles considéraient comme un indispensable renouveau du regard. Leur démarche s'inscrivait, bien entendu, dans les projets nationalistes de l'époque, qui affirmaient la nécessité de rompre, sur tous les plans, avec la domination passée. Dans ce cadre, l'histoire écrite après l'indépendance ne pouvait que se démarquer de celle écrite jusqu'alors. La première génération d'historiens se présentait, selon une expression de John Lonsdale, comme « un comité de chercheurs engagés dans la lutte pour l'Afrique libre. » Elle avait l'espoir de surmonter le divorce séparant une histoire scientiste dont les règles avaient été élaborées hors du terrain étudié, et les mémoires des acteurs africains. Toutefois derrière ces ruptures revendiquées, de nombreuses continuités demeuraient, dont l'emprise des réseaux universitaires. D'une certaine manière, les chercheurs africains en sciences humaines et sociales, formés dans les universités françaises continuaient à fournir des cadres de pensée, restaient tributaires d'une matrice culturelle et scientifique « extérieure ».

Il est temps aujourd'hui plus de quarante-six ans après la décolonisation de l'Afrique subsaharienne francophone que des chercheurs gabonais, de leur seule initiative, répondent aux interrogations de leur propre société et assument la production de leurs savoirs, en tenant compte de l'évolution de leurs champs disciplinaires et du renouvellement des problématiques.

L'ouvrage initié par Gilchrist Anicet Nzenguet Iguemba, - docteur en histoire que j'ai eu le plaisir de diriger la thèse à l'Université de Provence - et par un collectif de chercheurs gabonais promis à un bel avenir, s'inscrit dans cette ré-appropriation de la connaissance. Il s'inscrit aussi dans un souci de collaborer à une entreprise collective pour valoriser leurs investissements scientifiques et mettre à la portée de tous les premiers résultats de leurs travaux. Leur terrain de prédilection reste le Gabon. Ils apportent un éclairage neuf sur des aspects jusqu'alors peu abordés.

Comment les Gabonais appréhendent-ils l'exercice du pouvoir politique à travers des pratiques inusitées ? Comment aujourd'hui, l'État, en assumant l'héritage colonial, soutient-il le développement du transport urbain ? Comment s'est poursuivie l'extension du système fiscal, mis en place par le colonisateur ? Comment s'est effectué le processus d'électrification au cours du XXe siècle ? Comment était légiféré le travail en A.E.F et au Gabon avant la mise en place du Code du travail ? Comment les forestiers ont-ils perçu la crise économique des années 30 ? Comment les jeunes s'approprient l'espace urbain ? Comment les sociétés pré-coloniales du Gabon sanctionnent-elles les délits ? Quelles sont les implications de la diversité des itinéraires thérapeutiques au Gabon ? Quelles sont les stratégies de lutte contre le Sida ? Comment se socialisent les étudiants gabonais, tant localement qu'en France ?

L'ensemble de ces contributions propose donc une fresque du Gabon dans la longue durée. Les historiens ont voulu éclairer quelques aspects du passé du pays ; pour les sociologues et le linguiste, c'est du Gabon actuel qu'il s'agit. Selon l'adage bien connu, la connaissance du passé contribue à améliorer l'avenir. Huit historiens analysent finement plusieurs domaines de l'histoire : politique, sociale, culturelle, économique, histoire des techniques, de la justice ou de la santé. Ils ont exploité les sources d'archives du Centre d'archives d'outre-mer (CAOM) d'Aix-en-Provence et des Archives nationales du Gabon (ANG). L'écriture de l'histoire est toujours à plusieurs voies, sur la base de pratiques professionnelles reconnues, mais perméables à la pluralité des expériences, des sensibilités et des approches. Les historiens ont privilégié la démarche diachronique qui révèle le dynamisme des sociétés et de l'État. Par contre, les contributions des trois sociologues montrent une société contemporaine en plein balbutiement sur le plan politique, relèvent des disfonctionnements dans la politique de santé, ce qui encourage le retour des "rituels de guérison" parmi les sociétés rurales et urbaines. Leurs analyses entraînent le lecteur au cœur du Gabon profond ou dans les méandres des politiques qui, parfois, prennent les us et coutumes des sociétés gabonaises pour des atouts politiques. Enfin, la recherche en science du langage de Firmin Ibouanga permet aux lecteurs, plus spécialement aux Librevillois en quête de leurs identités, de trouver l'origine des noms, des espaces, des quartiers de leur agglomération.

Pour conclure, je ne saurais que louer l'initiative féconde de Gilchrist Anicet Nzenguet Iguemba qui a eu le mérite de piloter, seul et sans aide, un tel projet transdisciplinaire, mobilisant ses compatriotes pour livrer aux milieux scientifiques et au grand public les premiers bilans de leurs recherches sur le Gabon.

Colette DUBOIS
Professeur à l'Université d'Aix-Marseille I.
Directrice de l'Institut d'Études africaines (IEA).
(site aixois du Centre des Études des mondes africains)

INTRODUCTION GENERALE

La pluridisciplinarité est à ce jour dans les milieux scientifiques l'une des méthodes appliquées qui permet aux groupes de recherche et aux chercheurs d'atteindre les différents pans d'une question. Elle permet de donner aux résultats obtenus un certain crédit. Cependant, les disciplines scientifiques pratiquées autrefois, chacune dans son domaine, font désormais, pour une meilleure qualité des raisonnements et des résultats intervenir des applications, des méthodes des unes et des autres. On voit apparaître une interdisciplinarité scientifique. Cette chaîne d'articulations interrogatives appropriées qui forme aujourd'hui le maillon fort du monde scientifique repose aussi sur une pluralité conceptuelle. De même, la pluridisciplinarité constitue dans le monde scientifique quelque chose qui pourrait se confondre à un bouleversement des processus. Autant, elle intervient au niveau de l'analyse, autant elle ouvre nettement des pistes de recherches sérieuses, souvent d'une importance capitale. Peut-on encore s'en priver ? Nous ne le pensons pas. La vision du scientifique dans sa démarche actuelle ressemblerait aux tentacules d'un poulpe. L'idée générale serait de tout expliquer, mais il n'en demeure pas moins que l'explication qui mènerait à l'infinitésimale ne serait pas la panacée des sciences humaines et sociales. Aussi, la rencontre entre plusieurs disciplines pourrait-elle sans doute être la meilleure initiative pour l'explication d'un phénomène, d'un fait et des inéluctables événements qui caractérisent nos sociétés. C'est pourquoi, avant d'entreprendre une telle initiative, il nous a fallu déceler les disciplines aptes, de par l'activité de leurs chercheurs et celles qui pourraient faciliter une réflexion concrète et sérieuse sur les problèmes de la société gabonaise. De ce fait, notre attention s'est portée sur la sociologie, l'histoire et la linguistique.

En outre, les études auxquelles les jeunes chercheurs gabonais se consacrent actuellement abordent des problématiques diverses puisées dans les différentes thématiques : sociologiques, anthropologiques, historiques, politiques...etc. Cette vision globale, des interrogations scientifiques, méritait que les résultats des différentes recherches soient communiqués à l'attention des personnes éprises de curiosité scientifique. Ainsi les articulations confinées dans cet ouvrage sont plurielles et révèlent les réalités du Gabon sur une large échelle qui s'étalent de la période précoloniale jusqu'aux temps actuels en y posant des problématiques variées.

L'intérêt des études rassemblées dans cet ouvrage réside dans leurs perspectives théoriques et empiriques qu'elles se proposent de préciser dans de nombreux points encore peu élucidés. Ces études ont été regroupées en fonction de leur pertinence et de la qualité des réflexions qu'elles amorcent. Notre ambition est de mettre en relief la perception critique, des chercheurs gabonais sur certains clichés, stéréotypes et représentations courants. Les conclusions de certaines études pourraient, à l'échelon national ou international, donner lieu à des débats ou bien encore susciter d'autres réflexions aussi intéressantes que les premières. Loin d'offrir un tableau synoptique, l'ouvrage attire l'attention des lecteurs sur des interrogations profondes qui nécessitent parfois, à elles seules, des rencontres scientifiques. C'est à cela que se sont attelés les jeunes chercheurs qui, positivement, ont contribué à cette initiative.

Le présent travail s'articule en trois parties distinctes. La première est développée par des chercheurs en sociologie. Aussi, faut-il retenir de la réflexion d'Emmanuel Ebang : *De la diversité des itinéraires thérapeutiques au Gabon : les logiques de la quête de guérison en milieu urbain africain* qu'en Afrique, la gestion d'une maladie en ville ou en milieu rural engage la personne malade et son entourage à un processus de quête thérapeutique dans lequel l'hôpital ne constitue qu'une étape. En effet, le malade africain résidant en ville est susceptible de croiser simultanément les différentes offres de soins qui lui sont accessibles. À Libreville comme dans les autres grandes villes d'Afrique subsaharienne, cette diversité des offres de soins apparaît à travers les types de recours privilégiés par le malade et sa famille. Cette diversité des recours en milieu urbain africain se caractérise par une grande porosité entre les différents registres (automédication, recours de proximité, tradipraticiens, recours religieux, médecine moderne, etc.) et ces registres de soins sont très hétérogènes avec parfois un corpus éclaté de savoirs thérapeutiques. Les études de cas réalisées sur le terrain africain montrent généralement que la prise de décision dans le cheminement des recours peut être complexifiée par la vision de la maladie. Les itinéraires thérapeutiques sont très compliqués car ils dépendent de plusieurs facteurs : rapports de forces familiales, légitimité et statut des acteurs, types de maladies, moyens matériels. Il n'y a pas un schéma linéaire des recours ou itinéraires thérapeutiques en ville. Pour Georges Moussavou dans son analyse intitulée *Les formes et modèles de socialisation politique des étudiants gabonais en France et au Gabon. Contribution à une sociologie de l'identité,* il apparaît que les formes et modèles de socialisation politique des étudiants gabonais en France et au Gabon se donnent à voir par les attitudes, les comportements, et les différents cadres d'activités à travers lesquels ils se déploient. Les représentations sociales qui orientent ces conduites et les formes d'engagement politique observées restent moins influencées par l'institution universitaire que par les valeurs transmises au sein de la famille. Quant à Romain Mékodiomba dans *Sorcellerie et politique au Gabon*, il pose le problème de la place de la sorcellerie dans la vie politique. Pour lui, au Gabon, comme partout ailleurs en Afrique, il existe de nombreuses personnes encore persuadées que « *les forces invisibles* » influencent de manière décisive les événements de la vie quotidienne, ainsi que ceux de la haute politique. Aussi, sont-elles convaincues que la sorcellerie est un moyen de réaliser certains projets de la vie de toujours et que les hommes et les femmes qui dirigent le Gabon ne s'en privent pas pour atteindre leurs propres buts politiques. Le but du texte de Romain Mékodiomba n'est pas de savoir si ces pratiques sont efficaces ou non ; il s'agit plutôt de voir comment l'imaginaire de la sorcellerie se traduit dans la vie politique gabonaise.

La seconde partie de cet ouvrage regroupe les réflexions des chercheurs en histoire qui apportent quelques précisions sur des questions historiques de la période précoloniale, coloniale et post-coloniale. Leurs analyses s'appuient pour la plupart sur les données d'archives puisées dans les différents centres documentaires de France et du Gabon. C'est ainsi que Fred Paulin Abessolo dans son article *Petite histoire des grands problèmes de transports urbains à Libreville, 1957-1986* étudie les questions de transports au Gabon depuis la période coloniale jusqu'à 1986. Pour lui, les habitants de Libreville, capitale du Gabon, éprouvent de plus en plus des difficultés à se déplacer malgré l'existence d'un embryon de service de transport en commun. La situation qui prévalait à la fin des années 1990 et qui perdure dans les années 2000 est en fait le fruit d'un long et lourd héritage de lacunes en matière de planification et de gestion des transports urbains principalement dans la ville-phare du pays mais aussi dans les autres centres urbains. Ici, il se propose de retracer et d'analyser les différentes étapes qui ont conduit à la constitution de services de transports de personnes à Libreville. Etant donné que toutes ces expériences se sont soldées par une banqueroute, il s'interroge sur l'origine de ces échecs dans le fonctionnement, la structure et la nature de ces entreprises. En revanche, l'étude de Fabrice Nguiabama - Makaya qui porte sur les prisons reste un révélateur de la politique carcérale précoloniale. Née en Europe et en Amérique au XVIIIe siècle, la prison pénitentiaire qui était employée non comme forme de contrainte par corps mais comme punition, s'imposa au Gabon comme une réalité du système judiciaire colonial dès les premières années de la conquête. Les enfermements qui s'effectuaient à l'intérieur de ces prisons restèrent étroitement liés à l'organisation du travail forcé et, de manière générale, à l'établissement du contrôle de l'autorité coloniale sur les hommes et les territoires. Cette nouvelle politique carcérale présenta une rupture extrême avec les pratiques locales de punition et de contrôle social, fondées essentiellement sur la réparation. Quant à Rodrigue Lékoulékissa, son analyse porte sur l'électrification de Libreville et ses effets sur le développement social et économique. Il retrace ainsi l'évolution de la politique d'électrification de la ville de Libreville dans son article *Origine et développement du processus d'électrification de la ville de Libreville, 1928-1964*. Pour Rodrigue Lékoulékissa, la ville de Libreville avait bénéficié très tôt, au milieu des années 1930, d'un service de production et de distribution d'énergie électrique. Mais ce service, limité à la desserte du centre-ville ou quartier européen, est resté longtemps peu développé. C'est au lendemain de la Seconde Guerre mondiale avec l'application des plans de développement économique et social des territoires d'outre-mer que le secteur électrique commença à se développer. Le développement des services publics, les efforts d'industrialisation et d'amélioration des conditions de vie avaient provoqué un accroissement de la demande d'énergie. Malgré les disparités de l'électrification, la distribution et l'usage du courant électrique avaient gagné l'espace urbain de Libreville. De son côté Pierre Romuald Ombigath analyse *la crise économique de 1930 et ses répercussions sur l'industrie forestière du Gabon (1930-1939)*, étudie les manifestations de la crise économique de 1930 sur l'industrie forestière. Cette crise économique mondiale dont les premières manifestations sont constatées aux Etats-Unis dès le 24 octobre 1929, lors du fameux *« jeudi noir »*, par le crash boursier de Wall Street[1], atteignit le Gabon au milieu de l'année 1930, par l'effondrement des cours de ses principaux produits d'exportation[2]. Mais, les premiers symptômes de cette crise au Gabon s'étaient fait sentir bien avant, notamment par une exploitation forestière incontrôlée qui inonda le marché en bois de moins bonne qualité[3] et la structure même de l'économie qui, bien que s'industrialisant peu à peu depuis la guerre, demeurait profondément enracinée dans « la traite »[4]. Cette crise qui toucha durement l'industrie forestière, principal secteur d'activités au Gabon, malgré ses effets désastreux sur l'armature socio-économique de la colonie, eut donc malgré tout le mérite de révéler les insuffisances d'un système économique caduc,

---

[1] M'BOKOLO Elikia, (1994), *Afrique noire, histoire et civilisations, tome 2, XIXe-XXe siècles*, Paris, HATIER-AUPELF, p. 382.

[2] PAMBO-LOUEYA Félix, (1983), « *La crise de 1930 fut catastrophique pour le Gabon* » in *Afrique histoire*, n°8, p. 50.

[3] CAOM Fonds A.E.F. Carton 4 (1) D 35- Colonie du Gabon. Rapport politique annuel de 1929.

[4] COQUERY-VIDROVITCH Catherine, (1976), « L'Afrique coloniale française et la crise de 1930 : crise structurelle et genèse du sous-développement » in *Revue française d'Histoire d'Outre-Mer*, 1976, n°s 232-233, p. 401.

inadapté aux nouvelles exigences (productives et salariales) d'une économie gabonaise quasiment intégrée au circuit économique moderne[5]. S'interrogeant sur une question de santé publique, Hines Mabika Ognandzi développe dans son article, *Le PNLS[6] et la Lutte contre le SIDA au Gabon, 1993-2005 : stratégies, bilan et perspectives*, la place et le rôle du PNLS au Gabon. Il révèle qu'en Afrique subsaharienne, le Gabon fait figure de pionnier en matière de lutte contre le Virus du SIDA. En effet, le premier cas gabonais d'infection par le virus du SIDA est déclaré en 1986. Dès le 11 avril 1987, le gouvernement gabonais annonce la création, en conseil des ministres d'un Comité National de Lutte contre le SIDA et les Maladies sexuellement transmissibles (CNLS/MST)[7]. Mais c'est à partir de 1993 que les choses se précisent avec la mise en place du Programme National de Lutte contre SIDA et les Maladies Sexuellement Transmissibles (PNLS/MST). En 2005, la séroprévalence oscille entre 7 et 8,1 contre 1,1 à 2.1 en 1993. Autrement dit, ce pays d'à peine 1 million et demi d'habitants[8] compte aujourd'hui 50 mille personnes vivant avec le virus du SIDA contre 520 séropositifs il y a une dizaine d'années. Comment expliquer cette effarante avancée de la pandémie lorsqu'on sait que de tous les programmes de la direction générale de la santé publique, le PNLS est le seul qui bénéficie des financements non négligeables tant de la part de l'État que des partenaires au développement ? Des stratégies de lutte ont pourtant été conçues et mises en place. Quel en est le bilan ? Quelles perspectives pour l'avenir ? S'interrogeant sur le travail pendant la période coloniale, Clotaire Messi Me Nang dans son article *La législation coloniale du travail en AEF et au Gabon d'avant le Code du Travail des Territoires d'Outre-Mer de 1952 : portée et limites, 1903 – 1940* étudie les fondements du travail colonial en A.E.F et au Gabon. Pour lui, le souci de fixer l'emploi de la main-d'œuvre africaine dans les colonies françaises s'est exprimé bien avant 1952, date de la promulgation du Code du Travail des TOM. Dès avant la Grande Guerre, au moment où la mise en valeur réclamait une main-d'œuvre abondante, l'administration coloniale édicta une série de textes organisant le monde du travail indigène, jetant ainsi les bases d'une législation du travail en AEF et au Gabon. S'il apparaît que cette législation tentait de limiter les abus des employeurs sur la main-d'œuvre autochtone, il reste qu'elle se

---

[5] COQUERY-VIDROVITCH Catherine, (1976), « Discussion 1 » in L'Afrique et la crise de 1930 (1924-1938) in *Revue française d'Histoire d'Outre-Mer*, LXIII, n°s 232-233, p. 445.

[6] Programme National de Lutte contre le Syndrome de l'Immunodéficience Acquis.

[7] "*L'Union*" quotidien gabonais d'information du 12 avril 1987.

[8] Ministère de la Planification. DGSEE. Résultats du recensement de la population gabonaise de décembre 2003 communiqués en conseil des ministres le 17 mars 2005.

présentait d'abord comme une mosaïque de textes épars inspirés davantage par la protection des intérêts coloniaux que ceux des travailleurs. De portée limitée, conçue pour répondre à des besoins ponctuels, cette législation du travail ne s'inscrivait pas dans la perspective de la formation d'une classe ouvrière africaine prospère. Enfin, Gilchrist Anicet Nzenguet Iguemba amorce l'analyse du rôle des auxiliaires coloniaux dans l'extension du système fiscal. Pour lui, les populations autochtones du Gabon colonial étaient appréhendées comme des sous-hommes dès les premiers moments de la colonisation. Cependant, elles avaient fini par intéresser l'autorité coloniale qui souhaitait atteindre des desseins qui pouvaient contribuer à pérenniser sa domination. Ainsi, les difficultés à contrôler les territoires soumis, et le désir de rependre sa politique conduisirent l'administration coloniale à s'appuyer sur les institutions traditionnelles et sur les premières élites. Les responsables traditionnels, au départ légitimés par les populations, constataient la perte de leur crédibilité à mesure que la colonisation y mît du sien. Mais, au-delà de cette transgression sociale, les responsables autochtones sur lesquels l'autorité coloniale s'était appuyée avaient fini par constituer une strate de l'administration coloniale. De ce fait, ils avaient aidé à étendre sur le territoire du Gabon colonial la perception de l'impôt indigène, véritable baromètre de la politique coloniale et jouèrent donc un rôle d'une importance capitale dans la colonisation fiscale des Gabonais en profitant de l'exercice de leur fonction pour mettre en place une nouvelle classe sociale au Gabon.

La dernière articulation de cet ouvrage nous renvoie à une analyse en sciences du langage. C'est ainsi que Firmin Moussounda Ibouanga se consacre dans son article : *les noms des quartiers de Libreville : appropriation de l'espace et identités urbaines chez les jeunes (15-28 ans)* à l'étude des toponymies de Libreville. Pour lui, Libreville est un espace de partage de par sa nature, Libreville est de ce fait, un creuset de peuples et de langues. Les Gabonais représentent 76 % de la population totale de Libreville et 56 % d'entre eux sont nés hors de Libreville. Avec 24 % d'étrangers et plusieurs jeunes nationaux venus de divers horizons et d'ailleurs, la contrepartie de cette forte migration, à Libreville, à cet effet, est cette diversité de dénominations des jeunes qui révèlent des enjeux politiques, linguistiques et socio-culturels.

Les auteurs

Une société en plein balbutiement politique

De la diversité des itinéraires thérapeutiques au Gabon : essai d'analyse des logiques de la quête de guérison en milieu urbain africain

Par Emmanuel EBANG
Doctorant en Socio-anthropologie de la Santé
E.H.E.S.S de Marseille

La quête thérapeutique liée à l'irruption de certaines maladies entraîne le patient et son entourage à faire appel à la diversité des offres de soins et des multiples soignants intervenant dans le domaine de la santé. Le phénomène du "pluralisme médical" demeure très vivace dans les villes africaines. Toute maladie implique une double réaction lors de son apparition : non seulement il faut comprendre pourquoi elle est apparue mais aussi tout mettre en œuvre pour la faire disparaître. Ainsi, « *toute société élabore, pour faire face à la maladie, un système de moyens destiné à l'enrayer.*[1]» Observée en milieu urbain africain, lieu de modernité, cette pluralité des recours simultanés aux différentes offres de soins rencontrées en ville suscite parfois de l'étonnement. La question des recours alternatifs et d'itinéraires thérapeutiques n'est pas simple à aborder car dans les pratiques, les attitudes et les logiques en jeu, le malade ou sa famille font appel à tous les registres de soins disponibles et accessibles. Ces comportements sont en effet guidés par de multiples interférences entre les composantes du champ social avec le contexte d'émergence de la maladie. Plusieurs logiques sociales peuvent alors sous-tendrent le cheminement du patient en ville dans la recherche de traitement ou de diagnostic. La complexité de certaines pathologies s'observe dans les pratiques des malades à la recherche de guérison : dans les villes africaines comme Libreville, la recherche de soins peut se transformer en errance selon l'évolution de la maladie.

Cas des maladies chroniques au diagnostic difficile

Généralement, c'est pour des raisons pratiques que le malade consulte tel médecin ou tel guérisseur plutôt que tel autre spécialiste. L'avis

[1] FAINZANG S. (1995), « La "Maison du Blanc" : la place du dispensaire dans les stratégies thérapeutiques des Bisa du Burkina » in *Sciences Sociales et Santé*, n°3-4 vol. III, nov., p. 105.

de la famille et les conseils des voisins prennent souvent appui sur leurs expériences passées de la maladie et orientent considérablement les recours des personnes présentant des symptômes identiques. Par ailleurs, la reconnaissance de l'efficacité des traitements proposés par les thérapeutes peut aussi avoir des implications sur les choix des patients. Car, on choisit de consulter tel guérisseur pour une maladie précise tout simplement parce que son traitement est efficace et a déjà fait ses preuves. Il en est ainsi pour les recours à la médecine moderne ou certains guérisseurs en Afrique. Dans leur expérience du vécu de la maladie, les malades décident de recourir à tel ou tel soignant selon le diagnostic et la vision qu'ils font de l'apparition d'une pathologie.

Dans un itinéraire thérapeutique où le malade fait appel à divers registres étiologiques ou thérapeutiques, il faut souligner que les conduites issues de cette recherche de santé ne sont pas contradictoires mais complexes. En effet, les choix thérapeutiques relatifs aux maladies chroniques ne s'excluent pas, mais s'intègrent à l'évolution du mal. Conçus dans la logique du malade, les recours, qu'ils soient simultanés, consécutifs ou alternatifs, ont un caractère complémentaire. Face à une douleur qui persiste et tend à s'aggraver, le malade qui s'adresse à l'hôpital considère cette première option comme une étape pouvant s'ouvrir à d'autres. De même, nous avions constaté au cours de nos observations au CHL[2] de Libreville que certains malades admis à l'hôpital utilisaient parallèlement au traitement du médecin des soins complémentaires composés de feuilles ou d'écorces, de plantes médicinales, etc.

Le récit de cet homme de 35 ans, employé de banque, rencontré lors de notre enquête à Libreville atteste de cette réalité : "Il souffre de douleurs d'estomac depuis plusieurs années. Et, pendant longtemps, il se soignait avec les médicaments prescrits par son médecin. Mais il se rend compte que ce traitement devenait de moins en moins efficace et son ventre commençait à grossir. On lui fit des examens radiographiques qui montreront la présence d'un ulcère à l'estomac. Le médecin lui prescrit de nouveaux médicaments mais il renonce à ce traitement. Sous les conseils de son collègue de bureau qui trouvait sa maladie "bizarre", il décide alors d'aller consulter un guérisseur qui soignait les gens au quartier de façon bénévole. Après une série de purges destinées à évacuer certaines impuretés de l'estomac, le guérisseur lui administre un traitement à base de plantes et d'écorces. Quelques mois après, l'état de santé de l'homme s'améliora considérablement. Il retourne à l'hôpital voir son médecin qui lui refit des examens et la plaie avait complètement disparu[3] ". Dans cet exemple, il y a

[2] Centre hospitalier de Libreville

[3] Entretien avec M., réalisé à Libreville le 15 avril 1999.

complémentarité des recours chez le patient. Le premier recours à l'hôpital n'a pas été efficace, le malade s'est orienté vers la médecine traditionnelle grâce aux conseils de son entourage. La perception de la maladie quant à sa causalité peut énormément orienter le mode de recours du patient.

En Afrique, les maladies chroniques ou difficilement diagnostiquées débouchent sur un éventail élargi de variables étiologiques et situent concrètement les différents comportements des patients à la recherche de guérison. Dans la plupart des sociétés africaines, pour peu qu'un épisode de maladie persiste, le malade et son entourage commencent à se poser des questions qui vont orienter les recours à venir. Mais, toute recherche de guérison appliquée aux situations des maladies perçues comme problématiques tend à soumettre les conduites du malade à des motivations pratiques. Toutes les maladies n'engagent pas une multiplication de recours. En effet, pour des pathologies sans gravité les gens agissent en faisant appel aux pratiques ordinaires à savoir l'automédication et l'hôpital : qui semblent être les recours de première intention. Il y a une catégorie de maladies pour lesquelles d'autres voies sont entreprises afin de pouvoir les soigner. Les maladies chroniques imposent alors une analyse des choix thérapeutiques. Dans le cadre de Libreville, nous avons remarqué que la diversité des recours lors d'une maladie inquiétante aux origines non évidentes entraîne le malade et son entourage à utiliser des soins de façon alternative et complémentaire.

Variables étiologiques et types de recours aux soins

En matière de prise de décision, il est nécessaire de revenir sur le rôle fondamental du groupe organisateur de la thérapie. Le choix des recours reste très influencé par les proches du malade : la famille, les alliés, les voisins ou les amis. Dans ce choix de la thérapie, la cellule familiale ou les conseils du cercle relationnel prennent appui sur les perceptions que la société se fait des catégories de maladies. Par mesure de prudence, le recours à l'hôpital reste très dominant à Libreville dès l'apparition d'une maladie. Mais, une maladie identifiée comme appartenant au registre des troubles jugés incurables par la médecine moderne oriente le malade vers d'autres choix thérapeutiques. Les troubles, qu'ils soient somatiques ou qu'ils conduisent à une explication sociale ou psychosomatique, sont classés selon les registres de causalité distingués par chaque communauté.

En Afrique centrale par exemple, les registres étiologiques (recherche des causes attribuées à la maladie) distingués par chaque peuple sont souvent associés à un ensemble de croyances (socioculturelles) et de pratiques intégrant la vision qu'une communauté donnée se fait du monde, de la mort, du malheur ou de la maladie. Une maladie sera ainsi classée dans un registre admis par le malade et son entourage. Les causes supposées que le malade et son groupe social accordent à la survenance d'une infortune semble étroitement influer sur le registre thérapeutique choisi. Mais il arrive souvent que la perception et la reconnaissance des symptômes suffisent à déterminer les recours des malades. Quel que soit le type de recours, la maladie met souvent en marche un processus complexe de recherche de soins associant différents acteurs sociaux. Saisis dans un contexte de pluralisme médical singularisant les recours aux soins en milieu urbain africain, les rapports sociaux et les modes de représentations engendrés par certaines maladies méritent d'être interrogés. Mais dans cette recherche de soins en ville, les logiques qui sous-tendent les recours des malades peuvent ne pas être aussi rigides : pour des raisons commodes, le patient et sa famille semblent tout simplement bricoler en changeant à chaque fois de registre au cas où le traitement deviendrait insatisfaisant. D'où la nécessité d'interroger les itinéraires thérapeutiques en milieu urbain africain en mettant l'accent sur le rôle de la famille ou de l'entourage du malade dans la prise de décision des registres de soins.

Cette fonction de l'entourage du malade a été soulignée par la plupart des anthropologues "africanistes" qui se sont penchés sur les pratiques de soins et les causes de la maladie en Afrique noire. Chez les Bakongo du Zaïre[4], J-M Jansen a relevé l'existence de deux registres : « *Les Bakongo établissent une distinction fondamentale entre une maladie dont la cause est" naturelle" et qu'ils appellent une maladie de Dieu, et une maladie qui provient de causes "humaines" qui est une maladie de l'homme.*[5]» Dans les sociétés africaines, la fonction d'identification de la maladie par ses symptômes subsiste au sein de chaque communauté qu'on se trouve en ville ou en milieu rural. Une séquence alternative des choix thérapeutiques entrepris au cours d'une infortune persistante trouve une explication dans le contexte social des registres étiologiques (nature de la maladie) généralement considérés par les groupes organisateurs de la thérapie. Parfois, ces recours thérapeutiques alternatifs apparaissent dans la logique de guérison du malade comme une succession d'essais : car avant l'application d'une thérapie quelconque, l'entourage du malade doit pouvoir donner un sens ou une signification à la maladie. Pour mettre en relief le rôle du groupe organisateur de la thérapie dans les attitudes thérapeutiques de la « société Kongo » comme celles de bien d'autres peuples africains, Jansen observe que : « *Bien avant qu'un cas soit soumis à un spécialiste, le classement d'une maladie dans l'une ou l'autre de*

---

[4] Il s'agit de l'actuelle République Démocratique du Congo (RDC).

[5] JANZEN J.-M., (1995), *La quête de la thérapie au Bas-Zaïre*, Paris, Karthala, p. 27.

ces catégories constitue une tâche essentielle du groupe organisateur de la thérapie.[6] »

Ainsi à Libreville, les usagers qui s'adressent aux structures modernes de santé distinguent très nettement les "maladies de l'hôpital" et les "maladies des tradipraticiens". Les maladies résultant des causes naturelles par leurs symptômes conduisent les malades systématiquement vers les centres modernes de santé. Ce premier recours demeure très déterminant s'il se traduit par un échec ou un traitement inefficace. Mais il faut distinguer plusieurs types de registres : les recours issus de l'automédication ou "soins à domicile", les recours de proximité et les recours à l'extérieur auprès des spécialistes relevant de la médecine moderne, des tradipraticiens (guérisseurs, *nganga*, ...), du registre religieux (guérison divine, soins religieux, ...) ou d'autres registres présentant des formes de "syncrétisme thérapeutique". Avant tout recours extérieur, la maladie est d'abord prise en charge dans le cadre familial ou dans son entourage immédiat. Selon l'âge du patient, les personnes intervenant dans les choix thérapeutiques tendent à varier par rapport aux épisodes de maladie. Les mères ont un rôle considérable dans les recours et les choix thérapeutiques des enfants comme du reste des membres du ménage. En général, l'automédication est assurée par les parents dès l'apparition d'une maladie. À Libreville, les pratiques d'automédication des citadins sont constituées de traitements utilisant à la fois les plantes médicinales ou de médicaments achetés en pharmacie et conservés à la maison. Dans des cas de maladies graves, les membres de la famille décident de s'adresser à l'extérieur vers des spécialistes. Afin de mettre en relief cette fonction de la famille dans le choix des recours, il convient d'examiner les enjeux de toute situation de maladie en Afrique. Comme le fait remarquer P. Coppo : « *le réseau social qui entoure le malade mérite une attention particulière : ses expériences et connaissances semblent influencer les comportements individuels.*[7] »

Pour des maladies simples, on a constaté que l'automédication constitue la première démarche thérapeutique des populations rencontrées à Libreville. Les ménages en milieu urbain ont recours très fréquemment à l'automédication surtout lors de l'irruption d'une maladie. Un épisode pathologique est d'abord traité, dès sa reconnaissance, dans la famille. Et, les recours à l'extérieur du cadre familial seront utilisés comme une alternative quand le premier recours n'aura pas résolu le problème. En tout état de cause, les systèmes de soins utilisés lors d'un épisode de maladie semblent en étroite relation avec les systèmes de perception (les modèles d'explication et d'interprétation des maladies) propres à un groupe social. La famille

---

[6] *Ibid.*, p. 28.
[7] *Ibid.*, p. 32.

semble beaucoup influencer les comportements de ses membres en ce qui concerne la recherche des soins thérapeutiques. Les relations entre le malade et son entourage sont à questionner dans une étude des itinéraires thérapeutiques en ville. « *L'analyse des modalités de prise de décision met au premier plan la complexité de la dynamique familiale et sociale qui entoure le phénomène maladie. Le concept de groupe organisateur de la thérapie confirme ici, comme ailleurs en Afrique, sa validité.*[8]»

Malgré la place de l'hôpital dans les pratiques de soins à Libreville, il serait intéressant de voir le poids des recours des populations vers la médecine traditionnelle. La notion de médecine traditionnelle est pleine d'ambiguïté selon ses multiples usages. Autant la médecine occidentale (celle des hôpitaux) se caractérise par sa diversité, autant la médecine traditionnelle offre une variabilité plus grande quant au nombre de soignants thérapeutes ou spécialistes qui prennent en charge les problèmes de santé des populations. Par rapport à cette diversité que présente la médecine traditionnelle, on devrait même parler des « médecines traditionnelles » en ce qui concerne les aspects de ce domaine en Afrique.

La nécessité pour l'OMS d'associer les guérisseurs traditionnels au programme de "soins de santé primaires" (SSP) dès les années 80 était animée par la légitimité sociale dont bénéficient ces derniers au sein des populations africaines : les "tradipraticiens" ont un pouvoir considérable grâce à leur connaissance des contextes socioculturels, des qualités des plantes et de l'expérience de soulager certaines maladies depuis des générations. Dans la nouvelle approche de la santé de l'OMS, la médecine moderne doit prendre en compte les autres dimensions de la maladie dans les pays du Tiers-monde en associant les représentants de la médecine traditionnelle. Mais la définition des thérapeutes traditionnels que donne l'OMS nous semble arbitraire. Car elle regroupe ainsi parmi les tradipraticiens « *les herboristes qui utilisent les plantes* ; *les spirites* ; *les grands thérapeutes spirites qui ont recours aux incantations et aux rites* ; *les devins qui sont des herboristes utilisant des méthodes divinatoires.*[9]» Avec une telle définition, on peut se demander si ces acteurs identifiés par l'OMS sont représentatifs de la réalité sur le terrain car la seule médecine traditionnelle qui mérite d'être impliquée dans les systèmes de santé demeure celle qui s'intéresse à la phytothérapie. Pour rester fidèle à la rationalité scientifique, la biomédecine depuis son introduction en Afrique n'a cessé de vouloir se substituer au savoir de la médecine locale.

---

[8] COPPO P. et *al.*, (1990), *Médecine traditionnelle : acteurs, itinéraires thérapeutiques*, Trieste, Edizioni, p. 30.

[9] GRUENAIS M.-E., (1991), « Vers une nouvelle médecine traditionnelle en Afrique : l'exemple du Congo » in *La Revue du Praticien-Médecine générale*, tome 5, n°141, p. 484.

Or, les guérisseurs semblent bien intégrer dans leur environnement social qu'on soit en ville ou en campagne. Face à une médecine hospitalière jugée très onéreuse par les usagers, les populations n'ont jamais renoncé à la fréquentation des guérisseurs : même si certaines études comparatives ont montré que les ressources mobilisées par les groupes organisateurs de la thérapie pour se soigner chez les guérisseurs étaient plus importantes que les dépenses de soins à l'hôpital. Une chose est sûre, en Afrique subsaharienne, les guérisseurs ont une place considérable auprès des populations ; car les usagers et les guérisseurs ne trouvent pas incompatibles leurs traitements et ceux dispensés par les institutions médicales officielles. « *En d'autres termes, citadins et villageois, qu'ils soient hommes politiques ou paysans, ont largement recours, à la campagne comme à la ville, aux praticiens traditionnels.*[10]»

Cependant, une question demeure : comment peut-on justifier ces recours des populations aux pratiques thérapeutiques traditionnelles ? En observant de près le monde urbain africain, est-il possible de parler d'une forme de résistance des pratiques thérapeutiques locales qui se transforment en "syncrétisme médical" afin de s'adapter au contexte de mutation socioculturelle. « *L'arrivée en milieu urbain offre d'un coup aux nouveaux citadins l'accès à des idées nouvelles, et à des contacts directs avec d'autres valeurs sociales et culturelles.*[11]»

Toute recherche de soins semble consécutive à une quête de sens ou de signification du malheur ou lors de l'apparition d'une infortune. L'image que la société se fait d'une maladie peut largement orienter les choix thérapeutiques des malades. Les causes supposées que le malade et son entourage attribuent à une pathologie inquiétante seront déterminantes pour le tout premier recours. Le choix d'une thérapie par un malade peut prendre en considération le contexte social d'émergence d'une maladie dans une société africaine, encore, imprégnée par les croyances relatives à la mort ou la maladie qui font resurgir en permanence la figure du sorcier ou du mauvais œil. Les perceptions sociales de la maladie sont dynamiques, et l'évolution des variables étiologiques dans les cas critiques dévoile toute la complexité d'une quête de guérison. Une étude de cas nous permettra de dégager les enjeux de la maladie lors d'un itinéraire thérapeutique où les différentes étapes constituent une forme d'errance.

[10] *Ibid.*, p. 485.

[11] LATRE-GATO LAWSON A., (1999), « Femmes et sida en Afrique : dimensions socioculturelles de l'infection à VIH/Sida » in *Revue Internationale des Sciences Sociales*, n°161, p. 427.

Une histoire de maladie : quête de sens et errance thérapeutique

Toute recherche de soins passant par une diversification des recours semble obéir à ce que D. Fassin appelle une « *logique sociale de guérison.*[12]» La complexité de la maladie apparaît dans la diversité des pratiques de soins et des mécanismes mis en œuvres pour atteindre la guérison. Avec la multiplication des recours, la notion d'itinéraire thérapeutique prend toute sa signification : car il est rare qu'un seul thérapeute vienne à bout des cas de maladies jugées problématiques par le patient. Dans le processus de recherche de soins, le malade fait appel à différents registres en espérant obtenir un traitement efficace. La "logique de guérison" semble expliquer les étapes du malade dans un parcours sinueux.

Le récit de Madame Marie-Thérèse[13] souffrant d'une douleur chronique des hanches accompagnée d'une paralysie intermittente des jambes, nous permettra d'expliciter les logiques et enjeux mis en œuvre lors d'une recherche de guérison comportant plusieurs séquences épisodiques. Nous avons rencontré Madame Marie-Thérèse à Libreville au cours de notre enquête (en mai 1998) sur l'accès aux soins de santé en ville. Le récit de vie de cette dame septuagénaire rencontrée lors d'un long séjour chez son gendre (le mari de sa fille unique) nous a permis de procéder à la reconstruction des phases ou séquences d'un itinéraire thérapeutique où le malade s'adresse à différents registres de soignants rencontrés dans les villes d'Afrique. Le parcours sinueux et complexe de ce cas particulier ne nous autorise pas à durcir l'analyse sur les itinéraires thérapeutiques en ville mais au contraire à relativiser les choses.

"Madame Marie-Thérèse se plaint de douleurs aiguës au niveau de la hanche et d'une paralysie chronique des membres inférieurs depuis 1972, date correspondant à la mort de son mari. Mais elle souffre aussi de l'hypertension artérielle depuis quelques années. Nous n'avons pas eu accès à son dossier médical, mais les informations concernant l'hypertension et les autres détails présentés ici nous ont été livrés par les témoignages de la malade et de son entourage, c'est-à-dire sa fille et son gendre. Depuis que Madame Marie-Thérèse souffre de l'hypertension artérielle, elle se rend régulièrement à Libreville pour faire son bilan de santé. Pour cette dernière, « *elle ne peut pas nous dire exactement aujourd'hui de quoi elle souffre...*» au regard de la durée de sa maladie et du nombre de soignants (médecine

---

[12] FASSIN D., (1992), *Pouvoir et maladie en Afrique*, Paris, PUF, p. 115.

[13] Nous avons choisi un prénom au hasard sans décliner d'autres informations sur l'identité de cette femme afin de préserver l'anonymat de cette dernière. C'est une femme veuve d'environ 77 ans.

moderne et médecine traditionnelle confondue) déjà consultés dans son cheminement. En effet, deux ans après le décès de son époux, elle sentait des douleurs au niveau de la hanche et avait l'impression « *qu'un ver marchait dans son corps : entre ses pieds et la hanche.* »

Elle réside à l'intérieur du pays, son village se trouve en effet au Nord du Gabon à une dizaine de kilomètres de la frontière avec le Cameroun. Ainsi, elle s'est rendue à plusieurs reprises chez les "Sœurs Américaines" de Mbam[14], un établissement privé de soins caritatifs du "Corps de la Paix" très réputée dans la région pour ses soins. Le diagnostic du médecin laissait entendre à l'époque qu'elle avait des rhumatismes avancés au niveau des jambes et un traitement aux anti-inflammatoires fut prescrit. L'état de santé de Madame Marie-Thérèse s'améliora un peu, mais les douleurs n'ont pas disparu complètement.

Quelques années après, les douleurs reprirent en se propageant dans tout le corps. Cette fois-ci, le mal tendait à paralyser les jambes de la malade, au point qu'elle restait des jours au lit sans marcher. Vu la gravité de son état et sous la pression de certains membres de la famille qui attribuaient l'origine de sa maladie à un acte malveillant, elle est allée consulter un devin-guérisseur de la région qui lui déclare que sa maladie est l'œuvre d'un mauvais sort ou "fusil nocturne" lancé par un sorcier de son village. En se culpabilisant, elle pense qu'elle fait l'objet d'une vengeance familiale car ayant refusée d'épouser le frère de son mari défunt comme l'exige la coutume. Par rapport aux révélations du guérisseur, Madame Marie-Thérèse accorde une grande importance à ce diagnostic car pour elle sa maladie est l'œuvre d'un sorcier : « *elle ressent comme si un ver mystique était en train de ronger son corps à tel point qu'elle a peur de finir ses derniers jours dans un état paralytique.* » Le traitement préconisé par le guérisseur la soulagea pendant un moment car elle retrouva l'usage de ses jambes. Mais les douleurs étaient toujours présentes et faute de moyens financiers elle fut obligée de suspendre son traitement ; car elle n'arrivait pas à rassembler les objets recommandés par le guérisseur. Comme si cela ne suffisait pas, un autre événement malheureux est venu accentuer son sentiment de victimisation : elle va perdre sa deuxième fille alors âgée de huit ans après avoir consulté les médecins et les meilleurs guérisseurs de la contrée sans succès. Sans perdre

[14] Ville située dans le Sud du Cameroun à moins de 100 km de la frontière Gabon/ Cameroun. Depuis longtemps les populations frontalières se trouvant en territoire gabonais vont se faire soigner dans les établissements hospitaliers (publics ou privés) de cette ville, hôpitaux camerounais réputés auprès de ces populations du nord du Gabon à cause du coût des soins et du traitement (l'accueil) de cette clientèle gabonaise par le personnel soignant.

espoir, elle ne renonce pas de recourir alternativement ou simultanément à la médecine moderne et aux autres types d'offres de soins accessibles.

En effet, vers 1996, elle se rend à Libreville chez son fils aîné qui la conduira à la Fondation Jeanne Ebori : un établissement sanitaire parapublic techniquement mieux équipé. Elle passa plusieurs visites médicales et des radiographies très coûteuses. Le médecin traitant confirma un diagnostic antérieur à propos de l'hypertension artérielle. Les résultats de ces différents examens n'ont rien révélé de concret, mais le médecin spécialiste lui indiqua un double traitement pour l'hypertension artérielle et pour ses rhumatismes des pieds. Pour son traitement, elle se contenta de quelques médicaments prescrits puisque son fils n'avait pas assez de moyens. La radiographie de la hanche et des pieds n'a pas montré d'anomalies particulières : ceci renforça sa conviction car pour elle, « *sa maladie n'est pas une maladie normale....* » De retour dans son village du Nord du Gabon, elle se rend chez une célèbre guérisseuse traditionnelle (thérapeute) spécialisée dans le traitement de différentes maladies donc l'hypertension. Accompagnée cette fois-ci par sa sœur aînée qui souffrait aussi de l'hypertension artérielle, on lui proposa un traitement à base de décoctions d'écorces et d'herbes bouillies qu'elle doit boire mélangées avec du miel naturel. Sans tourner le dos à la médecine moderne, elle privilégie surtout le traitement traditionnel destiné à soigner l'hypertension car pour elle, « *ce traitement semble plus efficace et mois coûteux que celui dispensé à l'hôpital.* » Même si elle est consciente « *qu'on ne peut pas guérir l'hypertension* » à l'hôpital, elle refuse d'accepter l'hypertension comme la seule cause de son mal.

Quelques années après, Madame Marie-Thérèse se rend encore à Libreville chez sa fille et son mari où elle alterne deux registres de soins. Le premier traitement contre l'hypertension artérielle se déroulait à "L'Hôpital Chinois" qui est un établissement sanitaire où les soins médicaux sont tournés vers la médecine chinoise. Ce traitement sera de temps en temps interrompu faute de moyens financiers car la tarification des prestations dans cette structure s'aligne aux prix pratiqués dans le secteur privé. Par ailleurs pour son second traitement, Madame Marie-Thérèse se rend régulièrement chaque soir suivre des séances de prière (de guérison) dans une des nombreuses "Eglises de Réveil" qu'on rencontre actuellement à Libreville. Toujours accompagnée de sa fille et de son gendre, elle assiste aux consultations (individualisées ou publiques) où le prêtre de "l'Eglise St. Sauveur"[15] réaliserait des guérisons miraculeuses en « *chassant les mauvais*

[15] Située au quartier "Plein Ciel" de Libreville, cette église comme les autres aux noms très évocateurs, prétend réaliser des miracles en soignant par la force divine des maladies (voir le sida) jusque là incurables par la médecine ou d'autres pratiques de soins. Ces églises où se font des guérisons miraculeuses semblent avoir un traitement pour tout type de maladies.

esprits et les démons qui prennent les corps des malades en otage. » Ces "églises pentecôtistes" à vocation thérapeutique prolifèrent dans les capitales des pays d'Afrique noire et prennent en charge tout type de maladies. « *Elles dispensent des soins pour tous les maux : maux d'estomac, maux de cœur, mauvaises pensées, mauvais rêves, stérilité, malchances, envoûtements, troubles psychiques, fièvres, chômage, célibat, etc.*[16] » Les gens qui fréquentent ces lieux de prière et de délivrance nourrissent l'espoir d'être guéris par la grâce divine.

Plusieurs enseignements peuvent être tirés de ce récit de vie dans lequel la patiente est engagée dans une quête de guérison se transformant en situation d'errance. D'abord il faut dire qu'on se trouve face à un exemple illustratif de la diversité de recours thérapeutiques avec une quête de sens et de guérison. D'autant que Madame Marie-Thérèse fait appel à divers registres de soins et reste à la recherche d'un éventuel traitement qui pourra soulager son mal. Madame Marie-Thérèse, qui n'accepte pas sa maladie, n'hésite pas d'utiliser de façon alternative ou simultanée plusieurs recours de soins et chaque étape constitue un arrêt dans le cheminement perpétuel de la quête de guérison. Le changement de registre de soins semble successif et alternatif car, dans ce récit, la patiente reste animée par une logique de quête de sens. Cette logique de guérison anime de manière déterminante les choix thérapeutiques privilégiés par cette femme et sa famille. Elle ne cesse de multiplier les recours en recherchant les soins les plus efficaces et chaque étape en chemin peut être alternée ou substituée au profit d'un autre registre de soins.

À travers l'évocation d'un acte d'agression en sorcellerie, on détecte un sentiment de culpabilisation et de victimisation chez cette femme pour avoir refusé de se soumettre à la coutume. Par ailleurs, un différent social ou familial, selon le diagnostic du guérisseur voyant, serait à l'origine de la maladie de cette femme. La dimension sociale de la maladie est présente dans cette illustration car il y a un conflit entre cette veuve et les membres de la famille de son défunt mari. On peut aussi voir ici un exemple de « *mises en cause sociale*[17] » de la maladie car au Gabon (comme partout en Afrique noire) les croyances et les représentations du malheur se fondent souvent sur des explications relatives dont la causalité incombe souvent à la figure omniprésente du sorcier ou vampire. Chaque trouble inquiétant qui persiste, commence à attirer le soupçon d'un acte voilé du mauvais œil de son voisin ou d'un proche.

---

[16] TONDA J., (1990), « Les Églises comme recours thérapeutiques, une histoire de maladie au Congo » in *Sociétés, Développement et Santé*, Ellipses/AUPELF, p. 201

[17] AUGE M. cité par TONDA J., (1990), « Les églises comme recours... », *op. cit.*, p. 207.

Ce qui n'apparaît pas dans ce témoignage c'est l'histoire vécue par la fille de Madame Marie-Thérèse : cette dernière avait consulté un devin-guérisseur qui lui révéla que la maladie de sa mère serait liée au mécontentement de son défunt père. Et, il faut une thérapie de purification au cours d'une séance spéciale où un mouton doit être immolé en guise de sacrifice afin d'apaiser l'esprit du défunt. Mais sa mère, qui est protestante pratiquante, refuse de se plier à de telles pratiques. Une situation de maladie peut cacher tout un réseau d'histoires de vie mettant en scène les conflits au sein d'une société ou de la famille. Le milieu urbain africain est le lieu par excellence de manifestation du pluralisme médical à travers la diversité des recours aux soins illustrés par le processus de quête de guérison en ville. Dans ce cheminement sinueux, l'hôpital comme les autres offres de soins en présence constitue une étape dans le parcours du malade et sa famille. Plusieurs éléments peuvent intervenir dans cette recherche de guérison en ville et le cours de la maladie est susceptible de la modifier aussi.

Le parcours thérapeutique de Madame Marie-Thérèse se caractérise par un enchaînement de recours alternatifs ou simultanés avec en permanence, des interrogations sur la persistance de la maladie. Le cheminement de cette femme met en relief la complexité et les enjeux sociaux de la maladie dans une situation de quête de sens. L'exemple retenu montre comment une personne atteinte d'une maladie aux origines non identifiées utilise diverses thérapies appartenant à différents registres de soins considérés à la base comme contradictoires. Cette situation de maladie se définit par la diversité des diagnostics et des traitements suivant les séquences de l'itinéraire thérapeutique. Ainsi, « *des diagnostics alternés engendrent souvent des épisodes successifs au cours desquels des thérapies différentes sont appliquées.*[18]» Par ailleurs, la complexité de la maladie dans les situations de multiplication des recours fait jour avec la complémentarité des thérapies utilisées par le patient. Dans le cas des recours successifs, il arrive que le malade suspende un traitement en cours pour entamer un nouveau : et on se demande à qui attribuer les soulagements obtenus ou la guérison du mal ?

Enfin, ce qui apparaît en filigrane derrière cette histoire de maladie est que divers facteurs peuvent s'interférer dans le cheminement du patient et orienter les choix thérapeutiques. Quel que soit le type de recours privilégié, le malade et son entourage doivent parfois mobiliser tous les moyens nécessaires. Le facteur financier peut ainsi avoir une incidence particulière sur le processus de recherche de guérison en ville. Comme l'a montré le cas Madame Marie-Thérèse, le processus peut être retardé ou bien abandonné faute de moyens financiers. La quête de santé implique aussi une

[18] JANZEN J.-M., (1995), *La quête de la thérapie…*, *op. cit.*, p. 84.

mobilisation des ressources matérielles. Un débat émerge alors sur le coût des soins de santé entre la médecine des hôpitaux et celle des guérisseurs ou *nganga*. Au Gabon et surtout en milieu urbain, s'il est évident que les soins de la médecine moderne sont extrêmement onéreux, mais que dire des flux financiers mobilisés par les malades qui ont recours à la médecine traditionnelle ou autres recours thérapeutiques ? Par exemple chez les tradipraticiens locaux rencontrés en ville comme en campagne, il existe une tarification des soins dispensés : la consultation est accompagnée de quelques présents et le traitement reste conditionné à l'achat des objets recommandés ou au versement d'une somme avant ou après le traitement. À titre comparatif, si l'on fait un inventaire du coût des ordonnances au cours d'un épisode de maladie et des dépenses effectuées lors d'une série de consultations ou traitements chez un guérisseur traditionnel, il est possible de nuancer la considération généralement admise sur le coût des prestations médicales à l'hôpital.

Il faut retenir qu'en milieu urbain africain les itinéraires thérapeutiques sont soumis à différents facteurs et n'obéissent pas à un schéma linéaire : si les parcours peuvent dépendre des types de maladies, il apparaît aussi que la prise de décision dans le cheminement des recours soit complexifié par la vision que le malade et sa famille se font de la maladie. D'une manière générale, on peut dire que ce cas concernant la maladie de Marie-Thérèse illustre l'hétérogénéité des comportements des patients face à la maladie. Dans ce cheminement mettant en jeu plusieurs logiques, l'hôpital constitue une étape parmi tant d'autres recours qui composent la diversité des stratégies thérapeutiques en Afrique. En matière de stratégies thérapeutiques en Afrique noire, S. Fainzang disait qu'« *il n'existe pas de schéma uniforme ni d'ordre obligé dans le recours aux diverses institutions qui prennent en charge la maladie et que les attitudes que l'on peut observer chez les patients résultent de stratégies diverses : Chacun s'interroge sur les moyens les plus appropriés, les plus adéquats pour se faire soigner et emprunte le chemin thérapeutique qui lui convient le mieux.*[19] »

[19] FAINZANG S. (1985), « La "maison du Blanc" : la place du dispensaire dans les stratégies thérapeutiques des Bisa du Burkina » in *Sciences sociales et santé*, vol.3, n°3-4, p. 108.

Références

AUGÉ M. & HERZLICH C., (1984), *Le sens du mal*, Paris, Archives Contemporaines, 278 p.

BENOIST J., (1996), *Soigner au pluriel*, Paris, Karthala, 523 p.

BRUNET-JAILLY J., (1993), *Se soigner au Mali*, Paris, Karthala/Orstom, 343 p.

COPPO P. & *al.*, (1990), *Médecine traditionnelle : acteurs, itinéraires thérapeutiques*, Trieste (Italie), Edizioni, 327 p.

DACHER M., (1992), *Prix des épouses, valeurs des sœurs. Suivi de : Les représentations sociales de la maladie*, Paris, L'Harmattan, 244 p.

FAINZANG S., (1985), « La "Maison du Blanc" : la place du dispensaire dans les stratégies thérapeutiques des Bisa du Burkina » in *Sciences Sociales et Santé*, vol. III n°3-4, pp. 105-127.

FAVRET-SAADA J., (2002), *Les mots, la mort, les sorts*, Paris, Gallimard, 427 p.

FASSIN D., (1992), *Pouvoir et maladie en Afrique*, Paris, PUF, 360 p.

FASSIN D. & JAFFRÉ Y., (1990), *Sociétés, Développement et Santé*, Paris, Ellipses/AUPELF, 287 p.

GRUÉNAIS M.-E., (1991), « Vers une nouvelle médecine traditionnelle en Afrique : l'exemple du Congo » in *La Revue du Praticien-Médecine Générale*, tome 5, n°141, pp. 483-488.

LATRÉ-GATO LAWSON A., (1999), « Femmes et sida en Afrique : dimensions socioculturelles de l'infection à VIH/sida » in *Revue Internationale des Sciences Sociales*, Unesco/Érès, n°161, pp. 423-434.

JANZEN J.-M., (1995), *La quête de la thérapie au Bas-Zaïre*, Paris, Karthala, 287 p.

TONDA J. (1990), « Les Églises comme recours thérapeutiques, une histoire de maladie au Congo » in *Sociétés, Développement et Santé*, Paris, Ellipses/AUPELF, pp. 200-210.

Formes et modèles de socialisation politique des étudiants gabonais en France et au Gabon. Contribution à une sociologie de l'identité

Par Georges MOUSSAVOU
Docteur en Sociologie des Institutions

Réfléchir sur les formes et les modèles de socialisation politique des étudiants gabonais en France et au Gabon, c'est saisir et expliciter leurs conduites et leurs représentations politiques qui fondent leurs engagements politiques manifestes ou latents au sein de certaines structures associatives. L'objet de cette analyse est d'étudier les processus, les mécanismes et les cadres sociaux à travers lesquels ces conduites et représentations se manifestent ou s'observent. Cette perspective met en exergue les rapports entre représentations et comportements[1] ; elle identifie les cadres sociaux et les processus de transmission/réception, de construction des identités sociales et culturelles[2] qui structurent la socialisation réalisée. Pour ce qui est de la population étudiante étudiée, trois types de cadres sociaux ont été identifiés comme lieux de réalisation de la socialisation politique : la famille, l'institution universitaire, le milieu communautaire et social dans lequel ils évoluent.

Pour nous, la socialisation politique des étudiants présente un intérêt en vue de cerner les processus d'incorporation des capitaux sociaux. Ces faits sont acquis progressivement par une catégorie sociale pour assurer la gestion de l'appareil étatique à la suite de leurs aînés.

Entendue comme processus d'appropriation ou d'acquisition de pratiques, d'attitudes, d'idéologies et de représentations sociales liées au contexte social et culturel dans lequel les individus vivent, aux institutions, aux structures et aux relations dans lesquelles ceux-ci sont engagés, la socialisation a fait l'objet de plusieurs analyses en sciences sociales. C'est à Hyman, premier à se consacrer aux phénomènes de socialisation politique, que nous devons cette expression venant, selon lui, de l'extension de la science politique et d'un concept central pour l'école américaine de sociologie[3]. Mais au-delà de la sociologie, l'emprunt de ce terme remonte à

---

[1] BONARDI C. et ROUSSIAU N., (1999), *Les représentations sociales*, Paris, Dunod, Coll. « Les topos », p. 56.

[2] DUBAR C., (1991), *La socialisation, construction des identités sociales et professionnelles*, Paris, Armand Colin.

[3] PERCHERON A., (1993), *La socialisation politique*, Paris, Armand Colin, p. 21.

Emile Durkheim, pour qui *l'éducation consiste en une socialisation méthodique de la jeune génération*[4]. Selon Annick Percheron, c'est à partir du lien entre socialisation et éducation et de la lecture des textes de Durkheim faite par l'école américaine de sociologie et d'anthropologie qu'ont été définis les phénomènes de socialisation politique[5].

Pour Émile Durkheim, la socialisation vise le développement d'une conscience de la collectivité, qu'il faut faire passer dans l'âme de l'enfant[6]. Cette inculcation de la conscience collective se réalise par le partage d'une communauté d'idées et de sentiments qu'il n'appartient pas à l'État de créer mais qu'il doit consacrer, maintenir, rendre plus consciente aux particuliers[7]. Pierre Bourdieu conçoit la socialisation comme un processus d'apprentissage, dès la prime enfance, au cours duquel se déposent en chaque individu un certain nombre de dispositions durables appelées *habitus*[8]. Ce processus se réalise au sein de la famille, puis vient le temps de l'éducation institutionnalisée. L'originalité de la théorie de *l'habitus* chez Bourdieu repose sur la conception de la socialisation comme processus biographique d'incorporation des dispositions sociales issues de la famille, de la classe, des champs sociaux traversés par les individus au cours de leur existence et à partir desquels l'individu construit son identité.

Pour Bourdieu, la socialisation politique ne se réduit pas à la transmission consciente des représentations directement liées à la politique proprement dite, ni à l'aspect institutionnalisé de l'instruction civique par exemple, elle est plutôt dans tous les matériaux de la socialisation de l'enfant. Dans une perspective presque similaire à celle de Bourdieu, Pierre Berger et Thomas Luckmann distinguent également le processus de socialisation primaire qui se réalise à partir de l'articulation entre la famille et l'univers scolaire, et la socialisation secondaire qui est une acquisition des savoirs institutionnels spécialisés et des rôles directement ou indirectement enracinés dans la division du travail[9]. Pour Berger et Luckmann, la socialisation secondaire complète la socialisation primaire mais elle n'efface jamais totalement l'identité générale construite au cours de la socialisation primaire, *il faut plusieurs chocs biographiques pour désintégrer la réalité massive intériorisée au cours de la prime enfance*[10]. Autrement dit, les valeurs

---

[4] *Ibid.*, p. 22.

[5] *Ibid.*

[6] DURKHEIM E., (1963), *L'éducation morale*, Paris, PUF, [1er Ed. 1925], p. 236.

[7] DURKHEIM E., (1966), *Education et sociologie*, Paris, PUF, [1er Ed.1922], p. 50.

[8] BOURDIEU P., (1970), *La reproduction*, Paris, Minuit.

[9] BERGER P. et LUCKMANN T., (1996), *La Construction sociale de la réalité*, Paris, Armand Colin.

[10] DUBAR C., (1991), *op. cit.*, p. 100.

transmises par la famille pendant l'enfance sont les plus déterminantes pour la vie future de l'enfant.

La socialisation politique donne aux individus la matière profonde de leurs perceptions, de leurs représentations, de leurs attitudes. Elle les aide à construire le fond de carte sur lequel viendront s'inscrire, avec des contenus différents, des reliefs différents, les événements successifs[11].

Reprenant toutes les théories sur la socialisation pour construire ses concepts à propos de la socialisation, Claude Dubar conçoit les processus de socialisation comme étant des processus de construction identitaire. À ce propos, il construit deux modes d'articulation, relativement indépendants, contribuant à la formation des identités : la transaction subjective ou biographique, qui consiste à se projeter dans l'avenir en continuité ou en rupture avec un passé reconstitué ; et la transaction objective ou relationnelle qui, elle, vise à faire reconnaître ou non par les partenaires institutionnels, la légitimité de ses prétentions, compte tenu des objectifs et des moyens politiques de l'organisation[12]. Son analyse prend en compte les dimensions de trajectoires scolaires et professionnelles ainsi que la dimension de projet. Il considère que les identités sont des produits de socialisations dynamiques car elles sont déconstruites et reconstruites en permanence et se présentent parfois comme des crises d'identité. La déconstruction/reconstruction résulterait des processus et trajectoires dans lesquels l'individu se trouve, souvent en quête de statut et de rôle social.

Chez Max Weber, la socialisation est liée aux activités humaines, aux relations et interactions dans lesquelles les différents acteurs sont engagés. Il distingue l'action communautaire ou processus d'entrée en communauté et l'action sociétaire ou processus d'entrée en société[13]. Les caractéristiques de ces deux formes sociales constituent pour lui des types idéaux spécifiques, différenciés mais non-contradictoires[14]. Ce sont deux processus dynamiques d'instauration de relations sociales orientées par des mécanismes différents. L'action communautaire repose sur les appartenances claniques, villageoises, ethniques ou linguistiques. Elle implique des attentes de comportements issus de la coutume ou du respect des valeurs partagées. L'action sociétaire, qui n'est pas un conditionnement passif d'appartenance à une société établie mais une modalité d'entrée volontaire dans des relations entendues comme expressions d'intérêts communs et variés, implique l'autonomisation des individus, la

---

[11] PERCHERON A., (1993), *op. cit.*, p. 191.
[12] DUBAR C., (1992), « Formes identitaires et socialisation » in *Revue française de sociologie*, n°XXXIII, pp. 520-521.
[13] WEBER Max cité par DUBAR C., (1991). *op. cit.*, p. 89.
[14] *Ibid.*, p. 92.

rationalisation des activités sociales et la fragmentation du champ social en plusieurs domaines d'activités déterminés par des lois ou règlements rationnellement administrés.

De toutes ces approches, il ressort que les processus de socialisation se réalisent au sein d'un certain nombre de champs sociaux distincts : la famille nucléaire ou élargie, cadres de socialisation de base ; l'institution scolaire qui imprime des savoirs institutionnalisés et spécialisés ; l'environnement social caractérisé par des trajectoires diversifiées. Considérant cette construction sociologique du champ de socialisation politique, notre préoccupation est d'appréhender les cadres sociaux de socialisation politique plus les conduites, les représentations et les manifestations identitaires des étudiants gabonais, considérés comme produits de la socialisation intériorisée. Compte tenu des données empiriques recueillies, j'analyserai les processus de socialisation en milieu familial et universitaire.

Famille élargie et socialisation communautaire

Au Gabon, comme partout ailleurs en Afrique, la famille élargie intègre les dimensions claniques, lignagères, ethniques, et implique des attentes de comportements issus de la coutume ou du respect des valeurs traditionnelles partagées. Ces dimensions constituent le cadre de socialisation communautaire[15]. On l'appelle encore famille étendue et représente l'un des éléments fondamentaux des rapports sociaux de groupe. Par ce caractère, elle est un processus d'entrée en communauté, un centre de refuge et de sécurité au sein duquel l'individu dispose de plusieurs relations-supports d'ordre socio-psychologique, procurant équilibre et protection. Les actions et interactions au sein du cadre familial, qui impliquent les membres du lignage (père, mère, frères, oncles, tantes, grands-pères, grands-mères, petits-fils, cousins...) et de manière plus large le clan, sont des matériaux de socialisation communautaire. Tous ces membres ont chacun des rôles et des attentes les uns vis-à-vis des autres. Et par-là, la famille constitue un tout dont le membre ne peut s'en détacher, quelles que soient les relations qu'il peut y avoir dans le cadre de la société globale. En dépit des conflits qui se produisent à l'intérieur de la famille, celle-ci reste indissociablement liée à l'individu comme une propriété incorporée.

C'est à travers les actions de cette parentalité multiple que l'enfant amorce son entrée dans la famille élargie, qu'il apprend à assimiler et à intérioriser les structures et les institutions relevant de la coutume, les règles

[15] DUBAR C., (1991), *op. cit.*, p. 90.

prescrites ou non, etc. Sorti du cadre familial, l'enfant intègre l'école puis la religion selon la confession et la pratique religieuse du père et de la mère. De la conception et de la représentation sociale de l'école chez les parents (père et mère) dépendra le parcours scolaire de l'enfant. Dans la majorité des familles gabonaises, l'école se présente comme le seul moyen de réussite sociale. Cette conception de l'institution scolaire est sans cesse rappelée à l'enfant, parfois avec rigueur, jusqu'à la fin de la scolarité. Son ascension scolaire est perçue comme une voie d'épanouissement de la famille, par l'ensemble des membres de celle-ci. Dans cette perspective, il apparaît clairement pour l'étudiant, futur cadre de la famille, que ses parents attendent de lui des rôles et des devoirs qu'il commence à assumer et assumera tout au long de sa vie active, au-delà du noyau qu'il constituera avec sa femme et ses enfants. Mais, à ces relations existantes à l'intérieur du cercle familial s'ajouteront celles qui sont établies par alliance (c'est-à-dire avec les beaux-parents) dont il devra apporter satisfaction à la suite des sollicitations exprimées.

Les responsabilités multiples à l'intérieur du cadre familial d'appartenance sont parfois assumées à deux niveaux : auprès de la lignée du père et de la lignée de la mère. Toutefois, selon que l'étudiant appartienne à la lignée du père ou de la mère, les considérations et les conceptions varient. C'est-à-dire que les représentations sociales de l'étudiant, tout comme les manières de s'impliquer dans la famille paternelle et dans la famille maternelle, dépendent des influences sociales et des conceptions imprimées par la filiation d'appartenance (patrilinéaire ou matrilinéaire). Sur le plan territorial, les deux lignées ou filiations se présentent comme suit : dans la filiation patrilinéaire, observée chez les peuples du nord du pays (Fang, Kota, etc.), les enfants appartiennent au clan du père ; dans la filiation matrilinéaire, observée chez les populations du Sud du pays (Punu, Nzébi, Gisir, etc.), les enfants appartiennent au clan de la mère. Dans chacune de ces filiations, les distinctions par rapport au sexe diffèrent également. Au Sud, l'oncle maternel (c'est-à-dire le frère de la mère, proche ou éloigné) a une influence directe sur ses neveux et nièces, il apparaît comme le principal chef dans la lignée matrilinéaire et la femme comme productrice de celle-ci. Inversement, au Nord, l'homme cumule le rôle de chef et de producteur dans la lignée. Ces formes de rapports sociaux d'appartenances, reconnues et revendiquées, se perpétuent à travers l'inculcation des valeurs traditionnelles qui participent à la construction des identités sociales et de la personnalité de base de l'enfant. De là, la famille apparaît comme le premier cadre d'identification et de représentation sociale. En dépit du processus de déstructuration familiale lié aux effets du capitalisme et de la modernité, la place et le rôle de chacun restent définis par la coutume. De ce fait, lorsque l'étudiant se retrouve au sein de sa famille, ce n'est pas lui qui, par la socialisation universitaire, modifie les comportements de la communauté familiale, mais plutôt celle-ci qui le réabsorbe du fait de sa faible diffusion[16]. Certes, de nos jours, la famille ne détient plus à elle seule le monopole de la socialisation. L'institution scolaire, les médias, les phénomènes liés à l'urbanisation et à la modernité conduisent certaines familles, notamment les plus aisées, à adopter de plus en plus des conceptions et modes de vie de type occidentalisé.

Processus de socialisations et manifestations identitaires étudiantes

La socialisation universitaire

A priori, la socialisation universitaire se caractériserait par l'acquisition des connaissances et des savoirs scolaires. Cependant, ces structures académiques et intellectuelles détermineraient moins l'engagement politique ou la participation aux activités politiques des étudiants, tant au Gabon qu'en France. Plutôt, cette participation résulte soit des proximités socio-géographiques renforcées par la pratique de la *géopolitique*[17], soit de la quête de promotion sociale individuelle. Or, par principe, les études universitaires donnent accès à une culture à la fois générale et spécifique. Générale parce que, à travers la formation académique, l'étudiant découvre autre chose que ce qu'il a acquis pendant son parcours scolaire antérieur et même, au sein de son milieu social d'origine ; et spécifique parce qu'au fur et à mesure qu'il évolue dans le cursus, il s'oriente dans un domaine particulier de la connaissance pour en devenir spécialiste. En ouvrant le champ de la compréhension, le savoir universitaire confère aussi un statut social de prestige et un rôle dont les pratiques, les prises de position, les opinions et les ambitions distingueront

[16] MOUSSAVOU G., (2005), « Système de formation et conditions de production des élites au Gabon : contradictions, limites et incohérences » in Clotaire MESSI ME NANG et Aimé MOUDZIEGOU MOUSSAVOU, (sous la coordination de), *Le malaise gabonais, Elites et Société au Gabon*, Paris, L'Harmattan, pp. 133-152.

[17] Au Gabon, la géopolitique désigne le mode de gestion des ressources humaines et de partage institutionnel du pouvoir en référence aux appartenances ethniques et régionales des membres qui composent la société. L'usage de ce mécanisme de gestion sociale, politique et idéologique a cristallisé les représentations sociales autour d'une apparente distribution équilibrée des responsabilités politico-administratives et militaires. En réalité, cet usage permet de camoufler les insuffisances du pouvoir en matière de construction sociale, de production des élites intellectuelles et organiques, et de réalisation des infrastructures de développement global du pays.

l'apprenti et le futur intellectuel dans la société. C'est-à-dire son regard sur les faits, ses attitudes et ses relations avec les Autrui, n'est plus celui de l'adolescent innocent ou d'un profane. Ces acquisitions devraient lui permettre de raisonner, de prendre position, de participer aux discussions publiques et de se prononcer sans fourberie et sans crainte sur certains événements et vicissitudes qui jalonnent le fonctionnement de sa société. Autrement dit, le savoir universitaire conférerait une identité sociale et culturelle à travers laquelle l'étudiant devrait se déployer et se laisser percevoir par d'autres membres dans la société.

Au contraire, la communauté étudiante gabonaise, qu'elle soit au Gabon ou en France, reste caractérisée par une crainte viscérale de tout engagement politique contraire aux intérêts du pouvoir politique en place, au prétexte que sa bourse d'étude serait supprimée et que son avenir social serait « cassé ». Cette attitude est renforcée par les discours sociaux communs et les idées véhiculées sur les pratiques du pouvoir politique, face aux activités socio-politiques menées par les premiers étudiants militants notamment au sein de l'ancien AGEG[18]. Elle est également produite par des idéologies diffuses qui façonnent la mentalité commune des membres de la société gabonaise, et par une interdiction non écrite de toute activité publique ou socio-politique exercée en dehors de la caution morale du parti au pouvoir. Ainsi, si l'étudiant arrive à tenir des discussions dans un cadre restreint, il a au moins le courage d'assumer publiquement ses idées et ses prises de position. Ses idées et prises de position sont très facilement ébranlées par des idées reçues[19] sur les réactions « supposées » du pouvoir. Ce qui révèle une sous-socialisation universitaire. En revanche, la communauté étudiante gabonaise en France et au Gabon reste prisonnière d'une communauté d'idées construites à la fois par le pouvoir politique et autour de quelques expériences « difficiles » vécues par certains de leurs aînés sociaux. L'université est perçue comme un simple lieu d'acquisition du savoir supérieur et comme un canal d'accès à la réussite sociale. On fait des études pour espérer exercer une fonction sociale qui favorise une aisance matérielle et un certain prestige. De là, l'université n'apparaît pas simplement comme un champ de compétition inter individuelle, dans l'acquisition et la maîtrise des connaissances, mais comme un point d'appui pour intégrer les activités du monde du travail. Or, la socialisation universitaire devrait être une sorte de totalité qui suppose un dépassement de la séparation entre formation académique, formation professionnelle et

[18] L'Association Générale des Etudiants Gabonais en France (AGEG), membre de la Fédération des Etudiants d'Afrique noire Francophone (FEANF), était une association politisée qui contestait le régime politique en place au Gabon.
[19] BOUDON R., (1986), *L'idéologie, l'origine des idées reçues*, Paris, Fayard.

formation personnelle ; une totalité dans l'acquisition des codes et mécanismes de fonctionnement d'une institution chargée de socialiser au dernier degré, et de certains genres de connaissances que sont entres autres :

- la connaissance scientifique qui se fonde sur la jonction entre un cadre de référence conceptuel opératoire et l'expérience ou l'expérimentation ;
- la connaissance technique, pénétrée par le désir de dominer les mondes de la nature, de l'humain et de la société, afin de produire, de détruire, de sauvegarder, d'organiser, de planifier, de communiquer et de diffuser ;
- la connaissance des *Autrui*, des *Nous*, des groupes saisis dans leur réalité. Ici, Autrui en tant qu'objet de connaissance peut se présenter comme père, frère, ami ou ennemi, comme compagnon ou rival, camarade ou adversaire, comme inférieur ou supérieur, comme protecteur ou oppresseur, comme centre d'attraction, de répulsion ou d'indifférence ;
- enfin, la connaissance politique, connaissance idéologique par excellence, élaborée directement dans une lutte sociale dont les enjeux sont variés. Elle s'exprime dans des luttes entre fils aînés et cadets et implique la conscience nette des difficultés à vaincre et un sens aigu de la conduite à adopter dans telle ou telle conjoncture sociale.

Autrement dit, les dimensions du rapport réel à l'université et d'acquisition du savoir s'avèrent nécessaires pour parler de formation totale ou de socialisation universitaire.

Selon Christian Le Bart et Pierre Merle, « *le rapport à l'institution d'enseignement supérieur se marque, pour chaque usager de celle-ci, dans les façons de travailler, les façons de penser, les façons de se distraire.*[20]» De leur côté, Pierre Bourdieu et Jean Claude Passeron pensent que « *ce n'est pas l'espace qui intègre mais plutôt son usage réglé et rythmé dans le temps, qui fournit à un groupe un cadre d'intégration.*[21]» Là, se pose la question de savoir quels types de services et quels types d'activités offrent les cadres institutionnels de formation supérieure que sont les universités.

La question du rapport à l'université suppose donc un certain nombre de conditions objectives et subjectives, de structures et de cadres d'intégration réelle, au sein desquels les étudiants trouveraient satisfaction à se familiariser avec les rouages et le fonctionnement académique, scientifique et institutionnel, sans anxiété, sans angoisse et sans contrainte par rapport à leur avenir scolaire et social. Dans cette optique, l'université

---

[20] Le BART C. et MERLE P., (1997), *La citoyenneté étudiante, intégration, participation, mobilisation*, Paris, PUF, p. 12.

[21] BOURDIEU P. et PASSERON J.-C., (1985), *Les héritiers, les étudiants et la culture*, Paris, Minuit, p. 51.

serait considérée et interprétée comme un cadre familier. Or, l'enseignement supérieur apparaît dans sa fonction et dans sa logique comme étant un instrument de formation et d'évaluation des connaissances et compétences individuelles. À partir de là, les projets et ambitions individuelles seront fonction des conditions individuelles d'existence et du projet social de chacun. De ce point de vue, la connaissance des mécanismes de fonctionnement de l'institution dans laquelle s'effectue le passage transitoire d'une vie sociale et culturelle n'apparaît pas comme une finalité majeure en soi, même si à l'avenir, l'étudiant compte y exercer ses fonctions après ses études supérieures.

La compréhension des enseignements selon les disciplines, voilà ce à quoi semble se limiter la socialisation universitaire des étudiants. Il faut étudier si l'on veut avoir le diplôme pour lequel on est inscrit à l'université. Cependant, c'est sans savoir que les connaissances universitaires ont toujours besoin d'être diffusées et remises en cause pour qu'elles s'enracinent véritablement et durablement. Elles nécessitent, en dehors des cours et des lectures qui sont des moments et des processus d'acquisition des connaissances, des cadres de confrontation qui feront que les étudiants soient suffisamment aguerris aux débats idéologiques, politiques et scientifiques.

S'adressant à ses étudiants, Alain Coulon[22] dit « *devenez des étudiants professionnels.* » Pour lui l'étudiant doit considérer son statut comme une nouvelle profession qu'il va exercer et à laquelle il va consacrer un temps important de sa vie immédiate. Cependant, il doit, avant toute chose, en commencer l'apprentissage, en maîtriser les outils et en repérer les règles. Dire qu'on est professionnel signifie qu'on a cessé d'être un amateur, qu'on n'exerce plus seulement cette activité par goût mais qu'on a décidé qu'elle va nous permettre de gagner notre vie[23]. Autrement dit, le métier d'étudiant prépare à la vie active et à la vie culturelle et donc politique. Alain Coulon voit dans les activités para-universitaires des facteurs puissants d'affiliation universitaire. Il souligne : « *qu'écrire dans un journal étudiant, participer à des activités liées à la vie universitaire... Les activités militantes, quelle que soit leur nature, qui impliquent des démarches, des prises de parole dans des groupes, des tâches d'organisation, d'enquête, d'explication à d'autres étudiants, de fabrication de polycopiés, de revendications à présenter aux enseignants ou à l'administration, sont des activités de formation intellectuelle qui soutiennent et renforcent les apprentissages disciplinaires proprement dits.*[24]» Pour lui,

---

[22] COULON A., (1997), *Le métier d'étudiant, l'entrée dans la vie universitaire*, Paris, PUF, p. 6.
[23] *Ibid.*, pp. 6-7.
[24] *Ibid.*, p. 80.

« *l'affiliation transforme le monde universitaire, d'abord étrange, en un univers familier identifié par la suite.*[25] »

Mais quelles formes de socialisation collective, expression des manifestations identitaires, observe-t-on en milieu étudiant gabonais en France et au Gabon ?

Socialisation politique et manifestations identitaires en milieu étudiant au Gabon

Processus d'interaction sociale, la socialisation politique en milieu étudiant au Gabon peut être saisie et analysée en référence aux modes d'insertion observés au sein de l'institution universitaire. Les regroupements qui se construisent à partir de deux processus différents :

- le processus d'assimilation par lequel certains étudiants chercheraient à modifier leur environnement pour le rendre plus conforme à leurs désirs et diminuer leurs sentiments d'anxiété.
- le processus d'accommodation par lequel d'autres tendraient à se modifier pour répondre aux pressions, aux contraintes de l'environnement universitaire et social.

Ces faits sont des processus de construction et de reconstruction identitaire[26] qui donnent au milieu étudiant une configuration typique, une image-reflet microsociologique de leur société d'appartenance.

La configuration sociale observée, les sociabilités et/ou relations interindividuelles construites, les manifestations identitaires exprimées et les pratiques observées sont des éléments qui confèrent cette image-reflet et une atomisation du milieu étudiant. Cette configuration, qui participe de la confusion totale du système universitaire gabonais bien englué dans les pratiques communément partagées et l'idéologie diffuse, laisse transparaître une identité molle et malléable du groupe étudiant.

La socialisation dynamique observée dans ce milieu est celle traduite par les réseaux sociaux visibles ou non et les regroupements constitués à partir des référents extra-académiques. Les regroupements visibles restent caractérisés par la diversité des référents mobilisateurs qui produisent un phénomène associatif manifeste lié à l'environnement offert par le système universitaire et aux modèles sociaux partagés au sein de la formation sociale gabonaise. Ce phénomène désarticule le milieu étudiant et les conduites observées en plusieurs pôles caractéristiques des manifestations identitaires propres à cette formation sociale elle-même diversifiée. Pour autant, s'agit-il d'une captation par les étudiants, des modèles et idéologies construits et

---

[25] *Ibid.*, p. 81.

[26] DUBAR C., (1991), *op. cit.*, p. 100.

véhiculés au sein du milieu social dans son ensemble ou plutôt d'une crise identitaire du système universitaire ?

En fait, l'organisation associative en milieu étudiant gabonais commence au début des années 70 avec la création par les étudiants, de l'Organisation Nationale des Etudiants du Gabon (ONEG) pour la revendication de meilleures conditions de vie et de travail à l'université, cette organisation fut dissoute à la suite de son premier mouvement de grève et ses leaders furent emprisonnés ; l'introduction d'un organe des jeunes du parti unique en milieu étudiant (l'Union des Jeunes du Parti Démocratique Gabonais) dont le but a toujours été de véhiculer l'idéologie de ce parti, d'entretenir le statu quo et de former les futurs militants assimilés à celui-ci ; la création de la Mutuelle étudiante par le ministère de l'enseignement supérieur et l'administration universitaire. Au cours des années 80, quelques associations ponctuelles de type provincial ou départemental ayant des activités socioculturelles dans les milieux d'origines de leurs membres avaient été créées par les étudiants. Mais celles-ci furent très vite interdites par le pouvoir politique en place, sous l'instigation notamment des ministres originaires des localités dont sont issus les membres de ces associations. Ce fut le cas de l'Association Nationale des Etudiants de la *Ngounié* et de *Vacances à Mouila* durant les années 80.

Suite à la révolte des étudiants, le 17 janvier 1990, qui s'est propagée ensuite aux lycées de la capitale et aux autres catégories socioprofessionnelles, la Mutuelle étudiante et l'UJPDG furent dissoutes. La Conférence nationale de mars-avril 1990 ayant consacré le retour aux libertés associatives et au pluralisme politique, on assista à une floraison des regroupements particuliers en milieu étudiant. L'observation de ces regroupements conduit à un double constat : la propension des étudiants à se regrouper dans des associations diverses et l'identification de ces associations en cinq types : les associations ethnico-régionales, les associations religieuses, les associations des anciens élèves des lycées et collèges, les associations à vocation culturelle liées à certaines filières d'études, les associations à vocation syndicale. De ces cinq types d'associations nous distinguons les associations extra-universitaires dont les activités et les attaches sont beaucoup plus tournées vers l'extérieur de l'institution universitaire, et les associations liées de près ou de loin à celle-ci. Bien que la majorité d'étudiants préfère l'existence des associations à vocation culturelle liée aux filières d'études[27], ce sont plutôt les associations ethnico-régionales et les associations religieuses qui sont les plus

---

[27] MOUSSAVOU G., (1997), *Pour une approche de l'identité étudiante à travers la vie associative et culturelle en milieu universitaire*, Mémoire de maîtrise en Sociologie, Université Omar Bongo, Libreville.

nombreuses et les plus manifestes. Les associations à vocation syndicale, marginales au même titre que les associations des anciens élèves des lycées et collèges, sont plus manifestes en fonction des contingences liées aux dysfonctionnements du système universitaire ou aux revendications occasionnelles exprimées par leurs leaders (restaurant universitaire, paiement des bourses et bibliothèque notamment).

Cependant, à l'observation des activités et des manifestations associatives, les étudiants membres des associations ethnico-régionales et religieuses, de même que ceux des associations des anciens élèves des lycées et collèges s'inscrivent dans une sorte de séparation consciente ou inconsciente des autres étudiants de même université. Cette forme d'identisation[28] manifeste traduit également le type de rapport entre les étudiants et leur système universitaire. Les associations à vocation syndicale et celles qui sont liées aux filières d'études tentent de traduire une sorte d'affirmation de la communauté étudiante sans distinction d'origine et d'appartenance, l'identification ici est celle de l'institution universitaire, mais elles comportent moins de membres et sont moins manifestes que les associations extra-universitaires.

Les associations ethnico-régionales désignent les regroupements construits principalement sur la base de la région d'origine des membres, mais qui intègrent de facto les ethnies qui y vivent. Dans cette optique, elles sont pluriethniques. Mais, on observe également des associations ethnico-régionales regroupant uniquement les membres d'une même ethnie, c'est le cas des associations d'étudiants de la province du Woleu-N'Tem (Elat Meyong, AJN, Agnos, AJEB, Bia-Bia, etc.) et de certaines associations d'étudiants de la province de la Ngounié (Kundu, Mébal, Diumbi, l'association des jeunes et étudiants de la Mougalaba...). Ces associations peuvent être considérées comme des associations ethniques ou mono-ethniques. Toutefois, elles sont aussi liées à une région donnée, cas de l'association Ana A Mbombé liée à la région habitée par l'ethnie *tsogo,* située au sud de Mouila (chef-lieu de la province de la Ngounié), ou de l'association Mayala regroupant les étudiants de l'ethnie sango des régions de Mimongo (dans la province de la Ngounié) et d'Iboundji (dans la province de l'Ogooué-Lolo) qui sont des régions voisines.

L'efficacité des associations ethnico-régionales est donc le fait d'une dynamique ethnique et régionale, qui actionne plus ou moins la volonté des membres à s'impliquer. Les membres de ces associations se connaissent, ils ont une connaissance de leur milieu d'origine et reçoivent de l'aide financière et matérielle de leurs aînés, fils du même terroir assumant des

---

[28] TAP P., (1980), *Identités Collectives et changements sociaux*, Toulouse, Privat, p.12.

fonctions dans la haute administration gabonaise ou au sein du gouvernement de la République. Ces structures associatives sont des cadres d'entraide, de fraternisation et de sociabilités élémentaires. Les manifestations caractéristiques de ces associations contribuent au processus d'idéologisation de la communauté étudiante et situent le champ universitaire dans une parcellisation de relations marquées par des préoccupations extra-universitaires. Leur création et leur déploiement à l'intérieur du campus et dans leurs localités d'origines obéissent à l'idéologie construite autour de la notion de « développement local » véhiculée au sein du milieu social par le pouvoir politique établi. Elle obéit également aux intérêts socio-politiques exprimés dans les différentes régions d'appartenance et à la configuration de la société globale. La notion de « développement local » justifie l'usage du mécanisme de la *géopolitique*, utilisé comme mode de gestion des ressources humaines et des besoins sociaux en matière de construction des infrastructures, et comme principe de distribution des pouvoirs institutionnels en référence aux ethnies et localités d'appartenances.

Du point de vue idéologique et pratique, les associations ethnico-régionales traduisent en quelque sorte le processus d'intériorisation de la pratique politique traditionnelle, qui consiste à confiner les membres de la société dans leurs groupes sociaux d'appartenance. Bien qu'elles ne s'affichent pas comme des mouvements politiques ou des groupements de contestation, la dimension idéologique et politique de ces associations se situe dans la réception inconsciente et consciente de l'idée de développement telle que véhiculée par le pouvoir politique en place. Leurs activités dans leurs milieux d'origines consistent particulièrement en l'organisation des cours de vacances et autres activités socioculturelles, qui sont des activités de médiations relationnelles aux hommes politiques de localités communes par le biais des demandes d'aides matérielles et financières. Ces activités apparaissent comme des occasions offertes aux acteurs politiques locaux qui n'hésitent pas à « récupérer » certains membres étudiants qui deviennent des fidèles militants politiques.

En fait, dans les croyances et représentations sociales de la majorité des membres de la formation sociale gabonaise en général et des étudiants en particulier, le développement socio-économique de leur région d'origine ainsi que la reconnaissance de leur groupe ethnique d'origine passent par la présence des membres de même origine dans les hautes sphères de l'État et notamment au sein du gouvernement. L'ethno-régionalisation ou *géopolitique* instaurée comme mode de gestion des institutions étatiques, politico-militaires, les nominations et promotions sociales sur des bases ethniques, géographiques, confèrent des représentations stéréotypées, figées sur ces appartenances originelles et laissent transparaître des groupes ethnico-régionaux comme étant des communautés politiques. Car, la constitution des associations ethnico-régionales, parfois créées par réaction aux autres groupes, se présente comme des manifestations identitaires et comme une sorte de revendication d'une reconnaissance sociale. Max Weber perçoit la communauté politique comme facteur d'éveil habituel - même dans ses articulations les plus artificielles - de la croyance à la vie commune ethnique[29].

L'ethno-régionalisation se traduit non seulement par la répartition du pouvoir institutionnel en référence aux diverses communautés ethniques et régionales, mais surtout, d'instaurer un ordre social et politique susceptible de prévenir toute velléité d'instabilité sociale. Cette logique politique conduit à une institutionnalisation de fait des « petits » chefs politiques dominants dans chaque localité, le plus souvent membres du gouvernement, constituant des cours de fidèles acquis au pouvoir et au groupe politique dominant ; elle permet la récupération systématique des groupements et associations divers.

Quant aux associations religieuses, leur naissance peut être liée à la logique des congrégations religieuses dont la vocation principale est la propagation de l'Evangile et la responsabilisation morale, spirituelle des fidèles. Pour ces associations, il faut amener les membres de la société au partage du message de Jésus-Christ, afin qu'ils le découvrent à travers la vie spirituelle et la croyance. Leur rôle consisterait à conscientiser le milieu étudiant, à le transformer, à le moraliser face aux problèmes sociaux existants. Les activités de ces associations consistent en des réunions de prières hebdomadaires ou épisodiques et leurs actions sont adressées autant à l'extérieur qu'à l'intérieur du campus universitaire. Mais, on peut dire que les causes profondes de cette réalité sociale en milieu universitaire résultent de la crise identitaire que traverse l'ensemble social et partant, l'université gabonaise. Crise liée aux intérêts idéologiques du pouvoir politique d'État qui ne correspondent pas à ceux des populations d'une part, et aux conditions d'existence et de travail en milieu universitaire d'autre part. Pour la plupart des membres qui les composent, ces associations constituent des lieux de refuge spirituel face aux difficultés de la vie sociale ; elles constituent également des cadres de fraternité et de raffermissement de soi face aux conditions d'études difficiles en milieu universitaire. La solidarité, l'amour entre les membres issus d'une même congrégation ou confession religieuse caractérise la sociabilité de ces membres. À travers leurs activités, les étudiants se réclamant de ces associations s'inscrivent également dans un processus d'identisation, de distinction par rapport aux autres étudiants ; ils

---

[29] WEBER M., (1971), *Economie et Société/2, l'organisation de la société dans leur rapport avec l'économie*, Paris, Plon, p. 130.

s'appellent « frères ou sœurs en Christ ». La sociabilité à l'intérieur de ces associations porte également sur les notions d'entraide et de fraternisation.

Les associations des anciens élèves des lycées et collèges quant à elles désignent tous les regroupements constitués sur la base de l'établissement secondaire de provenance. Leurs activités sont peu perceptibles, à l'intérieur comme à l'extérieur du campus universitaire. Pour la plupart, ces activités portent sur les excursions et les aides documentaires apportées parfois aux établissements secondaires de provenance des membres. Cette forme de regroupement se construit autour des notions d'amitié, de retrouvailles et des moments partagés au lycée ou au collège. Toutefois, tous les anciens élèves des différents établissements secondaires ne se retrouvent pas forcément dans ces associations. Au sein de l'Université Omar Bongo par exemple, nous avons observé que la majorité des associations existantes est constituée des membres issus des établissements secondaires de Libreville, quelques-unes émanent des anciens élèves de Port-Gentil. De là, il apparaît que le phénomène associatif de type ethnico-régional serait moins accentué chez les étudiants ayant fait leur cursus scolaire à Libreville et Port-Gentil, ce qui n'est pas nécessairement le cas à l'Université des Sciences et Techniques de Masuku (USTM).

Les associations à vocation académique et culturelle apparaissent liées à l'institution universitaire, au regard de leur filiation à certaines filières d'études et du champ dans lequel leurs activités sont menées. Elles s'inspirent dans une large mesure, de certains champs disciplinaires. À travers ces associations, les étudiants s'entrecroisent en dehors des référents ethnico-régionaux, religieux ou d'établissements secondaires de provenance. Ils s'inscrivent dans un processus d'intégration plus large et dans un rapport immédiat à l'institution universitaire. En effet, dans ces structures, l'étudiant tend à se fondre dans la communauté universitaire et tente de faire émerger une identité liée au domaine de connaissance, à la formation et au niveau d'étude. L'identification manifeste est donc celle de l'appartenance à l'institution universitaire comme cadre d'échanges, de connaissance et d'intégration. Cela dit, ces associations ne sont pas aussi manifestes que les associations ethnico-régionales et religieuses, l'on ignore parfois leurs activités dans le campus.

Les associations à vocation syndicale ont commencé à renaître au début des années 1990 après la dissolution de la mutuelle universitaire et de l'UJPDG qui jusque-là avaient joué le rôle de porte-parole des étudiants à l'occasion des mouvements de revendications. Ces associations désignent des regroupements d'étudiants dont les buts essentiels consistent à formuler des revendications liées aux conditions de vie et de travail en milieu universitaire. Dans les faits, elles sont des structures de mobilisation pour une cause commune à l'ensemble des étudiants. Cependant, à l'analyse des mouvements de revendications qu'elles engagent, on peut noter qu'elles manquent de véritables stratégies de luttes inscrites dans le moyen ou le long terme ; elles manquent également de stratégies d'adhésion et de sensibilisation de la communauté étudiante sur la nécessité pour celle-ci de s'organiser dans une véritable dynamique de groupe. Par contre, si l'on constate parfois de fortes mobilisations collectives d'étudiants, peu d'entre eux se réclament comme membres, en dehors des leaders-fondateurs.

La participation aux actions revendicatives se fait souvent de façon spontanée et se trouve très rapidement essoufflée, laissant paraître ainsi ces actions collectives comme de simples mouvements de défoulement. Certes, un certain nombre de mouvements de protestations marquées par des violences exercées sur les personnes physiques et objets matériels (détérioration grave de matériels en 1978 et 1999 notamment, molestage du recteur et d'autres personnels de l'UOB en 1994, mise à sac de la bibliothèque centrale et autres bâtiments en 1999, etc.) ont engendré la construction de quelques structures d'accueils à l'Université Omar Bongo par le gouvernement (constructions des voiries et des amphithéâtres, agrandissement du restaurant universitaire, travaux de réfection, etc.).

Dans cette perspective, nous pouvons observer que les actions de ces associations, bien que circonstancielles et violentes, ont souvent poussé le gouvernement à réagir dans le sens de l'amélioration de quelques conditions d'études et de travail des étudiants. Toutefois, elles manquent de cohésion dans l'organisation des actions d'ensemble et les stratégies de lutte du fait qu'elles connaissent des infiltrations instituées et sont souvent manipulées par des personnalités situées au sommet de l'État ou au gouvernement. Ce qui pose alors le problème de leur autonomie, de l'efficacité des revendications formulées par ces associations et de la dimension idéologique des leaders étudiants. De fait, la politisation la plus violente du monde étudiant est introduite au sein des actions engagées par ces associations qui servent parfois d'intermédiaires entre le monde universitaire et les personnalités administratives et politiques qui « se règlent des comptes ». Et, c'est lorsque les violences perpétrées sont très graves que le gouvernement décide de dissoudre ces structures (Mutuelle étudiante en 1990, Front des Étudiants Radicaux et Syndicat des Étudiants du Gabon en 1994, Groupement des Étudiants pour l'Intervention et l'Action Directe en 1999, la FORCE en 2004).

Socialisation politique et construction identitaire en milieu étudiant en France

Deux contextes permettent de cerner les processus de socialisation politique et de construction identitaire des étudiants gabonais en France : les mécanismes d'intégration dans les universités d'accueil pour la finalisation de leurs études et cursus universitaires, les activités extra universitaires accomplies dans le nouveau milieu, influencées par les nouvelles conditions d'existence et la culture du pays d'accueil. Les procédures d'insertion dans ce double contexte déterminent les types de rapports sociaux qui s'établissent entre étudiants de même nationalité ou non. Au-delà du processus d'adaptation aux conditions sociales et culturelles du pays d'accueil qu'est la France, l'avantage de provenir d'un pays où la pratique de la langue française commence dès l'enfance, les processus de socialisation, d'assimilation, d'accommodation varient selon les attitudes et les perceptions individuelles. La quête des informations et de connaissances du milieu universitaire d'accueil conduit plus ou moins au rapprochement vers des étudiants de même nationalité (les compatriotes) ou de nationalité autre (africains, français,...). À ce propos, une étudiante du département d'histoire indiquait :

> « *Je pense que l'intégration et l'adaptation sont liées à une certaine force d'esprit. Si j'avais l'esprit faible je ne me serai pas adaptée. J'avoue que le fait de discuter avec les gens, de demander aux collègues comment ça se passe, tout cela facilite l'intégration. Ce qui importe c'est de ne pas rester dans son coin ou d'avoir peur de poser des questions. Il faut toujours aller vers les autres pour s'adapter facilement*[30].
>
> *Quand je suis arrivée, évidemment j'ai trouvé des gens qui étaient déjà là, qui m'ont dit ce qu'il fallait faire, les démarches à mener. Je crois que ça m'a aidée à connaître un peu l'institution ou plutôt à pouvoir la fréquenter. Mais je suis intégrée tout juste à l'institution à laquelle je suis affiliée et au département mais pas à l'université en général.*[31] »

L'autre mécanisme de socialisation passe par l'observation des conduites et pratiques des autochtones qui se manifestent devant soi et qui permet d'abord de se faire une idée du milieu social puis de s'insérer. On peut qualifier cela comme étant « la logique d'observation/insertion ». Mais l'atout non négligeable de ce processus de socialisation est aussi la connaissance et la maîtrise de la langue du pays d'accueil, qui favorise la saisie des messages, des discours codés ou non, véhiculés, échangés autour de soi. Cette analyse est confortée par les affirmations d'une étudiante en Sciences du langage en ces termes :

> « *En partant du Gabon j'avais déjà acquis un niveau d'études supérieures. Donc, en venant en France je ne pouvais pas être défavorisée. J'ai été favorisée par cet acquis, mais aussi par le fait que je reviens d'un*

[30] Entretien réalisé en 1999 avec une étudiante de la filière AES (Université d'Aix-Marseille III).

[31] Entretien réalisé en 1999 avec une étudiante du département d'histoire (Université d'Aix-Marseille I).

pays francophone. C'est important quand on parle français, ça ne pose pas de problème[32]. »

Si le processus de socialisation est favorisé par les rapprochements entre compatriotes ayant déjà un temps de séjour plus ou moins long dans la ville d'accueil, et par l'observation/insertion, la pratique de la langue de communication, les échanges paraissent limités avec les étudiants d'autres nationalités et notamment européens ou français. L'utilité de la relation ou du contact dépend de ce que chacun veut recevoir ou obtenir de l'autre. De même que l'intérêt ou le désintérêt réciproque est fonction des idées et des conceptions que chacun a du monde de l'autre comme le démontrent en 1999 les propos d'une étudiante d'Aix-Marseille III :

> « *Avec les autres étudiants, c'est sympa, ils t'abordent pour savoir comment tu vis chez toi, et c'est comme ça qu'on se fait des amis. Il y a beaucoup qui n'ont jamais eu l'occasion d'aborder les noirs, ils viennent donc vers toi, ils sont fascinés, certains ont des idées préconçues. Ils pensent qu'il n'y a rien en Afrique en dehors des images qu'on leur montre à la télévision. Par exemple les gens qui meurent de faim. Ils pensent qu'il n'y a pas de voitures, pas de télévision, pas d'infrastructures en Afrique. Il y a même certains qui te demandent quel moyen de locomotion tu as utilisé pour venir en France, ils sont curieux. Mais quand tu leur parles des réalités objectives qu'ils ne connaissent pas, ils sont émerveillés.*[33]»

Au-delà de ces situations et expériences sociales, le processus de socialisation et de reconstruction identitaire reste influencé par la nouvelle culture en présence. Face à la diffusion massive de celle-ci assurée notamment par les médias et autour de soi, confronté au dépaysement, à la fascination, l'action des étudiants compatriotes s'avère utile pour favoriser la socialisation dans le nouveau milieu de vie.

D'autres formes et cadres de socialisation sont également observables dans le milieu étudiant gabonais en France. La pratique de la vie religieuse et la fréquentation des églises participent à l'intégration du fait qu'elles apportent un équilibre et un soutien moral. Les associations de type communautaire, regroupant étudiants/non étudiants, créées pour construire des sociabilités, échanger des idées à travers des activités socioculturelles et de loisirs (Association des Gabonais d'Amiens, Association des Gabonais de Nancy, Association des Gabonais de Bordeaux...), sont également des

---

[32] Entretien réalisé en 1999 avec une étudiante du département des sciences du langage (Université d'Aix-Marseille I).

[33] Entretien réalisé en 1999 avec une étudiante de la filière AES (Université d'Aix-Marseille III).

cadres d'entrée sociétaire, de maintien de la culture et des pratiques du pays d'origine. En dehors de l'Association des Étudiants Gabonais d'Île-de-France (AEGIF) qui a été constituée par la volonté de construire une identité étudiante à travers les journées culturelles, les colloques et les médiations initiées auprès des institutions officielles pour une gestion efficace des conditions de séjour des étudiants en France (Centres national des Œuvres Universitaires, Direction Générale des Bourses et Stages, Ambassade du Gabon), toutes les autres associations visent des regroupements de membres d'une même communauté nationale pour l'inter connaissance et les loisirs. Ainsi, dans ces associations de Gabonais se retrouvent, à la fois, des étudiants et des non-étudiants gabonais dont les intérêts et les préoccupations ne sont pas les mêmes. Les activités de ces associations sont essentiellement les excursions, les soirées culturelles et dansantes.

À l'analyse de ces processus et cadres d'activités, la socialisation politique des étudiants se réalise à travers l'observation/réception des modes et pratiques de vie des membres de la société d'accueil, et les échanges avec leurs compatriotes. Ces échanges portent pour une part dominante sur les formes et pratiques de gestion de leur société d'appartenance, de l'État et ses mécanismes de fonctionnement. Ici, se côtoient à la fois la déception face à la pratique de la vie politique locale et la crainte d'afficher publiquement ses opinions. Ce contenu d'ordre politique, échangé dans le cadre communautaire limité aux membres d'une même nationalité, est développé en référence à ce qu'ils voient et vivent dans le pays d'accueil, sans que cette référence renforce véritablement leurs convictions politiques, leurs attitudes et leur vision du monde. Ces défaillances se vérifient d'ailleurs dans le cadre des manifestations publiques ou associatives, lors des invitations qui leur sont faites par les personnalités politiques de leur pays.

Références

BAJOIT G. et BELIN E., (1997), *Contribution à une sociologie du sujet*, Paris, L'Harmattan.

BEN-DAVID J., (1997), *Eléments d'une sociologie historique des sciences*, Paris, PUF.

BOUDON R., (1977), *Effets pervers et ordre social*, Paris, PUF.

BOUDON R., (1986), *L'idéologie, l'origine des idées reçues*, Paris, Fayard.

BOURDIEU P., (1970), *La reproduction*, Paris, Minuit.

BOURDIEU P., (1980), *Le sens pratique*, Paris, Minuit.

BOURDIEU P. et PASSERON J. C., (1985), *Les héritiers, les étudiants et la culture*, Paris, Minuit.

BOURDIEU P., (1987), *Choses dites*, Paris, Minuit.

CHAGNOLLAUD D., (1996), *Introduction à la politique*, Paris, Seuil.

CHAGNOLLAUD D., (1997), *Sociologie politique*, Paris, Dalloz.

COULON A., (1997), *Le métier d'étudiant, l'entrée dans la vie universitaire*, Paris, PUF.

DUBAR C., (1991), *La socialisation, construction des identités sociales et professionnelles*, Paris, A. Colin.

DUBAR C., (1992), « Formes identitaires et socialisation » in *Revue française de sociologie*, n°33.

DUBET F., (1994), « Dimensions et figures de l'expérience étudiante dans l'université de masse » in *Revue française de sociologie*, n°35.

ETOUGHE D. et NGADI B. (Sous la dir.), (2003), *Refonder l'État au Gabon. Contribution au débat*, Paris, L'Harmattan.

GALLAND O., (1991), *Sociologie de la jeunesse, l'entrée dans la vie*, Paris, A. Colin.

Le BART C. et MERLE P., (1997), *La citoyenneté étudiante, intégration, participation, mobilisation*, Paris, PUF.

MESSI ME NANG C. et MOUNDZIEGOU MOUSSAVOU A., (Sous la coord. de), (2005), *Le malaise gabonais. Élites et société au Gabon*, Paris, L'Harmattan.

NEVEU E., (1996), *Sociologie des mouvements sociaux*, Paris, La découverte.

NZE NGUEMA, F. P., (1998), *L'État au Gabon, de 1929 à 1990, le partage institutionnel du pouvoir*, Paris, A. Colin.

PERCHERON A., (1993), *La socialisation politique*, Paris, A. Colin.

RUANO-BORLAN J. C., (1998), *L'identité, l'individu, le groupe, la société*, Auxerre, Ed. Sciences humaines.

TAP P., (1980), *Identités collectives et changements sociaux*, Toulouse, Privat.

TOURAINE A., (1973), *Production de la société*, Paris, Seuil.

VERMEREN P., (2002), *La formation des élites marocaines et tunisiennes, des nationalismes aux islamistes, 1920-2000*, Paris, La découverte.

WEBER M., (1971), *Économie et Société/2, l'organisation de la société dans leur rapport avec l'économie*, Paris, Plon.

Sorcellerie comme mode d'accumulation de pouvoir et de richesse dans le Gabon d'aujourd'hui

Romain MEKODIOMBA
Doctorant en Sociologie à l'E.H.E.S.S
de Marseille

La sorcellerie est un fait omniprésent dans la société gabonaise. La presse privée et publique, les médias (radio et télévision) et les rumeurs de tous les jours ne cessent de rapporter des histoires de sorcellerie, de meurtres rituels, d'envoûtements féminins ou de pactes diaboliques qui touchent tous les domaines de la vie. Comme le notait André Mary, « *ces affaires ne sont pas là seulement pour exciter l'imaginaire populaire, elles font écho aux interrogations que suscitent la maladie, la stérilité, le chômage, les accidents, les échecs scolaires, etc.* [1] » Même si la police, la gendarmerie et la justice arrivent à mettre la main sur de misérables exécutants promus au rôle « d'apprentis sorciers », il va de soi que ce sont les hommes politiques qui sont les principaux commanditaires de ces actes. En effet, chacun sait que les hommes politiques, les « grands » se sont toujours nourris des substances vitales des autres, du sang, des sacrifices humains, des rapts ou de mise en esclavage des âmes. Celui-ci pour s'assurer une victoire électorale, cet autre pour influer sur les courbes de popularité ou celui-là, pour se maintenir dans ses fonctions ou stimuler une nomination à un poste très lucratif.

Savoir si ces pratiques sont efficaces n'est pas notre propos ; il s'agit plutôt de montrer que dans la société gabonaise d'aujourd'hui, on ne peut pas parler du pouvoir et de richesse sans se référer aux forces occultes.

Mais avant de rentrer dans le vif du sujet, un point mérite d'être souligné pour bien comprendre pourquoi les gens ont de plus en plus recours à la sorcellerie en Afrique et plus particulièrement au Gabon. « La puissance que l'on souligne souvent à propos de la sorcellerie est liée au caractère qui fonde son principe. Ce principe incarné dans un organe de sorcellerie prend des noms différents : *évus* en fang, *dikundu* en ipunu ou *izanga* en ikota. De lui, dépendent toutes les aptitudes, les facultés, les capacités des hommes à réaliser l'inhabituel, l'écart différentiel qui définit l'extraordinaire, l'exceptionnel, le hors norme, le fait rare ou tout simplement qui permet la

---

[1] MARY André, (2002), « La violence symbolique de la pentecôte gabonaise » in MARY André et CORTEN André, *Imaginaires politiques et pentecôtismes. Afrique/Amérique latine*, Paris, Karthala, pp. 152-153.

vie[2]. » Or, selon la croyance populaire, cette « énergie » ou disposition ; ce que certains anthropologues ou sociologues appellent le *mana* ou le *charisme,* hérité ou acquis est non seulement distribué inégalement parmi les hommes et les femmes mais en plus, il s'épuise. D'où la nécessité de le renforcer en « *pompant* » celui des autres[3]. Ainsi, le sorcier peut être défini comme celui qui « *mange* » ou absorbe l'énergie vitale de ses victimes.

L'idée selon laquelle il est possible de renforcer son énergie vitale en absorbant celle des autres n'est pas nouvelle. Dans certaines sociétés d'Afrique Noire, les chasseurs buvaient déjà le sang des animaux puissants qu'ils chassaient afin de s'approprier leur force et leur puissance. Chez les Massaï par exemple, ils buvaient le sang des lions qu'ils tuaient lors d'un rituel de grande chasse initiatique. Dans d'autres sociétés, les guerriers allaient jusqu'à manger la chair de leurs victimes, notamment le cœur, dans le but de s'approprier leur force et leur puissance. Pendant la guerre du Liberia, les combattants des différentes factions, parfois très jeunes et presque toujours affublés d'amulettes censées les protéger contre des balles, remplissaient les rues de cadavres. Les habitants de Monrovia étaient choqués de voir ces hommes éventrer les corps de leurs victimes, manger leur chair et leurs organes, notamment le cœur[4]. Stephen Ellis explique que « *de telles pratiques étaient issues de la croyance, fort connue dans l'histoire libérienne, selon laquelle l'essence d'une personne est contenue dans son cœur et son sang, et qu'en les consommant un guerrier acquiert une partie du pouvoir de sa victime*[5]. »

Que l'on boive du sang ou mange de la chair humaine dans le but de s'approprier l'« énergie vitale » de la victime, cela n'est pas une croyance propre aux Africains. On la retrouve partout ailleurs dans le monde. On sait que certains chefs-d'œuvre du 7e art, Dracula, Nosferatu, etc. qui s'appuient sur de vieilles traditions populaires d'Europe de l'Est présentent le vampire comme étant un mort qui sort de son tombeau à la nuit tombée pour aller sucer le sang des vivants[6]. Lequel sang paraît être son élixir d'immortalité.

Certaines traditions spirituelles reconnaissent elles aussi que le sang est intimement lié à la vie de l'être physique[7]. Chez les catholiques, dans le

---

2 Lire TONDA J., (2000), « Capital sorcier et travail de Dieu » in *Politique Africaine*, n°79, octobre, pp. 48-65.

3 ELLIS S., (2000), « Armes mystiques : quelques éléments de réflexion à partir de la guerre du Liberia » in *Politique africaine*, n°79, octobre, p. 66.

4 *Ibid.*

5 *Ibid.*

6 Lire NGUEMA NDONG P., « L'absorption mystique : le summum du vampirisme », éditorial de l'émission « Triangle » du 19/10/02.

7 Dans l'émission « Dieu en question » du 17 août 2003, les représentants de certaines confessions religieuses présentes au Gabon ont débattu sur le vampire.

mystère de l'Eucharistie, Jésus dit à ses apôtres : *« Ceci est mon corps... Prenez et mangez en tous. Ceci est mon sang... Prenez et buvez en tous »*, cela n'évoque-t-il pas une sorte de cannibalisme rituel ? On voit bien que le principe qui fonde la puissance de la sorcellerie est reconnu dans de nombreuses sociétés ou religions du monde. Mais, la question est de savoir comment cette puissance peut-elle influer sur le cours des événements de la vie quotidienne et ceux de la politique ? Telle est la question à laquelle nous essayerons de répondre dans lignes qui suivent.

De la victoire électorale...

Au Gabon, comme dans la plupart des pays de l'Afrique noire, il y a encore certains hommes politiques qui croient que les « forces invisibles » influencent les événements de la vie quotidienne et ils ne s'en privent pas pour atteindre leurs objectifs.[8]

Dans sa livraison du 16 janvier 2002, le quotidien national « l'Union » rapporte un fait divers concernant l'assassinat de deux jeunes enfants à des fins politiques.

> « *La psychose est née peu avant Noël, au village Mabouna, près d'Omboué (département d'Etimboué), depuis la disparition de deux jeunes enfants, Kévin Iwin Mbadinga, âgé de 2 ans et son frère aîné Medic Yeta Mouniala (3 ans), retrouvés morts et mutilés [...] Leur génitrice Marie-Félicité Ngola ne se doutait de rien le 19 décembre dernier, en allant confier ses rejetons à leur grand-père. Car elle devait faire quelques courses, dans la perspective de la nativité. Alors qu'un mois auparavant, un plan funeste était en train de se faire échafauder par Joseph Mouanga et Ignace Moussounda qui, autour d'un verre de bière, nourrissait des secrets desseins. Le premier cité recherchait des organes humains, de préférence ceux des enfants, pour les pratiques occultes [...] les parties du corps devraient lui servir à assurer son succès lors d'un prochain scrutin électoral au niveau départemental [...] Le marché fut conclu, après que le commanditaire eut déposé la [...] somme de 500.000 de nos francs. Le mandataire a donc profité du départ de la mère de ces petits et du sommeil du grand-père de ceux-ci pour exécuter cette sordide besogne. Il a entraîné ses victimes, avant de leur faire subir un véritable supplice dans sa chambre à coucher avant de passer, de sang froid, à l'acte mortel moyennant un couteau [...] Aidé de Serge Madinga, ils traînent les corps sans vie des enfants à environ 3 km du village, dans une forêt, pour la phase la plus importante : le prélèvement des organes. Froidement, ils se*

---

[8] À propos des relations entre la sorcellerie et la politique, lire entre autres, GESCHIERE P., (1995), *Sorcellerie et politique en Afrique. La viande des autres*, Paris, Karthala.

sont mis à les mutiler en leur ôtant le cœur, les orteils, les plantes des pieds, les paumes des mains, les yeux, la langue, [...] Pour tenter d'effacer toutes les traces, ils vont inhumer les restes des corps, sans les vêtements qu'ils ont abandonnés sur le lieu de l'enterrement. C'est plus tard, au cours d'une partie de chasse qu'on découvre ces habits [...] L'enquête diligentée avec le concours des villageois a abouti à l'arrestation de l'auteur présumé et ses complices par la gendarmerie d'Omboué...[9] »

Des histoires de ce genre, on en rapporte presque quotidiennement. On se souvient encore du corps mutilé d'un certain Marcel Sazé, âgé de quarante ans environ, découvert en 1998 derrière sa maison à Batouala, un village situé à cent kilomètres de Makokou sur la route de Mékambo[10], de l'assassinat du jeune Bigoundou à Tchibanga[11], ou encore de l'affaire d'un jeune homme décédé des suites d'une mutilation de la langue au PK8 de Libreville[12]. Même si c'est seulement à partir des années 1990, que la presse (privée d'abord) a commencé à mettre au jour ce phénomène, il est clair qu'il ne constitue pas un phénomène nouveau. À l'époque du Parti unique (1968-1993), on a connu des assassinats de ce type. On se souvient par exemple du phénomène des *« Mimbeng »*, en fang ou *« Mémbowoung »* en ikota. Les *« Mimbeng »* ou *« Mémbowoung »*, ce sont des gens qui allaient se cacher dans la forêt, attendaient les passants pour les tuer puis prélevaient les organes génitaux des victimes. Ce qui fait la différence entre le phénomène de *Mimbeng* et ce qui se passe aujourd'hui est que les *Mimbeng* tuaient les gens loin, dans la forêt et faisaient disparaître les corps. De plus, personne n'osait enquêter pour élucider ces affaires car l'indiscret risquait de payer cher sa curiosité.

Le sang et les organes ainsi prélevés sur les corps des victimes devaient servir à confectionner des « fétiches » ou des talismans très puissants par le biais des *nganga* ; lesquels fétiches ou talismans devaient permettre aux commanditaires de ces assassinats d'atteindre leurs objectifs. Pour mieux comprendre pourquoi ces gens croient que de tels fétiches ou talismans peuvent leur permettre d'atteindre leurs objectifs, prenons un exemple précis, celui du « fétiche » qu'on appelle *idouwa*. *Idouwa* est un fétiche très connu chez les Kota de l'Ogooué-Ivindo. D'après les témoignages recueillis, *idouwa* est un fétiche qui est fait à base de *nso mwa moto*, c'est-à-dire du sang humain. C'est un fétiche très puissant qui peut permettre de taire un procès, d'être promu, de trouver du travail ou de l'argent, etc.

---

[9] Journal *L'Union* du 16/01/2002.

[10] Cf. Journal *Le Bûcheron* de mars 1998.

[11] Cf. Journal *L'Union* du samedi 25 et dimanche 26 mai 2002.

[12] Cf. Journal *L'Union* du 13/11/2002.

Il existe deux modes de fabrication du fétiche *idouwa*. Le premier consiste à mélanger le sang et les organes prélevés sur le corps de la victime et quelques médicaments (feuilles ou écorces d'arbres) dans une bassine ou une cuvette pleine d'eau. Cette bassine ou cuvette est placée dans une chambre spéciale ; une chambre dans laquelle personne ne doit mettre les pieds. Le deuxième mode de fabrication consiste à mélanger le sang de la victime dans un flacon contenant un peu de parfum ou d'eau de cologne. L'usage est simple mais très efficace. Lorsque le détenteur de ce fétiche a un événement important, tel un procès, un rendez-vous pour le travail, une échéance électorale, etc., il se lave le corps avec de l'eau contenue dans la bassine ou la cuvette, à défaut de frotter quelques goûtes de son flacon sur le visage.

Pour un homme politique, lorsqu'il ira se présenter devant ses électeurs, cela lui permettra de « tourner leurs cœurs », comme on dit souvent dans le langage populaire. Ce qui veut dire que lorsqu'il va organiser les réunions ou autres manifestations politiques, toute la population viendra assister. Il sera « bien vu », aimer et apprécier par tous. Grâce à cette popularité que lui confère le fétiche, il peut être sûr de remporter le scrutin. Aussi, cette popularité lui confère-t-elle une certaine notoriété à la fois au niveau de la localité et au sein de son parti.

Ce qu'il faut peut-être ajouter pour être plus complet en ce qui concerne le fétiche *idouwa*, est que la puissance ou l'efficacité qu'on lui reconnaît est liée aux qualités ou des prédispositions de la personne sacrifiée. Voilà pourquoi, certains sorciers recommandent à « leurs clients » de chercher du « sang neuf », de préférence celui des gens intelligents et « forts ». En dehors des jeunes gens, ils recommandent également le sang de certains initiés très puissants (nganga-mongala par exemple) ; des jumeaux et les mères de jumeaux ; des albinos et des bossus. Car selon la croyance des Kota, ces personnes possèdent des qualités qui sont au-dessus de la norme.

Outre la confection des fétiches par le biais des *nganga*, certains hommes politiques se livrent parfois à des actes qu'on peut qualifier de cannibalisme rituel pour acquérir l'énergie vitale de leurs victimes : ils mangent ou boivent du sang prélevé dans les corps de leurs victimes. On sait désormais que l'ancien président du Zaïre, le Maréchal Mobutu était un adepte de ce genre de pratiques. Comme le témoignait monsieur Sakombi Inongo, son ancien ministre de l'information : « *Le président Mobutu avait beaucoup de gris-gris, beaucoup de talismans [...] Je l'ai vu boire du sang humain pour son pouvoir, pour sa force, pour son autorité.* [13] »

---

[13] Cf. le film de Thierry Michel, « Mobutu roi du Zaïre », vidéo éditions Montparnasse, 2000.

Le cannibalisme rituel n'est pas un phénomène nouveau. Dans de nombreuses sociétés traditionnelles de l'Afrique noire, on le pratiquait dans le cadre de certaines sociétés initiatiques. Dans une enquête qu'il a réalisée en 1916 chez les Yaka du Gabon, l'administrateur Hippolyte Charbonnier écrivait : « *Jusqu'à ces derniers temps, je pensais que les hommes-tigres n'étaient que de vulgaires assassins, or il n'en est rien ; j'ai en effet découvert qu'il s'agissait de sociétés secrètes sacrifiant à un fétiche.*[14] »

D'après H. Charbonnier, ce fétiche était une simple marmite en terre, de fabrication indigène et de grandeur variable. Cette marmite fétiche portait le nom du fauve *mangena* (mot en yaka désignant le léopard ou la panthère.) Elle renfermait des feuilles broyées qui restaient attachées au fond lorsqu'elles étaient desséchées. Dans cette marmite, les ancêtres faisaient couler le sang et cuire la chair de leurs offrandes humaines. Dans cette marmite, les ancêtres avaient bu le sang et mangé de la chair de leurs victimes.

La « puissance » de cette marmite fétiche dépendait de la condensation des vies humaines qu'elle renfermait sous forme de feuilles broyées ayant été mouillées par le sang de toutes les victimes. Autrement dit, plus on versait du sang humain dans cette « marmite », plus elle était puissante. Toujours selon H. Charbonnier, ce fétiche ne pouvait être vu, acheté ou acquis en héritage que contre des vies, jamais contre de l'argent. Il passait en héritage d'après les règles ordinaires des coutumes indigènes.

L'acte de tuer et de dévorer (symboliquement) un être humain était la pratique sorcière par excellence en Afrique noire, pratique destinée à alimenter le pouvoir surnaturel possédé volontairement ou non par le sorcier[15].

Après le procès de 1931, Léon M'Ba était craint par les Gabonais parce qu'il était soupçonné avoir « mangé » une femme. Cette rumeur qui a été grandement exploitée aussi bien par l'administration coloniale que par les missionnaires, décrivait volontiers Léon M'Ba comme un homme sanguinaire, démoniaque et, à tout le moins, anti-chrétien[16].

---

[14] Rapport de Hippolyte Charbonnier, agent des services, chef de la subdivision de Tchibanga, Arch. C.S.Sp., 4j1.6b4. Sur le phénomène des « hommes-tigres », lire entre autres, Le TESTU, (1938), « Réflexions sur l'homme-tigre » in *Bull. Soc. Rech. Cong.* n°25, pp. 147-167 ; MARIANI, (1929), « Assassinat par le feu. Hommes panthères, anthropophagie. Race Bandjabis » in *Bull. Soc. Rech. Cong.* n°10, pp. 133-148 ; Lieutenant REGONDEAU,(1931), « Contribution à l'étude de l'homme-tigre » in *Bull. Soc. Rech. Cong.*, n°13, pp. 107-119.

[15] LABURTHE-TOLRA Ph., (1985), *Initiation et sociétés secrètes au Cameroun : Les Mystères de la nuit. Essai sur la religion beti*, Paris.

[16] BERNAULT F., (1996), *Démocraties ambiguës en Afrique centrale. Congo-Brazzaville, Gabon : 1945-1965*, Karthala, p. 233.

Le fait est que dans la plupart des anciennes sociétés traditionnelles de l'Afrique noire, la gloire ou la prospérité était toujours interprétée comme quelque chose qui provenait de la possession de pouvoirs surnaturels néfastes, dérivés de la mort de parents. Les commerçants et les courtiers africains au Gabon, dans la société *myènè* par exemple, étaient fréquemment accusés de profiter des bienfaits des talismans redoutés, confectionnés grâce à l'assistanat d'un proche[17]. L'histoire du procès de 1931 cadrait parfaitement avec ce drame : M'Ba aurait tué une femme parmi ses parentes pour acquérir la gloire et la richesse. Un tract postérieur au coup d'État de février 1964, parodiant la prière chrétienne, accusa Léon M'Ba en ces termes : « *Seigneur tout-puissant, moi Léon M'Ba fils de Minko, t'avoue Seigneur et au peuple gabonais, et tout haut, que j'ai desséché moi-même et vendu ma femme en plein marché en 1930, en même temps que mon âme.*[18]»

Ici, la victoire électorale apparaît non seulement comme un nouveau mode d'accès au pouvoir politique moderne, mais il se substitue à l'ancienne puissance fondée sur la richesse en femmes ou en hommes. Le nombre de voix obtenues symbolise une forme de possession nouvelle de richesse, mais chargée du même prestige et du même opprobre. À l'issue des élections législatives de 1951, des lettres anonymes furent placardées sur la route de Sibang, une banlieue de Libreville. Les auteurs raillaient la défaite de Léon M'Ba, déclarant que les élections avaient démontré l'impuissance des pratiques de sorcellerie du leader[19].

Si, comme on vient de voir, la sorcellerie permet à certains hommes politiques de renforcer leur capital de popularité et d'asseoir leur légitimité, d'autres l'utilisent aussi pour affaiblir ou « bloquer » leurs adversaires. Autrefois pour punir un jeune qui a commis une faute grave dans le village, on tâchait de se procurer de ses rognures d'ongle, ses cheveux, ses poils, un morceau d'habits longtemps porté par lui, des débris d'aliments qu'il a longtemps mâchés ou, à défaut de tout cela, de la poussière recueillies sur les traces laissées sur le sol par ses pieds. Toutes ces choses qui ont fait partie de la personne à punir, ou qui ont été en contact avec lui, sont, selon une certaine croyance, très fortement imprégnées de sa personnalité[20]. Le sorcier les mélange avec des ossements d'initiés défunts. C'est ce qu'on appelle

---

[17] Lire entre autres, RAPONDA WALKER A. et SILLANS R., (1962), *Rites et croyances des peuples du Gabon*, Paris, Présence africaine et AMBOUROUE AVARO J., (1981) *Un peuple gabonais à l'aube de la colonisation. Le Bas- Ogowé au XIXe siècle*, Paris, Karthala-CRA.

[18] Cité par N'SOLE BITEGHE, (1990), *Echec aux militaires au Gabon en 1964*, Paris, p. 145.

[19] BERNAULT F., (1996), *op. cit.*, p. 233.

[20] Nous empruntons ce mot à Lévy-Bruhl, (1996), *L'âme primitive*, Paris, PUF, p. 134.

chez les Kota *mwéli* ou *ilambo*. Ce faisant, il met l'esprit du défunt en rapport direct avec celui qu'il veut punir. Celui-ci ne tardera pas à tomber malade ou à mourir, à moins qu'il n'accepte de réparer sa faute.

Même s'il semble difficile d'imaginer que les gens se servent de ce genre de pratique en politique, n'empêche qu'on les voit souvent aller voir les *nganga* ou danser avec les photos de leurs adversaires[21] de façon à exercer sur eux des influences négatives. Lesquelles influences vont les pousser à commettre des gourdes très graves et donc compromettre leur chance de réussite.

Lorsque Sylvie Jumel[22] écrit, à propos des bourdes commises par Lionel Jospin lors des dernières élections présidentielles, qu'elles évoquent, en écho, un pouvoir inouï dont se prévalent les sorciers, ne veut-elle pas dire que Jospin était sous influence sorcière ? Une influence sorcière qui serait d'autant plus justifiée qu'un article de l'hebdomadaire camerounais « *Aurore Plus* », sous le titre *Le Sorcier de Biya au secours de Chirac*, affirme que « *la victoire probable de Jospin donne des frissons aux caciques et hiératiques (sic) des réseaux chiraquiens. Voilà pourquoi ceux-ci ont mis tout en ouvre pour contribuer au maintien de leur mentor.*[23] »

En effet, les sorciers reconnaissent que la sorcellerie une fois lancée touchera les points faibles des gens visés. Celui de Lionel Jospin passerait donc par son goût pour l'improvisation. De là à dire que des influences puissantes aient pu faire en sorte que « ce ne soit pas lui » qui ait parlé, qu'« on » lui ait fait dire, ne gène pas outre mesure nos magiciens. En tout cas ce qui est sûr c'est que la côte de confiance en faveur de Jospin mesurée par la SOFRES s'est écroulée brutalement à ce moment-là pour ne jamais remonter.

Outre aller danser avec les photos des adversaires chez les *nganga*, on peut également « bloquer » les chances de réussite de son adversaire en minant ses lieux de fréquentation : bureau, domicile, etc. Dans une lettre[24] au chef de l'État gabonais, un peu plus de trois semaines avant le déroulement de la fête de l'indépendance, un jeune ressortissant du canton Ntang-louli (Makokou), demandait au président de la République de faire attention à un dignitaire de Booué qui, selon lui, voulait à tout prix devenir Vice-Président

---

[21] On se souvient qu'au cours de l'émission « Les dossiers de la RTG », une émission politique radiotélévisée, un journaliste avait posé une question en ce sens à un ministre de la République.

[22] JUMEL S., (2002), *La politique au cœur de la République*, Carnot, p. 62.

[23] *Ibid.*

[24] Cf. *La Nation* du jeudi 29 août 2002.

de la République. C'est pour cette raison que celui-ci aurait fait les fétiches contre le palais présidentiel de Makokou[25].

Ce genre de pratiques s'enseignaient aussi dans le cadre de certaines sociétés initiatiques où l'initiation se situe dans le cadre de la sorcellerie destructrice. Par exemple dans le *mboumba*, et principalement le *mboumba* du serpent, on s'initie généralement pour acquérir ce serpent afin de pouvoir faire du mal aux autres par envie, par jalousie ou par méchanceté[26]. Le *mboumba* du serpent serait à l'origine des maladies mystiques reconnues cliniquement comme l'épilepsie, les rhumatismes, la folie, l'hémiplégie, la stérilité, les blocages en tout genre.

Au scellage des unions

En dehors de la politique, l'autre domaine que nous pouvons évoquer pour montrer comment les Gabonais utilisent les pratiques fétichistes est celui de la vie amoureuse et sentimentale. C'est le cas notamment de la vie amoureuse. Monsieur Akingoss un journaliste gabonais, qui a consacré de nombreuses recherches à ce sujet écrit : « *Au cours de nos recherches, nous avons constaté qu'une majorité de femmes ont eu ou ont recours à l'envoûtement pour calmer un mari volage, pour se faire passer la bague au doigt, pour se venger, pour évincer les rivales, pour séduire un homme, pour contrôler ses revenus (...) Sans oublier le fameux retour d'affection ou l'appel qui est très redoutable. Certaines femmes n'acceptent jamais la rupture, allant jusqu'à signer des pactes avec le mal pour que l'homme leur revienne.* [27] »

Comme dans les cas de la sorcellerie et de la politique, il existe plusieurs façons de « tenir un homme ». On peut tenir un homme par la nourriture. Prenons deux faits pour illustrer notre propos. Le premier est le *plat d'arachide en paquet* des Fang. Le plat d'arachide en paquet est une pratique qui se transmet dans le cadre de la famille, c'est-à-dire de la mère à la fille et dont le but est d'« *attacher un mariage* ».

Selon Akingoss, on fait le « médicament » ou le « fétiche » du plat d'arachide en paquet généralement lors des présentations des fiançailles, du mariage ou lorsqu'un mari répudie sa femme et qu'il y a un conseil entre les deux familles.

> « *Tout commence la veille du jour J. Ce jour-là, la belle-mère, c'est à dire la mère de la femme entreprend une espèce de jeûne. Elle ne mange que des accompagnements durs du type tubercules de taro, banane,*

---

[25] *Ibid.*

[26] Lire AKINGOSS, (2003), « Le Mboumba, une société initiatique féminine » in *L'Union* du samedi 19 et dimanche 20 juillet.

[27] *Ibid.*

manioc et elle ne boit pas d'eau. À l'aube du jour J, vers cinq heures du matin, elle fait ses selles dures et les met sur un petit fumoir près du feu afin de les carboniser légèrement. Quand le soleil apparaît, elle écrase ce fameux ingrédient en poudre d'aromatisation et le mélange soigneusement avec la pâte d'arachide. Ensuite, elle ajoute les feuilles de basilic, les feuilles de taro, les feuilles de la morelle sauvage puis le poisson fumé, crevettes ou viande à son choix. Sa recette terminée, elle attache le tout dans un grand paquet et le met dans la marmite. [28] »

Les feuilles de taro et de basilic ont pour effet d'affaiblir le psychisme et la volonté. Quant au basilic, Akingoss nous explique qu'il donne l'effet de pensée, qu'on ne peut oublier la femme. Le fait de mélanger tous ces produits avec les selles constitue donc un véritable pacte mystique. Ce plat qui est concocté par la belle-mère est consommé non seulement par le beau-fils, mais aussi par sa famille.

Mais ce qui rend ces éléments encore plus efficaces est le fait qu'on les mélange avec les selles. Car les selles constituent une sorte de « poison ». On peut dire qu'il s'agit ici d'un envoûtement familial qui a pour but de sceller l'union, c'est-à-dire de faire en sorte que quelle que soit la conduite de la femme, son mari ou sa belle-famille ne puisse la rejeter et cela jusqu'à sa mort. En effet, comme l'explique ce tradipraticien, « *le mari tolère toutes les bêtises de sa femme. Même s'il la trouve avec un autre homme dans son lit, il ne la répudiera jamais. Même si la femme lui attribue des enfants qu'elle va chercher ailleurs, il ne fera aucune objection. Sur la famille de l'homme, même réaction ! Les beaux-parents seront toujours de son côté quoi quelle fasse. Même à la mort de son mari, ce sera toujours la même chose. L'homme est contrôlé, il obéit au doigt et à l'œil. Il devient fou du corps et de tout ce qui englobe cette femme. Il rêve d'elle à tout moment, il n'est pas tranquille quand il ne la voit pas. Il volera pour lui faire plaisir. C'est un pagne noir sur son visage. S'il est marié, il quittera sa femme pour rester chez sa maîtresse oubliant aussi ses propres enfants. L'homme devient soumis, il n'élève plus jamais la voix quand cette femme parle. Il se contente d'écouter sans réagir.* [29] »

Mais il y a des femmes qui savent « tenir un homme » par le sexe. Un des fétiches qui constitue la « magie du sexe » est « l'herbe noire » ou « l'herbe des sorcières ». C'est la plante par excellence que les femmes célibataires utilisent pour détruire les couples et arracher les maris à d'autres.

« *C'est une plante que la femme cueille très tôt le matin. Elle prend une quantité de feuilles de l'herbe noire et en fait un petit paquet qu'elle met au feu de bois ou de charbon. Elle retire le tout au bout de quelques minutes. L'herbe noire se cueille le jour où la femme sait qu'elle*

---

[28] AKINGOSS, (2003), « Sceller un mariage par envoûtement : le plat d'arachide en paquet » in *L'Union* du samedi 30 et dimanche 31 août, p. 8.

[29] Propos recueillis par AKINGOSS.

va se donner à l'homme. Elle prend une partie des feuilles et l'introduit dans son sexe au moins pendant six heures. Elle retire les feuilles quelque temps avant l'accouplement et se lave sans faire sa toilette intime afin de bien garder les effluves de l'herbe noire. Entre-temps, elle a pris soin d'utiliser l'autre partie du paquet qu'elle met dans un tissu noir et l'attache avec un fil de la même couleur. Ensuite, elle prend une aiguille et l'enfonce au milieu du paquet. Elle pose ensuite ce paquet sous le lit, à l'endroit où l'homme pose la tête. Les plus malignes font coudre les taies d'oreillers avec le paquet mélangé avec l'éponge. [30] »

Ainsi, au moment des rapports sexuels, elle formule des paroles incantatoires en pensée ou ouvertement. Le paquet sous le lit ou dans la taie d'oreiller va permettre de contrôler les rêves de l'homme et ce dernier rêvera toujours qu'il fait l'amour avec cette femme. Dans cet envoûtement, la femme a le contrôle physique et spirituel de l'homme.

Un homme envoûté par l'herbe noire ne voit plus sa femme : cette dernière l'énerve et il est capable du pire pour aller voir sa maîtresse. S'il ne peut pas divorcer de sa femme pour certaines raisons, il vit pratiquement chez sa maîtresse. Un homme envoûté par cette plante ne peut plus faire l'amour avec sa femme car tous ses désirs sont ailleurs. Il paraît qu'aucun homme n'est à l'abri de ce genre de pratique. Qu'il s'agisse des profanes ou des initiés, tous sont victimes de ces dames car, la « magie du sexe de la femme » maîtrise même les initiés.

Mais il n'y a pas qu'en politique ou dans le domaine de la vie amoureuse et sentimentale que les Gabonais ont recours à des pratiques fétichistes pour atteindre leurs objectifs ; ils les utilisent dans tous les domaines de la vie : travail, promotion, études, etc. La question est de savoir pourquoi ? Plusieurs facteurs peuvent expliquer le fait que les Gabonais ont de plus en plus recours à la sorcellerie. Le processus a été d'abord amorcé par la destruction des cultes traditionnels comme le *Mwiri*, le *Ndjobi*, le *Mongala* qui constituaient l'armature de la société traditionnelle et assuraient le respect de la morale nécessaire à toute société humaine. Il s'est ensuite poursuivi par la réappropriation de la magie blanche, notamment tous ces objets magiques qui ont inondé l'Afrique autour des années 1950 : bagues magiques, parfums magnétiques, etc., qui promettaient d'aider irrésistiblement les Africains au succès de leurs activités sous toutes leurs formes : travail, affaires, amour, affection, réussite totale[31]. Enfin il se

---

[30] *Ibid.*

[31] Lire entre autres l'extrait du télégramme de la lettre du 17 février 1995, « A.S. Parfums magnétiques du professeur Miche », Archives Nationales du Gabon, 2DE

poursuit encore aujourd'hui d'autant mieux qu'il coïncide avec la dégradation des conditions des couches sociales les plus défavorisées consécutivement à la crise du pétrole de 1976 et à dévaluation du franc CFA en 1994, aggravant encore plus la situation économique et sociale, déjà précaire, de bon nombre de Gabonais.

(V)7, ou lettre concernant les dernières créations de Madame ARIKA : Bijoux et talismans porte-bonheur, 1952, n°36.

Références

Sources d'archives

Rapport de Hippolyte Charbonnier, agent des services, chef de la subdivision de Tchibanga, Arch. C.S.Sp., 4j1.6b4

Bibliographie

AKINGOSS, (2003) : - « Le Mboumba, une société initiatique féminine » dans *L'Union* du samedi 19 et dimanche 20 juillet.

- « Sceller un mariage par envoûtement : le plat d'arachide en paquet » dans *L'Union* du samedi 30 et dimanche 31 août.

- « L'herbe noire ou la plante qui rend l'homme dingue » dans *L'Union* du samedi 30 et dimanche 31 août.

- « Un mari envoûté tolère toutes les bêtises de sa femme » dans *L'Union* du samedi 30 et dimanche 31 août.

- « Conséquences des envoûtements féminins » dans *L'Union* du samedi 27 et dimanche 28 septembre.

Anonyme, « Le supplicié du sud », dans *L'Union* du samedi 25 et dimanche 26 mai 2002.

Anonyme, « Deux enfants mutilés à Omboué » dans *L'Union* du 16 janvier 2002.

Anonyme, « Assassinat diurne au PK8 » dans *L'Union* du 13 novembre 2002.

Anonyme, « Une femme de plus « dépiécée » à N'Toum » dans *L'Union* du 7 janvier 2003.

Anonyme, « Lettre empoisonnée d'un ogivin au chef de l'État » dans *La Nation* du jeudi 29 août 2002.

BERNAULT Florence, (1996), *Démocraties ambiguës en Afrique centrale. Congo-Brazzaville, Gabon : 1945-1965*, Paris, Karthala.

CAMUS Dominique, (1988), *Pouvoirs sorciers. Enquêtes sur les pratiques actuelles de sorcellerie*, imago.

ELLIS Stephen, (2000), « Armes mystiques : quelques éléments de réflexion à partir de la guerre du Liberia » in *Politique africaine*, n°79.

EVANS-PRITCHARD E. E., (1972), *Sorcellerie, oracle et magie chez les Azandé*, Paris, Gallimard.

EVEN André, (1937), « Les confréries secrètes chez les Babamba et les Mindassa d'Okondja » in *Bulletin des recherches congolaises*, vol. 23.

GESCHIERE Peter, (1995), *Sorcellerie et politique en Afrique. La viande des autres*, Paris, Karthala.

JUMEL, Sylvie, (2002), *La sorcellerie au cœur de la République*, Carnot.

LEVY-BRUHL, (1996), *L'âme primitive*, Paris, PUF.

MARIANI, (1929), « Assassinat par le feu. Hommes panthères, anthropophagie. Race Bandjabis » in *Bull. Soc. Rech. Cong.*, n°10, pp. 133-148.

NGUEMA NDONG Patrick, (2002), « l'absorption mystique : le summum du vampirisme », éditorial de l'émission « Triangle » du 19 octobre.

REGONDEAU, (1931), « Contribution à l'étude de l'homme-tigre » in *Bull. Soc. Rech. Cong.* n°13, pp. 107-119.

TONDA Joseph, (2000) « Capital sorcier et travail de Dieu » in *Politique Africaine*, n°79.

TESTU (Le), (1938), « Réflexions sur l'homme-tigre » in *Bull. Soc. Rech. Cong.*, n°25, pp. 147-167.

ZAMBAKAMIYE Prosper Prince, (1998), « Crime crapuleux à Batouala » in *La Clé*.

Un dynamisme sociétal et étatique, XIXe – XXe siècles

Petite histoire des grands problèmes de transports urbains à Libreville, 1957-1986

Par Fred-Paulin ABESSOLO MEWONO
Doctorant en Histoire des Transports
Université de Provence

Libreville n'est pas seulement le centre de décisions politiques et administratives du Gabon, c'est aussi l'endroit où se concentre plus de la moitié de la population du pays. La majorité des activités économiques, intellectuelles, culturelles et commerciales s'y déroulent. L'urbanisation galopante et anarchique qui a entraîné l'extension de la ville, par la naissance de nouveaux quartiers, n'a pas été suivie de la construction ou de l'amélioration de réseau de transports en commun hérité de la colonisation. La conséquence de tout cela a été l'apparition et la persistance de graves problèmes de transports urbains, ainsi qu'une désaffection des populations pour ceux-ci chaque fois qu'une nouvelle expérience était tentée.

Une naissance concertée : la Compagnie des Transports de l'Afrique Équatoriale Française (CTAEF)

Les discussions sur la création et la mise en concession d'une société de transport en commun dans le périmètre urbain de Libreville ont débuté au sein de l'Assemblée territoriale du Gabon en novembre 1953. Le projet prévoyait que la société devait assurer le transport des travailleurs et surtout des fonctionnaires coloniaux européens, habitant les alentours du garage administratif de Libreville, les quartiers Gué-Gué, Nomba et Nkembo. Cela excluait tous les ouvriers résidant dans les autres zones de la ville. D'où l'ire du conseiller Gondjout qui estima « *que ce service devait être assuré à toutes les catégories de citoyens d'autant plus qu'une subvention était accordée par le Territoire.*[1] » La première ébauche de plan présenté par l'entrepreneur fut donc rejetée. Dans le même temps, l'Assemblée prit la latitude de s'entourer de tous les éléments concernant le mode de gestion et de fonctionnement d'un service de transport en commun en agglomération. Une de ces garanties fut la constitution d'une mission d'information qui se rendit à Brazzaville dont l'expérience en matière de gestion de transport en commun était reconnue.

[1] Débats de l'Assemblée territoriale du Gabon, Session Extraordinaire du 4 novembre 1953.

La délégation mixte était composée de représentants de l'administration et de la municipalité, qui était aussi intéressée par l'organisation des transports en commun à Libreville.

Le cahier des charges soumis à l'examen de l'Assemblée territoriale avait été inspiré par de nombreuses considérations. En effet, l'extension de la ville de Libreville justifiait la création d'un réseau de transport en commun. On ne pouvait maintenir pendant longtemps l'embryon de réseau qui, desservi par des moyens administratifs, ne satisfaisait que de manière très imparfaite les besoins urbains réels, croissants avec l'exode des populations rurales en quête d'un mieux-vivre et surtout d'un travail rémunéré. Le matériel roulant qui était affecté à ces transports d'ouvriers et d'agents de l'administration donnait déjà des signes de détérioration et nécessitait un remplacement extrêmement onéreux. Il fallait trouver une formule nouvelle, capable de répondre plus efficacement aux difficultés rencontrées.

Le simple recours à l'initiative privée, sous la forme d'appels d'offres paraissait, dans un premier temps, constituer la solution la plus rationnelle et de loin la plus séduisante. Cependant, il se dégageait des études et des sondages effectués par les services de l'administrateur Yves Digo, lieutenant-gouverneur du Gabon, que les entreprises, susceptibles de répondre aux appels d'offres, répugnaient à assumer entièrement - au moins dans les débuts- les charges et les aléas de la création d'un réseau urbain. Il faut bien reconnaître en effet que, par rapport aux dépenses d'investissements qu'il fallait accomplir, subsistait une inquiétante inconnue quant à la rentabilité de l'entreprise. Il apparut dans cette conjoncture que l'administration pouvait susciter les manifestations de l'initiative privée en garantissant le concessionnaire éventuel contre les risques de départ.

De ce fait, l'administration envisageait de payer au concessionnaire, pendant un délai de trois ans, une rémunération équivalente au prix du transport quotidien d'environ 200 fonctionnaires, agents et autres ouvriers administratifs. Cette rémunération était révisable en fonction des variations d'effectifs du personnel transporté. En plus d'imposer un contrôle strict et minutieux des recettes engrangées par le concessionnaire, le cahier des charges prévoyait l'amortissement de tout ou partie de la rémunération du concessionnaire par la contribution totale ou partielle des fonctionnaires et agents à leurs propres frais de transport.

S'agissant du financement de la future compagnie de transport public, il était convenu que la participation du budget municipal fût de l'ordre de la moitié des dépenses envisagées. Ces dépenses s'élevaient en principe au départ - car l'appel d'offres devait se juger au rabais sur la rémunération fixée au cahier des charges - à un total annuel de 8.760. 000 francs CFA.

Simultanément, puisque la municipalité et l'administration devaient supporter de façon égale les dépenses de fonctionnement du réseau, la part du budget local représentait la moitié du montage financier à réaliser, c'est-à-dire 4.380.000 francs CFA. Jusqu'en 1954, il n'existait donc aucun service de transports en commun à Libreville. À Lagos[2] par exemple, le premier autobus en exploitation est signalé dès 1902[3]. Dans la capitale de la colonie du Gabon ce sont des véhicules de l'administration et de certains particuliers, qui permettaient aux Européens de se déplacer. Décrivant la situation des transports en commun des villes africaines, et plus précisément le cas de Libreville, Guy Lasserre écrit :

> « *Motocyclettes, et depuis quelques années scooters et vélomoteurs, sont à la disposition des moins fortunés. La bicyclette- peu fréquentée chez les Blancs- est encore un luxe pour beaucoup d'Africains. Le matin et le soir, de longues colonnes de boys, et manœuvres et d'employés s'étirent sur les routes de Louis, Mont-Bouët et de Glass. Hôte au dos, les femmes partent ou reviennent de la plantation et marchent à la queue leu leu sur les bas-côtés de la route.*[4] »

De plus, l'auteur affirme qu'il a fallu attendre l'installation de nouveaux quartiers européens de Gué-Gué et de Batterie IV (cité administrative et quartier résidentiel) pour que se posa le problème des transports en commun. C'est en partie l'absence d'urbanisation qui a retardé la mise en place d'une société de transport en commun à Libreville. Au moment où les colonies françaises d'Afrique équatoriale découvraient la traction motorisée, c'était une ligne de tramway qui entrait en service à Lima au Pérou[5]. Le décalage était notable. À Libreville, bien des fonctionnaires habitant ces quartiers parcouraient tous les matins cinq kilomètres pour se rendre au Plateau où se trouvaient leurs bureaux. Le problème se posait aussi pour les femmes qui se ravitaillaient dans les factoreries du centre-ville et pour les enfants qui fréquentaient l'Ecole urbaine du centre. L'augmentation du nombre d'Européens et des foyers aux revenus modestes offrait des conditions favorables permettant l'activité d'une entreprise de transport urbain. La création de ce type de société à Libreville a obéi à la logique qui

---

[2] Alors capitale du Nigeria.

[3] DAYOMI A., (1986), *Croissance urbaine et transports urbains à Lagos*, thèse de doctorat 3e cycle de l'Institut d'aménagement du Territoire d'Aix-en-Provence, 388 p.

[4] LASSERRE Guy, (1958), *Libreville, la ville et sa région*, Paris, Armand Colin, p. 259.

[5] GODART X. et TEURNIER P., (1992), *Les transports urbains en Afrique à l'heure de l'ajustement. Redéfinir le service public*, Paris, Karthala/INRETS, p. 22.

prévalait dans de nombreuses capitales de pays anciennement administrés par la France : le transport des fonctionnaires.[6]

C'est ainsi que la Compagnie des Transports de l'Afrique Equatoriale Française (CTAEF), filiale des Transports Urbains de Bangui et à qui l'Assemblée territoriale du Gabon venait de donner l'autorisation d'exploiter le réseau débuta le transport urbain de personnes à Libreville. La nouvelle compagnie disposait de quatre autobus (2 cars de 90 places et 2 de 40 places). Le passage coûtait 15 francs en seconde classe et 25 francs en première. La différence des prix opérait un classement des voyageurs selon leurs revenus. Pour aller plus loin dans le service au client, la société avait tenté l'expérience des cartes d'abonnement acquises par l'administration au profit des fonctionnaires dont le lieu de résidence était trop éloigné. Dès les premiers jours, il apparut que ce service correspondait aux besoins des Librevillois. La clientèle africaine fut même plus nombreuse que les autorités et dirigeants de la compagnie l'avaient prévu.

Malgré les bons services qu'elle rendait à la population et à l'administration, la CTAEF ne fut pas exempte de tout reproche de la part de certains membres de l'Assemblée territoriale qui estimaient que les cars roulaient à des vitesses excessives. À ce propos, le conseiller Regnault notait ceci :

> « *Lors de l'installation de la TCAEF, la vitesse des cars était normale et ne souffrait pas de critique, tandis que maintenant nous constatons des vitesses dangereuses. À la suite des réclamations qui m'ont été faites, je me suis permis de suivre les cars à plusieurs reprises et j'ai constaté à mon compteur, qu'à 50 kilomètres/heure j'étais distancé par ces gros véhicules. Cela représente un danger permanent pour la population et les usagers des cars.*[7] »

Relevant des compétences de la municipalité de Libreville, cette question des excès de vitesse des autocars de la CTAEF fut débattue et les conseillers municipaux firent remarquer que ces véhicules roulaient à plus de 60 kilomètres/heure, alors que la vitesse maximale autorisée en ville pour les voitures de tourisme (catégorie des autocars de transport en commun) était de 40 kilomètres/heure, et qu'une solution rapide devait être trouvée. La vitesse pratiquée était due à la nécessité pour l'entreprise de respecter les horaires fixés. Étant donné le nombre limité de cars dont disposait la compagnie, il aurait tout simplement fallu supprimer une ou deux navettes, afin de donner aux cars un délai plus long pour effectuer les trajets.

---

[6] *Ibid.*, p. 25.

[7] ANG, Débats de l'Assemblée territoriale du Gabon. Session Ordinaire du 29 novembre au 27 décembre 1954, p. 162.

Les autres types de transporteurs

En dehors de la CTAEF, "grande" entreprise de transport en commun, il existait d'autres types de transport de passagers et de marchandises au Gabon. En effet, aux termes de l'arrêté général n°4223 / TP-AP du 31 décembre 1954 portant application du Décret du 4 octobre 1932 en son article 267, l'administration accordait des autorisations d'ouverture de service de transport aux personnes qui en faisaient la demande. C'est l'article 361 dudit arrêté qui spécifiait les modalités de délivrance de la décision administrative dite "carte violette "[8]. Dans la plupart des cas, les services artisanaux se développèrent parallèlement à la compagnie mise en place par le gouvernement[9].

Le texte fut complété par un arrêté du ministère des travaux publics de la nouvelle République gabonaise en date du 22 novembre 1961[10]. Il fut donc créé dans chaque chef-lieu de région une commission consultative régionale des transports chargée de :

- donner son avis motivé sur toute nouvelle demande d'autorisation d'ouverture de transport en commun ;
- étudier les prix des transports et toute autre question dont l'examen était demandé par le président du comité gabonais des transports.

Les travaux de la commission qui se tenaient dans le chef-lieu de la région à une date fixée par le préfet réunissaient le préfet ou son représentant (qui les présidait), deux représentants des usagers des transports, deux représentants des syndicats de transporteurs présents dans la région et deux autres représentants des transporteurs désignés par le préfet.

C'est à l'issue des travaux de cette commission que le ministre des travaux publics statuait sur la suite à donner à la demande présentée. Presque toutes les demandes d'autorisation transmises au ministre et au Comité gabonais des transports recevaient un avis favorable. Les candidats à l'obtention de l'autorisation de mise en service d'une automobile à des fins de transport public s'efforçaient de présenter des requêtes ne pouvant souffrir de la moindre contestation de la part des membres de la Commission. Les dossiers soumis à l'examen des commissions régionales comprenaient :

- une demande sur papier libre indiquant l'état civil complet du requérant, le genre de transport proposé, les lignes, destinations ou régions

---

[8] Arrêté n°4223/TP-AP du 31 décembre 1954. *JOAEF* du 12 mai 1955, p. 15.

[9] GODART X. et TEURNIER P., (1992), *Les transports urbains en Afrique..., op. cit.*, p. 25.

[10] Arrêté n°1707 /PR/MTP du 22 novembre 1961 fixant les modalités d'obtention d'autorisation administrative d'un transport en commun public de personnes ou de marchandises.

dont la desserte était demandée et le type de véhicules dont l'emploi était envisagé,

- un extrait d'acte de naissance ou une copie de jugement supplétif,
- un extrait de casier judiciaire datant de moins de trois mois au jour du dépôt de la demande.

La commission apposait alors son avis sur la demande et la transmettait aux instances supérieures du ministère d'où était pris l'arrêté autorisant l'ouverture de l'entreprise. Ensuite venait le paiement de la patente et de l'assurance, documents indispensables à l'établissement physique de la "carte violette". L'environnement administratif était propice à la création par des Gabonais de petites compagnies de transport prêtes à se lancer à l'assaut des routes du pays.

Mais la cohabitation était loin d'être pacifique entre ces transporteurs et la CTAEF. Lors de son installation, cette compagnie avait obtenu l'exclusivité du transport de passagers dans le périmètre urbain de la totalité de la commune de Libreville. Le concessionnaire devait mettre en place un service de transport desservant tous les quartiers de la ville. Cela faisait partie des obligations qu'elle s'était engagée à remplir. Au contraire, il avait été constaté que certains quartiers excentrés furent délaissés. Leurs habitants ne voyaient pas passer les cars de la CTAEF. Cette situation motiva d'autres personnes à vouloir exploiter ces lignes laissées vacantes. C'est dans ce cadre que Delphine Bilogue, résidente au quartier N'Kembo, présenta une demande d'autorisation de circuler dans le périmètre urbain pour un véhicule à usage de taxi sur la ligne Nomba (ACAE) – Minkolongo, par le centre ville à l'aller et, par Akébé au retour. Ce circuit n'était pas fréquenté par les cars de la CTAEF. Mais, elle s'était finalement heurtée à la toute puissance de la compagnie qui, par la concession qu'elle avait passée avec l'Administration, avait seule le droit d'effectuer des transports en commun par autocars à Libreville.

Delphine Bilogue était propriétaire d'un véhicule Renault neuf de 12 places dont elle avait fait l'acquisition à crédit auprès de la Tractafric. Or, au regard du nombre élevé des places de ce taxi, il s'agissait plus d'un service de transport en commun que d'un taxi[11]. En lui accordant l'autorisation de circuler, l'Administration prenait le risque de violer les clauses d'un contrat qu'elle venait de passer. De l'avis du préfet de l'Estuaire :

> « *Si la convention passée avec la CTAEF lui laissait l'exclusivité des transports en commun dans le périmètre communal, il n'en demeure moins que le concessionnaire a délaissé certains quartiers excentriques tels que Lalala, Akébé, Zone au-delà de la TSF qui sont desservis de façon*

---

[11] ANG (PR) 3778 - Note du maire de la commune de Libreville à monsieur le Préfet de l'Estuaire, 18 janvier 1960.

irrégulière ou même pas du tout. D'ailleurs cette question a été, à plusieurs reprises rappelée par les chefs de Région au directeur de la CTAEF qui n'a jamais donné suite. Je ne crois donc pas que le service projeté par Madame Bilogue puisse créer une concurrence fâcheuse à l'entreprise CTAEF.[12]»

Ces propos rejoignaient ceux de Bilogue qui, pour se défendre et rejeter les accusations de la compagnie de transport urbain affirmait que :

« *La CTAEF me porte plainte prétendant que mon seul taxi MAZONA alors que je n'emploie pas le même système que ses cars. Le prix des places est très différent et nous n'avons pas les mêmes clients. Elle oublie que son système quoi que bon marché ne peut satisfaire tous les clients (elle a même fait du taxi et l'a abandonné à présent). Je dépose mes clients à domicile par tous les temps et dans les quartiers les plus reculés de la ville. L'usage du taxi à Libreville n'est pas le même que partout ailleurs. Ce système apprécié des clients est également avantageux pour le chauffeur et son patron, puisque malgré son prix élevé il satisfait une partie des clients à cause de sa régularité. Vous constatez comme moi que Libreville a changé d'allure devant de si bonnes routes on ne devait pas voir que de vieux cars à bout de souffle bariolés de mastiques ; heureusement que les taxis donnent et donneront une autre allure à notre ville. C'est ceci que Monsieur ACHOUR, Directeur de la CTAEF veut détruire avant d'aller se reposer chez lui. Je vous prie de me renseigner s'il faut abandonner à la CTAEF le transport à Libreville pour qu'il reste : un seul transporteur, une seule boulangerie, une seule pharmacie, pour faire de Libreville une mine d'or accessible qu'aux capitalistes.* [13]»

Ainsi des autochtones gabonais qui avaient pu se constituer une épargne ou qui avaient pu obtenir un crédit auprès d'une banque n'hésitaient pas à déposer une ou plusieurs demandes d'autorisation de mise en circulation d'un service de transport en commun. Suivant le type d'autorisation, le transporteur limitait son activité dans la région où il avait déposé son dossier. Mais occasionnellement, il pouvait dépasser les limites de cette région et se rendre dans une autre. Cela veut dire qu'au moment où l'Administration commença à prendre des arrêtés permettant d'ouvrir un service de transport public, les postulants ne voulaient ou ne devaient se limiter qu'à la région où ils payaient une patente conformément à l'article 2 de tous les arrêtés d'autorisation d'ouverture de service de transport public. Pour expliquer cette situation, nous estimons que les transporteurs

---

[12] ANG (PR) 3779 - Correspondance du 20 février 1960 de monsieur le Préfet de l'Estuaire COMBES au maire de la commune de Libreville.

[13] ANG (PR) - Lettre du 21 juin 1960 de Delphine Bilogue à monsieur le secrétaire du Premier ministre du Gabon.

préféraient limiter, dans un premier temps, leurs activités dans une seule région pour des raisons techniques et aussi par prudence. En effet, ces autochtones qui n'avaient pas d'énormes moyens financiers ne pouvaient, dans la plupart des cas, acquérir que des véhicules de seconde main et rechignaient à prendre le risque de voir leur investissement englouti dans un accident de circulation, ou encore voir leur véhicule passer des nuits et des journées entières embourbées sur des routes en très mauvais.

De plus, en cas de panne loin du lieu de résidence du propriétaire, toute intervention était aléatoire et ne pouvait qu'occasionner des frais supplémentaires imprévus. En dehors de ces raisons techniques, c'était des raisons fiscales qui motivaient les éventuels transporteurs à ne se limiter que dans une seule région. De fait, le dépôt d'une autorisation d'ouverture de transport public de personnes ou de marchandises pour une activité dans plusieurs régions entraînait automatiquement le paiement d'une patente de transporteur dans chacune de ces régions. Ce qui n'était pas tout à fait du goût de ces commerçants qui souvent ne disposaient que d'un seul véhicule

En dépouillant les cahiers d'enregistrement des autorisations d'ouverture de service de transport, nous avons constaté que cette situation a perduré jusqu'à la fin de l'année 1959. À partir de ce moment, les demandes étaient de plus en plus faites pour plusieurs régions et aussi pour plusieurs véhicules. Certains commerçants commençaient à se permettre de résider dans une région et d'avoir des véhicules en circulation dans une, deux ou trois autres régions dont certaines n'avaient pas de frontière commune avec le lieu d'habitation du transporteur. Il faut dire qu'à partir de l'année 1960, l'on a commencé à penser à faire transférer les plus grandes sociétés d'exploitation dans la seconde zone pour laisser les petits exploitants autochtones dépourvus de grandes possibilités financières et techniques dans la première zone très bien drainée par les cours d'eau. Dans le même temps, on a continué les aménagements routiers qui permettaient à partir de ce moment d'aller d'une région à une autre avec des difficultés limitées. Nous allons illustrer ce changement et cette progression des activités des transporteurs à travers les tableaux suivant :

Tableau I : Progression des activités des transporteurs en 1959

Transporteurs	Résidence	Région d'activité
Duhaut Edouard	Mouila	Nyanga
Mabika Dominique	Libreville	Estuaire
Wabi Abogounrin	Libreville	Estuaire
N'kogue Ndjaha	Libreville	Estuaire
Yaro Garba	Libreville	Estuaire, Moyen-Ogooué, Ngounié, Ogooué-Ivindo

Source : ANG (PR), Estuaire 2 DA 65 .4, 1959.

Tableau II : Progression des activités des transporteurs en 1960

Transporteurs	Résidence	Région d'activité
Ebane Ndong Eloi	Libreville	Estuaire
Aba Ndong Jean-Baptiste	Libreville	Estuaire
Baba Mohamed	Libreville	Estuaire
Bilogue Delphine	Libreville	Estuaire
M'Bongo Daniel	Libreville	Estuaire
Mbadinga Michel	Lambaréné	Moyen-Ogooué
Mapota Henri	Libreville	Estuaire
Isbatou Abagoun	Libreville	Estuaire
Ndzaou Adèle	Libreville	Estuaire, Moyen-Ogooué, Ngounié Nyanga.
Boubakar Fall	Libreville	Estuaire, Moyen-Ogooué, Ngounié, Woleu-NTem
Anris F	Bitam	Estuaire, Woleu-Ntem
Rousselot François	Port-Gentil	Ogooué-Maritime
Wambot Elysée	Lambaréné	Estuaire, Moyen-Ogooué, Ngounié
Tokoy Roger	Libreville	Estuaire, Moyen-Ogooué
Mbadinga Michel	Lambaréné	Moyen-Ogooué,Estuaire, Ngounié.

Source : ANG (PR), Estuaire 2 DA 65. 4, 1960

Tableau III : Progression des activités des transporteurs en 1961

Transporteurs	Résidence	Région d'activité
Ndjap Monique	Libreville	Estuaire, Moyen-Ogooué
Mapota Henri	Libreville	Estuaire, Moyen-Ogooué, Ngounié,Nyanga
Ikapi Amselme	Libreville	Estuaire,Moyen-Ogooué, Ngounié, Nyanga
Ngoma Joseph	Port-Gentil	Ogooué-Maritime, Estuaire.
		Estuaire,Moyen-Ogooué
Gbadamassi Confort	Libreville	Ogooué-Ivindo, Woleu-N'Tem, Ngounié, Nyanga
		Estuaire,Ogooué-Maritime
		Estuaire,Moyen-Ogooué,
Combe Christine	Port-Gentil	Nyanga
Mavouroulou Hyppolyte	Port-Gentil	Woleu-N'Tem, Ogooué-Ivindo, Moyen-Ogooué, Estuaire.
Athane Gaston	Booué	Ngounié, Haut-Ogooué
		Ogooué-Maritime.
		Estuaire,Moyen-Ogooué
Ekia Marie-anne	Mimongo	Ogooué-Ivindo, Ogooué-Lolo,
Amadou Wassi Akambi	Port-Gentil	Ngounié, Nyanga, Woleu-
Nunez Angela	Libreville	N'Tem

Source: ANG (PR), Estuaire 2 DA 65 .4, 1961.

Plusieurs enseignements sont à tirer de ce tableau. Le premier tient de ce que la quasi-totalité des transporteurs résidaient dans la région de l'Estuaire et principalement à Libreville, la capitale du pays, qui était le centre de leurs activités et le lieu vers lequel convergeaient les autobus de transports de passagers ainsi que les camions d'acheminement de marchandises. Ensuite, on note que les cars et les camions desservaient d'abord la région d'origine du propriétaire (même si celui-ci habitait la capitale), puis venaient les régions partageant une frontière commune. Ce qui fait qu'il était extrêmement rare de voir un individu mettre, au départ, en circulation un véhicule à usage commercial dans une région dont il n'était pas ressortissant. Mais au fil des temps et du fait de la croissance de leurs activités, les transporteurs ont commencé à aller s'installer ailleurs que " chez eux ". Il leur était de plus en plus possible d'avoir des camions et cars en circulation dans de nombreuses régions voire sur toute l'étendue du territoire.

La circulation automobile dans les centres urbains

Par un arrêté du gouverneur Administrateur chef du territoire du Gabon, le poids maximum des véhicules charge comprise, autorisés à circuler sur les routes et les pistes du Gabon était fixé à 10 tonnes. Dans les mêmes conditions, seules les remorques ne dépassant pas 10 tonnes étaient aussi autorisées à circuler.[14]

Il est donc perceptible qu'étant encore essentiellement un outil utilitaire et élitiste, l'automobile s'ancrait de plus en plus dans le quotidien des Gabonais, du moins dans celui de ceux qui avaient migré dans les centres urbains. Cet accroissement de la circulation n'était pas sans risque pour les piétons. Ainsi, au sein de l'Assemblée territoriale, des voix s'élevaient pour attirer l'attention des conseillers sur les risques que certains automobilistes faisaient prendre aux autres usagers de la route, occasionnant des accidents dus pour la plupart à l'excès de vitesse et à l'inconscience des chauffeurs qui souvent ivres croient que la route leur appartient en propre[15].

Il se trouve qu'à cette époque, le code de la route métropolitain qui devait être promulgué au Gabon ne l'était pas. Les limitations de vitesse dans les centres urbains n'étaient donc pas respectées, et la police locale qui y veillait déployait plutôt son zèle au contrôle intempestif des permis de conduire et des cartes grises. Cette situation fit encore réagir le conseiller Regnault qui pensait que l'activité des agents ne consistait pas à ennuyer les conducteurs au sujet de leurs numéros d'immatriculation qui n'étaient pas bien faits, ou à demander des papiers qu'on ne pouvait avoir sur soi. Sur le plan même des conditions de circulation, les carrefours, qui auraient dû être visibles au loin par les automobilistes, étaient cachés par les hautes broussailles qui bordaient les propriétés des alentours.

Du côté du pouvoir exécutif de l'AEF, le problème de la circulation ou plutôt des mauvaises conditions de circulation dans les centres urbains ne passa pas inaperçu. La cause principale de la situation étant, hormis les comportements dangereux, l'insuffisance numérique et qualitative de la police de circulation. Libreville, principal centre urbain du Gabon n'échappait pas à ces travers. En effet, le spectacle de la circulation faisait apparaître un laisser-aller très regrettable. Les infractions les plus dangereuses pour la sécurité étant courantes et rarement réprimées. À cet

---

[14] ANG, Région de l'Estuaire, 2DA 35.2, Arrêté n°1074 portant limitation du poids des véhicules sur les routes et pistes du Gabon, 1953.

[15] Intervention du Conseiller Regnault aux débats du Conseil Représentatif du Gabon 2ème Session Ordinaire, 1950.

effet, le Haut-commissaire de la République, gouverneur de l'Afrique Équatoriale constatait que :

> « *Les excès de vitesse, notamment dans les croisements, les dépassements dangereux, l'éblouissement par les phares, ou par un éclairage " code " mal réglé, sont pratiqués sans vergogne par de nombreux conducteurs et notamment par certains fonctionnaires ou par des personnalités contre lesquelles les agents africains se trouvent désarmés faute d'oser verbaliser contre eux. Le défaut d'éclairage des bicyclettes, les chargements mal arrimés, la surcharge des véhicules de transport, peuvent fréquemment être constatés mais font l'objet d'une véritable et inadmissible tolérance de la part des agents de la circulation.*[16] »

Mais les effectifs métropolitains affectés au règlement de la circulation dans les centres urbains étaient insuffisants et n'assuraient donc pas un service régulier et efficace de police routière. Quant au personnel africain, il était débordé surtout vis-à-vis de certains délinquants qui faisaient état de leur situation et usaient de leur relation pour ne pas se faire verbaliser. Ce personnel était d'ailleurs dépourvu de moyens mécaniques permettant de rattraper les conducteurs qui prenaient la fuite et dont le véhicule portait un numéro illisible.

Pour remédier à cette situation, les services du gouverneur général demandèrent à la Gendarmerie de désigner pour chacun des principaux centres urbains du territoire deux gendarmes à motocyclettes rapides, chargés de seconder la police urbaine pour la constatation des infractions et la perception des amendes. Par ailleurs, il fut procédé au renforcement du pouvoir des agents africains de la circulation vis-à-vis de certains délinquants qui se croyaient au-dessus des lois, d'une part en les couvrant aussi de l'autorité du chef du territoire dans l'exercice de leur fonction et d'autre part en opposant une fin de non recevoir aux interventions de personnalités pour faire lever des sanctions qui ont été prises à leur encontre.

À cette insuffisance numérique des agents chargés de la police de circulation s'ajoutait une carence du matériel de contrôle routier. Par exemple, l'article 3 de l'arrêté général du 6 septembre 1949 relatif au contrôle des véhicules lourds et des voitures de transport collectif était rarement appliqué. Ces véhicules ne subissaient pas le contrôle semestriel destiné à vérifier leur bon état mécanique. Ce manquement au contrôle technique constituant un véritable danger pour les populations.

Le problème des excès de vitesse et de mauvais comportements des conducteurs qui entraînaient des accidents mortels dans les centres urbains ne fut pas pour autant résolu. C'est pour cela que lors de la commission

---

[16] CAOM, AFFPOL- Note du Haut-commissaire de la République, gouverneur de l'Afrique équatoriale à monsieur le gouverneur chef du Territoire du Gabon, 1951.

permanente de l'Assemblée territoriale du Gabon, dans sa séance du 9 juillet 1953, le conseiller Léon M'Ba adressa une question écrite au président pour lui demander quelles mesures étaient envisagées par la police de circulation pour enrayer les nombreux accidents de circulation.[17] Mais pour le président de l'Assemblée territoriale hormis le fait que les chaussées étaient étroites (et des élargissements étaient en cours de finition), que les carrefours étaient dangereux à cause du manque de trottoirs, ce qui se passait c'est qu'il n'y avait que les gendarmes européens qui faisaient réellement la police de la circulation, les auxiliaires africains ne pouvant pas s'en charger. Il se posait donc un problème d'effectifs des agents chargés de veiller aux règles de la circulation en ville. Cependant, il fut constaté que les Européens roulaient trop vite et qu'il n'y avait pas davantage d'accidents avec les Africains de la brousse qui n'avaient pas l'habitude de la circulation. C'est pour cela que le président de l'Assemblée territoriale donna des instructions à la mairie et à la gendarmerie en vue de renforcer la surveillance et les contrôles aux carrefours particulièrement dangereux et dans les rues les plus fréquentées.

En effet, alors que sur les routes interrégionales (à l'exemple de l'axe Libreville-Lambaréné), il régnait une non-limitation de la vitesse, le Comité proposa et fit adopter la vitesse maxima à 80 kilomètres/heure pour les véhicules légers, 60 kilomètres/heure pour les poids lourds et les véhicules de transport en commun et 40 kilomètres/heure pour les grumiers. Dans le périmètre urbain de la ville de Libreville et principalement sur la voie Aviation-Lalala, voie la plus fréquentée de la ville, la réglementation changea aussi sur les tronçons suivants :

-Lycée - Dernier virage de Louis :

Voitures : 60km/h

Poids lourds et transports en commun : 60km/h

-Virage de Louis à la Mairie :

Voitures : 70 km/h

Poids lourds et transports en commun : 50km/h

-Mairie de Lalala :

Voitures : 50 km/h

Poids lourds et transports en commun : 35 km/h

Ces limitations de vitesse étaient nécessaires. À ce sujet comme l'écrivait le chef de la région de l'Estuaire dans une note au directeur des travaux publics du Gabon :

> « *Les cars de transport en commun de personnes comme de marchandises qui utilisent fréquemment des petits véhicules de 2 à 3 tonnes ne voient leur vitesse limitée. Or une grande partie des accidents constatés*

---

[17] CAOM, Carton 15D7 - Travaux de la commission permanente de l'Assemblée territoriale du Gabon, 9 juillet 1953.

cette année sont de leur fait et il paraît nécessaire en raison notamment de leur état souvent médiocre de ne pas leur laisser dépasser une vitesse modérée. [18]»

Pour les membres du comité territorial des transports, ces limitations de vitesse devaient constituer des maxima réels, la vitesse devant être diminuée en fonction de l'occupation de la chaussée par les autres véhicules et par les piétons. Mais le fait de limiter par un chiffre trop bas en laissant à l'agent verbalisateur le soin d'apprécier si le dépassement était compatible avec la sécurité des autres usagers semblait un peu moins conforme à la logique.

La Société des Transports de Libreville (SOTRAL)

Après l'indépendance du Gabon la première véritable compagnie de transports urbains de la capitale gabonaise fut la Société des Transports de Libreville (SOTRAL). Avant il n'existait pratiquement pas de transport public de personnes. La société qui avait la charge de cette activité ne disposait que : « *d'une vingtaine d'autobus médiocres achetés d'occasion dont une faible part était capable d'assumer leur service bien que celui-ci se bornait seulement à transporter les élèves et les fonctionnaires sans jamais assurer celui de la population qui n'avait pour seule ressource que d'emprunter les taxis collectifs alors au nombre de 374.* [19]»

C'était la direction des transports terrestres qui assurait le contrôle, la gestion et l'exploitation de la SOTRAL. Société d'économie mixte au capital de 50 millions de francs CFA, cette compagnie de transport urbain résultait des discussions entamées en février 1972 entre le Gouvernement gabonais et la SAVIEM. Cela donna lieu à la signature d'un protocole d'accord à l'issue duquel 35 % des parts de l'entreprise revenaient au fournisseur d'autocars et 65 % à l'exploitant qu'était la partie gabonaise. Le 22 juin 1972, le gouvernement gabonais concéda à cette entreprise l'exclusivité de l'exploitation du service public de transport en commun à Libreville. La société put donc démarrer ses activités le 15 septembre 1972 avec un parc de 15 autobus, 5 autres furent mis en service le 1er mars 1973 portant ainsi le parc à 20 autobus SAVIEM de type S 105 de 100 places comme le prévoyait la convention de 1972.

Dans ses débuts, la SOTRAL employait 170 personnes dont 51 conducteurs, 51 receveurs, 16 contrôleurs et 29 agents d'entretien. À ce personnel d'exploitation, il fallait ajouter les agents administratifs et les

---

[18] ANG 2 DA 65.1 - Note du 23 janvier 1959 du chef de la région de l'Estuaire à monsieur le directeur des Travaux Publics du Gabon.

[19] Anonyme, « Regards sur les transports au Gabon » Paris, Ed. CAPE, p. 75.

dirigeants. Le premier exercice de la société portait sur 15 mois et s'était achevée le 31 décembre 1973. Mais à compter du 1er octobre de la même année, une profonde modification du système d'exploitation de la SOTRAL fut décidée. Le point central de cette réforme fut la création d'une correspondance entre les différentes lignes à la Gare routière de Libreville[20]. Antérieurement, la SOTRAL exploitait 5 lignes longues respectivement de 14, 16, 17, et 20 kilomètres. La modification du 1er octobre avait permis d'augmenter le nombre de rotations de différents bus en raccourcissant les distances parcourues mensuellement. En 1973, l'évolution des distances totales parcourues se présentait de la manière suivante :

- jusqu'en févier 1973 : 113 500 kilomètres ;
- de mars à mai 1973 avec un parc de 20 autobus : 133 800 kilomètres ;
- de juin à septembre 1973, pendant la période scolaire et les travaux sur le boulevard du bord de mer : 104 500 kilomètres ;
- de septembre à décembre 1973, avec le nouveau système d'exploitation et un trafic revenu à la normale : 113 000 kilomètres.

En raison de la croissance du nombre d'usagers due à l'augmentation de la population de Libreville, le parc de la SOTRAL évolua de la manière suivante, mais en réalité la demande démontrait qu'il fallait l'augmentation du parc par un achat annuel de 10 autocars :

- 20 bus en février 1973,
- 25 bus en juillet 1974,
- 30 bus en février 1975,
- 35 bus en septembre,
- 40 bus en novembre 1975

Avec un tel parc, la SOTRAL devait pouvoir mettre chaque jour en circulation plus d'une vingtaine d'autobus au moins en tenant compte de ceux qui étaient normalement arrêtés pour les révisions périodiques obligatoires. Pourtant seuls 18 à 20 bus étaient mis en service quotidiennement à cause des difficultés d'entretien sur un emplacement de grandeur insuffisante, et qui était encore le même que celui de l'époque où la société ne disposait que de 15 autobus. Ce sous-emploi des autobus avait pour effet pervers non seulement des temps d'attente aux points d'arrêts, mais aussi des surcharges et un manque de discipline des voyageurs. En outre la société éprouvait d'énormes difficultés à trouver du personnel compétent, surtout les chauffeurs. En fait, ce manque de conducteurs était consécutif aux

---

[20] « Colloque sur les activités des services des Travaux Publics, des Transports et de l'Aéronautique Civile », Ministère des Travaux Publics, des Transports et de l'Aéronautique Civile, Mouila, janvier 1974, p 17.

nombreux travaux entrepris dans le pays. Le principal concurrent de la SOTRAL en matière d'embauche de conducteurs était le secteur des travaux publics. Nombre d'entreprises de travaux publics, travaillant en sous-traitance pour les chantiers de construction du Transgabonais, avaient embauché beaucoup de chauffeurs de poids lourds et de conducteurs d'engins disponibles à Libreville et dans d'autres villes du pays. Et pour combler leur manque de machinistes, elles en étaient même arrivées à en débaucher d'entreprises d'autres secteurs. Ces entreprises leur offraient des salaires conséquents, des conditions de travail plus souples et d'autres avantages en nature non moins intéressants (logements gratuits, soins médicaux et frais de scolarité des enfants pris en charge…).

Pour faire face aux « appétits » des entreprises de travaux publics, la SOTRAL dut augmenter la solde de ses employés et, avec l'autorisation du Ministère du travail, entreprendre des misions de recrutement de chauffeurs qualifiés en République centrafricaine par exemple. De plus, la société créa en son sein une école de formation afin de ne plus être tributaire des auto-écoles de la place. Elle renforça ainsi les 54 chauffeurs en exercice. Les permis de conduire de ces nouveaux conducteurs ne leur étaient remis qu'à la fin de leur contrat pour éviter qu'ils fussent enrôlés ailleurs. Pour une simple question de gestion, la société ne pouvait continuer à garder la moitié de son parc à l'arrêt. Les solutions envisagées devaient permettre de mettre en circulation 5 bus sur chaque ligne et de réduire l'attente des voyageurs entre 5 et 10 minutes entre les passages, au lieu des 30 ou 45 minutes habituelles.

Cette relative embellie dans le domaine des transports urbains au Gabon et plus particulièrement à Libreville fut de courte durée. En effet, après trois années de fonctionnement, l'accord entre le Groupe SAVIEM et le gouvernement gabonais sur lequel était basée l'existence de la Société des transports de Libreville, fut dénoncé par la partie gabonaise. Pour la partie gabonaise, la comptabilité tenue par le directeur financier nommé par SAVIEM avait montré des anomalies en 1975. La société qui devait présenter un bilan annuel excédentaire présentait au contraire un déficit de 14 millions de francs CFA, consécutif à des dissimulations d'écritures.

Pour sa part, la partie gabonaise n'était pas non plus exempte de tout reproche surtout en ce qui concernait certains des principaux acteurs de la SOTRAL à savoir les conducteurs. Ces derniers faisaient souvent preuve d'un absentéisme notoire, incompatible au bon fonctionnement de la société. Aux dires des responsables du Ministère des transports[21], sur les 230 conducteurs embauchés par la SOTRAL depuis sa création, seule une quarantaine était effectivement en service au sein de la société. Cet effectif

[21] Rapport de décembre 1977 de Paul OSSINGA, directeur des Transports, sur la situation de la SOTRAL Libreville.

était de toute évidence insuffisant compte tenu du nombre de véhicules nécessaires pour assurer un service de transport en commun régulier et efficace. Il fallait de fait mettre en circulation 42 autobus sur un total de 65. Et pour cela il était nécessaire de mobiliser 120 conducteurs qui étaient pratiquement introuvables.

Toujours à propos des chauffeurs, hormis leur absentéisme presque légendaire, il a été aussi constaté qu'ils ne faisaient pas grand cas des règles élémentaires du Code de la route : ils roulaient trop vite, abusant de la puissance et de l'envergure de leurs véhicules pour se frayer un chemin, finissant par intimider les autres usagers de la route (piétons et automobilistes) et quelques-uns parfois causaient de graves accidents.

Une autre insuffisance de la SOTRAL était le manque d'abribus aux différents arrêts. Mais pour les dirigeants de la SOTRAL « *il n'était pas envisageable de construire des abris à toutes les stations. On peut toutefois le faire aux principaux arrêts qui reçoivent le plus de monde. De plus, si les premiers abris construits à la création de la société répondaient à l'usage auquel ils étaient destinés, il semble qu'ils n'aient pas répondu aux attentes des autorités administratives pour ce qui est de leur esthétique.* [22]» Si la SOTRAL se satisfaisait de ces explications et de cette situation, ce n'était pas le cas des usagers qui, las d'attendre soit sous le soleil soit sous la pluie selon les saisons, finissaient par se détourner des autobus de la SOTRAL et empruntaient les taxis qu'ils payaient pourtant plus cher. Pour améliorer les conditions d'exploitation et pour décongestionner la base de stationnement initial des autobus, il fut décidé de construire une deuxième base au quartier Lalala. Sur le même site il fut aussi bâti les logements des conducteurs expatriés

Mais toujours est-il que la mort de la SOTRAL fut prononcée en 1977 par la fin des subventions accordées par le gouvernement. Cette subvention annuelle de 150 millions de francs CFA était versée pour la participation au transport des élèves et agents de l'Administration publique. Le tarif de la carte mensuelle d'abonnement étant de 4 000 FCFA, les premiers n'avaient plus à rembourser que 1 000 francs et les seconds 2 300 francs, le reliquat étant versé par l'État.

Les itinéraires desservis :

Ligne 1 : Gare Routière-Mont-Bouet- Derrière l'Hôpital – Nombakélé – Lalala – IAI (7 km)

Ligne 2 : Aéroport-Cadastre – Gros-Bouquet – Louis- Poste Centrale – Glass- Lalala (14 km)

Ligne 3 : Gare Routière-Mont-Bouet-Rio – Akébé Marché – Likouala - Nombakélé – Lalala (11 km).

---

[22] *Ibid.*

Ligne 4 : Poste Centrale – UGB – Direction Sûreté Nationale – Gare routière – Marché de Nkembo (3,8 km)

Ligne 5 : Gare Routière – Nkembo – RTG – Gros Bouquet – Cadastre – Aéroport (10,5 km)

Ligne 6 : Gare Routière Ecole Mixte – Banque Centrale – Louis-Gros Bouquet – Cadastre- Aéroport. (11,5 km)

Ligne 7 : Gare Routière-Mont-Bouet- Akébé Ville – Carrefour Hassan – Akébé Bellevue (4,7 km)

Ligne 8 : Gare Routière- Mont Bouet –Rio – Melen (8 km)

Ligne 9 : Lalala-Nomba – Owendo (10 km)

Sur ces lignes étaient transportés en moyenne par jour 30 000 passagers dont les deux tiers étaient détenteurs d'une carte d'abonnement. La moyenne d'usagers quant à elle était de 60, ce qui représentait un taux de remplissage assez élevé. Et pour ce qui était des recettes, 40 millions de francs CFA étaient encaissés chaque jour[23].

Avec l'arrêt d'activité de la SOTRAL, les fonctionnaires et les élèves qui avaient le privilège de se faire transporter à bas pris furent obligés de rejoindre les autres usagers pour gonfler les files d'attente interminables le long des rues et participer aux bousculades quotidiennes dans l'espoir d'emprunter un hypothétique taxi.

La SOTRAVIL

Sur le plan du transport des personnes au Gabon et à Libreville particulièrement, le cas de la Société de Transports de la Ville de Libreville (SOTRAVIL) mérite qu'on s'y attarde étant donné le rôle que cette compagnie de transport était destinée à jouer, les espoirs placés en elle, la réalité sur le terrain et les résultats qui ont finalement été obtenus.

De fait, le problème du transport des voyageurs dans Libreville s'est posé depuis avant même l'indépendance et ne fut pas résolu de façon parfaite. Pour remplacer la SOTRAL défaillante, le gouvernement décida de créer le 23 novembre 1977 la SOTRAVIL par l'arrêté ministériel n°1142/MCD1/DC1. Les débuts de la SOTRAVIL ne furent pas des plus heureux. En effet, le gouvernement avait fixé le capital de cette société à 1.000.000.000 de francs CFA répartis entre l'État et des organismes publics d'une part à concurrence de 51 %, et le secteur privé d'autre part pour 49 %. Mais quelques mois avant le lancement effectif des activités de la société, les opérateurs privés n'avaient toujours pas répondu favorablement. Suite à cette défection des privés et compte tenu des besoins plus que pressants des

---

[23] Anonyme « Regards sur les transports au Gabon », *op. cit.*, p. 78.

populations en matière de transports, le gouvernement décida de changer la nature de la société et adopta une formule dans laquelle il fut expressément demandé aux entreprises publiques de lui venir en aide dans la constitution de la SOTRAVIL. Finalement, le capital fut porté à 1,1 milliard constitué par un apport de 86 % de la part de l'État gabonais et de 14 % provenant des sociétés para-étatiques (SONAGAR, SONADIG, OPRAG, OCTRA, BGD, OPT, CNSS, CGCE, Chambre de commerce). De plus, la commune de Libreville que l'existence d'une société de transport urbain sérieuse intéressait fut aussi approchée pour une participation à la création de l'entreprise.

Au problème de financement qui était bien connu venait s'ajouter celui des moyens matériels à mobiliser dans l'immédiat pour le démarrage. Il fut décidé de recourir à l'ancien parc de la SOTRAL. Si cette solution permettait de dénouer le problème dans l'urgence, en revanche elle présentait de nombreux inconvénients. De fait, pour remettre en état de marche les autobus de la SOTRAL, il fallait résoudre le problème des pièces détachées que l'on ne trouvait pas sur place et qui avaient déjà été à l'origine de la débâcle de la SOTRAL. Il y avait aussi la question des conducteurs, puisque beaucoup de ceux qui allaient constituer les effectifs de la nouvelle société étaient issus de l'ancienne dont ils avaient été en partie la cause de l'échec. Etant entendu qu'il fallait parer au plus pressé, les dirigeants de la SOTRAVIL étaient obligés soit de composer avec ces anciens conducteurs, soit d'en recruter d'autres ou encore de former de nouveaux chauffeurs. Cette dernière solution avait rapidement été écartée, les négociations avec le formateur pressenti ayant échoué.

Le capital de 1,1 milliard francs CFA constitué pour la mise en place de la SOTRAVIL se révéla insuffisant. En effet, mettre en place toutes les composantes de la société, remettre en état de marche d'anciens autobus, rouvrir les lignes suspendues, équiper les ateliers de réparation et d'entretien exigeaient des dépenses. Des ressources financières en quantité suffisante étaient donc nécessaires. Le gouvernement créa à cet effet une taxe supplémentaire sur les tabacs, dont le produit fut entièrement affecté à la société pour faire face à ses dépenses de fonctionnement et d'investissement.

Pour ce qui était du parc automobile avec lequel les dirigeants de la société comptaient démarrer les activités, il se composait de 65 autobus (y compris ceux qui étaient immobilisés pour cause de panne) dont 40 de marque SAVIEM et 25 Mercedes. Mais lorsqu'on examinait de plus près ce parc, on se rendait très vite compte que seuls un peu plus de dix de ces 65 autobus circulaient effectivement. Pour sa défense, la direction de la compagnie avançait qu'elle avait pour objectif non seulement de remettre les bus en panne en état de marche, mais aussi qu'elle était en pourparlers avec un constructeur brésilien pour l'acquisition de 30 autres autobus, ce qui allait porter le parc général à 95 autobus. C'était encore insuffisant pour apporter une réponse efficace aux besoins réels en transport des Librevillois. Mais cela ne représentait que la première étape du programme fixé, la seconde consistant à évaluer, avec précision qualitativement et quantitativement, les attentes véritables et les moyens nécessaires à mettre en œuvre. Les autorités estimaient aussi qu'il ne fallait pas reprendre l'exploitation d'un nombre accru de véhicules du fait de la désaffection du public à l'endroit de la compagnie de transport qui avait précédé la SOTRAVIL. Il fallait donc commencer par regagner la confiance des usagers.

Les activités de la SOTRAVIL démarrèrent effectivement le 4 janvier 1979 avec une flotte de 50 autobus, dont 35 nouveaux de marque « ENESA » avaient été importés d'Espagne. Mais ce démarrage se fit sans que la société ait reçu le complément de subvention qui lui avait été promis par le Ministère des transports. La solution à ce problème fut apportée par la loi portant création du Fonds de développement des transports urbains qui mit des moyens financiers considérables à la disposition de la nouvelle société. Mais il demeurait toujours un certain nombre de difficultés liées au manque de personnel (mécaniciens, contrôleur, receveurs, chauffeurs) qui du reste constituait les pièces maîtresses de toutes entreprises de transport.

En dépit de tous ces manquements, des sentiments d'espoir et de soulagement émanaient des usagers de transports en commun de Libreville avec la mise en circulation des autobus de la SOTRAVIL. Le prix du ticket fut fixé à 50 francs CFA pour tous les voyageurs. Par contre, les élèves avaient la latitude de se procurer une carte mensuelle d'embarquement d'une valeur de 400 francs. Pour les particuliers, cette carte valait entre 1200 et 3200 francs. Compte tenu de la modicité de la somme à débourser pour l'embarquement dans un bus, de nombreux Librevillois commencèrent à se détourner des taxis collectifs qui leur coûtaient le double de ce que leur revenait le bus.

À la fin de l'année 1980, pour renforcer sa flotte et fournir un service de plus en plus efficace, SOTRAVIL fit l'acquisition de cinquante nouveaux autobus. Un premier lot de 25 autobus fut mis en circulation en janvier 1981. L'acquisition de ces autobus avait fait l'objet d'un appel d'offre international lancé sur la base d'un cahier de charges extrêmement précis afin de permettre à la compagnie de transports de disposer d'un matériel répondant en tout point à ses exigences de modernisation. Les éventuels fournisseurs se devaient donc de respecter scrupuleusement les spécifications techniques définies par SOTRAVIL. Ce fut la firme japonaise ISUZU représentée au Gabon par SODIM TP qui remporta le marché. Elle offrait le type de véhicule présentant les meilleures caractéristiques, de plus et surtout, le prix de vente de ses autobus était moins élevé que celui des constructeurs concurrents. En plus de l'acquisition, la société déménagea aussi ses locaux et s'installa en août 1981 sur une nouvelle base de 3 000 mètres carrés comprenant des bureaux de contrôle équipés de radios, d'une station de distribution de carburants, une station de lavage des autobus, de postes de graissage et d'un vaste bâtiment abritant les ateliers et d'un parking pouvant accueillir 70 autobus.

La SOTRAVIL avait un réseau de lignes qui desservait presque tous les quartiers de la ville. En théorie, il existait une quinzaine de lignes, mais seules dix étaient effectivement exploitées. La suppression d'un certain nombre de lignes était consécutive à la dégradation d'une partie du réseau routier de la capitale. Il était devenu impératif de ne plus faire circuler des autobus sur ces circuits au risque d'écourter leur durée de vie. Les autobus retirés sur les itinéraires supprimés étaient remis en circulation sur les lignes qui nécessitaient un renforcement. Dans leur grande majorité, les lignes exploitées l'étaient déjà par la SOTRAL et seules une demi-douzaine de lignes nouvelles furent créées par la SOTRAVIL.

Les effectifs

À côté des sociétés de transports urbains des grandes métropoles d'Afrique noire comme Dakar (SOTRAC, 2.965 agents), SOTRAZ (Kinshasa, 3700 agents) ou la SOTRA (Abidjan, 5800 agents), la SOTRAVIL avec ses 462 employés, répartis de la manière suivante, était une toute petite entreprise.

Tableau IV : Le personnel la SOTRAVIL

Origine	Sexe	Administration	Exploitation	Technique	Total
Gabonais	Hommes	37	207	120	407
	Femmes	25	3	15	
Africains		6	36	9	51
Européens		1	1	2	4
Total		69	247	146	462

Source : MADEBE Dieudonné, (1989), *Libreville, la ville et les problèmes de transports*, Université d'Aix-Marseille II, thèse de 3e cycle de Géographie de l'Aménagement, p. 233.

Au fil des années, le nombre de personnes en service décrut considérablement. Ainsi, la compagnie de transports ne comptait plus en 1986 lors de sa cessation d'activités que 360 employés alors qu'elle avait embauché pour son démarrage 520 personnes. Ce fut une évolution à l'inverse de ce qui est normalement attendu d'une entreprise c'est-à-dire, l'augmentation des effectifs consécutifs à la croissance, à la bonne marche des affaires de l'entreprise. En fait, si les effectifs diminuaient, c'était tout simplement pour mettre l'entreprise en conformité avec son réseau et avec les services qu'elle rendait. Elle devait retrouver (en ce qui concerne le personnel qu'elle employait) sa taille réelle et s'adapter à son réseau. Ce gonflement du nombre d'employés venait du fait que de nombreux agents aux qualifications douteuses avaient été recommandés aux gestionnaires de l'entreprise pour satisfaire soit une clientèle politique soit des familles de certaines personnalités de premier plan. Et ces agents n'étaient pas les plus consciencieux de l'entreprise. En dépit de tous les licenciements, l'entreprise ne put survivre à tous les autres maux qui la minaient.

Les raisons de l'échec

Un personnel mal formé et incompétent

L'une des caractéristiques de la grande partie du personnel de SOTRAVIL et qui a été un des éléments déterminants de l'échec de la compagnie était son manque de qualification, doublé d'une totale absence de conscience professionnelle. Ces employés ne prenaient pas en compte qu'ils étaient salariés d'une entreprise dont un des buts principaux était de faire des bénéfices pour leur garantir la pérennité de leurs emplois et une rémunération à la hauteur de leurs attentes. Ainsi, certains d'entre eux offraient des passages gratuits à leurs relations au préjudice de la comptabilité de l'entreprise. D'autres maux comme l'absentéisme injustifié et répété, les retards ou, plus grave, l'alcoolisme étaient devenus monnaie courante.

On ne constatait pas seulement ce manque de professionnalisme chez les agents d'exécution. De nombreux cadres de l'entreprise s'adonnaient aussi à ce genre de comportement. Comme l'explique Dieudonné Madébé « *plus on monte dans la hiérarchie, plus les retards deviennent fréquents, surtout au niveau de l'administration. Certains agents arrivent à 8 heures ou 9 heures alors que le travail commence à 7 heures trente. À partir de 11 h ou 11 h 30, d'autres désertent les bureaux, ce qui réduit le temps de travail à deux ou trois heures alors que la durée réelle le matin est de quatre heures trente.*[24]»

Toutes ces absences et retards finissaient par désorganiser l'exploitation de la structure dont le mode de fonctionnement n'était déjà des plus performants. De fait, un chauffeur de la brigade matinale qui s'absentait sans prévenir mettait en difficulté le service chargé des mouvements et de l'affectation des conducteurs, l'obligeant par-là même à trouver coûte que coûte un remplaçant. Dans le cas très fréquent où le remplacement ne

---

[24] MADEBE Dieudonné, (1989), *Libreville, la ville et les problèmes de transports. Thèse doctorat de 3e cycle de Géographie et Aménagement*, Université d'Aix-Marseille II, Aix-en-Provence, p. 235.

pouvait se faire, il y avait un autobus en moins sur le réseau. On remarque ici que le service d'exploitation, dans ses prévisions, n'intégrait pas les situations d'absence des chauffeurs en mettant deux ou trois d'entre eux en astreinte pour la journée. Dans le cas où l'absence d'un conducteur devant prendre son service dans l'après-midi serait constatée à l'avance, il était beaucoup plus aisé de le remplacer par un agent étant intervenu dans la matinée en lui faisant faire des heures supplémentaires. Mais cela comportait de nombreux risques d'accidents de la circulation dus à la fatigue[25].

S'agissant toujours des agissements des agents, ceux qui étaient commis au contrôle des rotations des autobus et des titres de transport des passagers à la gare routière de Libreville se retrouvaient le plus souvent dans les débits de boissons des environs. De leur côté, « *les conducteurs dès l'arrêt de leur machine vont, comme ils le disent, se dégourdir les jambes et disparaissent comme les premiers dans les estaminets. Chaque fois, d'autres agents plus consciencieux, ou parfois les usagers sont obligés de faire le tour de ces établissements pour ramener les égarés sur leur lieu de travail.* [26]»

Un parc d'autobus trop composite

Pour une société qui se voulait et qui se devait d'être compétitive, il était impératif de disposer d'un matériel non seulement à la hauteur des espérances mais aussi et surtout homogène, c'est-à-dire de la même marque, pour permettre aux agents chargés des réparations et de la maintenance de mieux maîtriser leur outil de travail. Mais ce n'était pas le cas. La SOTRAVIL utilisait un matériel roulant hautement composite, fourni par quatre constructeurs différents : les autobus Mercedes venaient du Brésil ; un constructeur espagnol fournissait les bus Pegaso ; pour la France, c'étaient les Renault et les Japonais procuraient les Isuzu.

Cette multiplicité de marques engendrait inévitablement des difficultés de suivi, de fourniture de pièces détachées et aussi de maintenance étant donné qu'il n'y avait pas, parmi les mécaniciens de l'entreprise de spécialiste par type d'autocars. Avec le temps, certaines marques ont tout simplement disparu du parc (Mercedes et Pegaso) comme le montre la figure ci-après retraçant l'évolution du parc de SOTRAVIL.

[25] *Ibid.*
[26] *Ibid.*

Tableau V : Parc roulant de SOTRAVIL

Marques d'autobus	1981		1983		1984		1985	
	Parc	V[27]. R	Parc	V.R	Parc	V . R	Parc	V.R
Mercedes	29	20	29	8	6	0	6	0
Pégaso	32	10	3	3	0	0	0	0
Isuzu	49	37	48	25	44	30	37	20
RVI	0	0	25	15	54	42	52	44
Total	10	7	105	51	104	72	95	64

Source : SOTRAVIL

On remarque ici que le nombre de véhicules en état réel de fonctionnement ne représentait chaque année qu'un peu plus de la moitié des autobus que l'on trouvait stationnés sur les parkings de la SOTRAVIL à la fin de la journée. Cet état de fait était lié à la qualité du matériel, aux nombreuses pannes de moteurs, à la fragilité des carrosseries qui s'usaient ou se déformaient très facilement suite aux accidents. Ainsi, la durée de vie de ces autobus ne pouvait dépasser quatre années.

Un autre phénomène participait à la détérioration des autobus, il s'agit du dépassement du nombre de passagers autorisés à embarquer dans les autocars. Ces surcharges étaient provoquées par la forte demande de transports des citadins à la sortie des lieux de travail et des établissements scolaires et aussi par l'absence de nombreux autocars immobilisés[28]. Les chauffeurs en service se voyaient alors de prendre à leur bord plus de passagers que ne devait transporter leur véhicule. De toutes les manières, ils ne pouvaient en être autrement car, lorsqu'un rare autobus venait à stationner devant des passagers qui avaient déjà patienté pendant de longues minutes, ces derniers se battaient littéralement pour trouver une place à bord étant donnés qu'ils savaient qu'un autre bus ne viendrait pas si tôt. Mais « *le transport dans ces conditions crée des problèmes d'insécurité avec les ouvertures qui ne peuvent plus se fermer et le conducteur qui ne peut plus faire correctement les manœuvres ou encore surveiller la circulation par les rétroviseurs.*[29]»

D'autres causes comme la longueur de la ligne et de l'itinéraire suivi par l'autobus expliquaient aussi ces surcharges. De fait, certains autobus circulaient sur des circuits particulièrement allongés et, en embarquant des

---

[27] V.R signifie véhicules roulants.

[28] MADEBE Dieudonné, (1989), *Libreville, la ville et les problèmes de..., op. cit.*, p. 227.

[29] *Ibid.*

passagers à tous les arrêts sans en débarquer aucun, ils arrivaient à leur terminus complètement remplis. De plus, ces autocars étaient aussi astreints au ramassage scolaire de tous les lycées et collèges situés sur leur passage. À ces causes purement structurelles, on peut ajouter l'avantage financier que tous les usagers (surtout ceux qui travaillaient dans les zones industrielles et commerciales éloignées du centre-ville) trouvaient dans ce transport public. La SOTRAVIL offrait par-là une alternative autre que les taxis individuels ou collectifs dont les tarifs étaient deux à trois fois plus élevés que ceux de la compagnie publique.

Avec son mode de fonctionnement, des tarifs exceptionnellement bas consentis aux élèves et étudiants, il y avait lieu de se demander quelle était la nature réelle de cette compagnie : société de transport ou service de ramassage scolaire. En effet, 65 % des clients étaient scolaires. Ainsi, l'itinéraire quotidiennement parcouru était de 12 000 kilomètres et sur les 20 000 personnes transportées 13 000 étaient des élèves et étudiants. C'est dans ce pourcentage que se trouvaient tous les problèmes. La compagnie avait trop de personnes à transporter dans les mêmes endroits, à la même zone. Les points chauds étaient le Lycée Technique d'Owendo avec ses 3 000 élèves ; le Lycée National Léon M'Ba : 1 200 élèves ; le Lycée d'État de l'Estuaire : 1 000 élèves. Même après avoir créé des postes de contrôleurs supplémentaires, les autobus étaient le plus souvent pris d'assaut et les receveurs très vite débordés (lorsqu'ils n'étaient pas eux-mêmes complices des désordres). Les cartes scolaires d'abonnement circulaient d'une main à une autre et les voyageurs s'embarquaient en fraude. Il s'agissait d'un pillage systématique auquel il était objectivement difficile de s'opposer, et cela ne pouvait conduire qu'au déficit. Si les bus arrivaient en retard pour le ramassage des élèves, ils pouvaient être mis hors d'usage pas les élèves mécontents.

Quant aux rotations des autobus, elles étaient irrégulières et anarchiques. Il n'était pas rare de voir certains autobus passer à toute vitesse à un arrêt sans se soucier des dizaines de personnes en attente. Ces passagers demeuraient muets et impuissants devant ce genre de situation. Presque tous les quartiers desservis par les autobus de cette compagnie de transports étaient confrontés à ces désagréments. Il suffisait, pour s'en convaincre, d'interroger tôt le matin les personnes qui se rendaient à leur lieu de travail en prenant le bus. Bien informée des ces problèmes, la direction de l'entreprise évoquait le manque de moyens financiers en occultant le manque ou la mauvaise organisation interne et le très peu de professionnalisme des agents. En effet, les usagers étaient en droit de se demander comment trois autobus desservant une même ligne pouvaient démarrer de leur terminus en même temps. Les écarts de départ et de passage entre deux bus n'étaient donc pas respectés, ce qui entraînait inévitablement de longs moments d'attente. Le plus étonnant était que ces disfonctionnements perduraient malgré la présence des contrôleurs chargés de réguler le flux des bus.

Une autre anomalie de la SOTRAVIL était la mauvaise organisation de la vérification de la vente des titres de transport. Au moment de la mise en place de la société, les conducteurs des autobus furent chargés de vendre et de contrôler les tickets d'accès à bord. Mais très vite, ces derniers se mirent à soustraire des caisses une partie des sommes encaissées. Le plus souvent, ils prétextaient manquer de monnaie. Cet argent n'était évidemment pas reversé à l'entreprise. Plus tard des appareils oblitérateurs furent installés pour mettre fin aux agissements des chauffeurs et aux récriminations des usagers. Là encore, le succès fut de courte durée : ayant constaté l'irrégularité des contrôles, les chauffeurs remirent au jour leurs pratiques répréhensibles.

Les tentatives de sauvetage de la compagnie

Pour tenter de sauver la compagnie de la faillite certaine qui ne cessait de poindre à l'horizon, un plan fut mis en place au début des années 1980. Ce plan a été étudié par IDET-CEGOS en 1981-1982. Il a porté à la fois sur l'état de l'offre en matière de transports collectifs et sur l'analyse de la demande de déplacements à Libreville. Le diagnostic de cette étude a mis en évidence une vitesse commerciale raisonnable (13 à 20 km/h), la faiblesse des recettes, (fraudes et vols), la nécessaire restructuration du réseau et, malgré un *a priori* favorable au transport par autobus des Librevillois, une mauvaise image de marque de la SOTRAVIL.

Cette étude a décompté 90 000 déplacements par jour dont 28 000 scolaires. La répartition de cette demande identifiée a permis des propositions de restructuration du réseau sur 13 lignes avec un parc de 205 autobus (96 autobus étant réservés au transport scolaire).

Par ailleurs des recommandations concernant l'image de marque de la société étaient formulées :

- reprise en main des chauffeurs indisciplinés et leur formation,
- rationalisation et meilleure exploitation des nouvelles mesures de tarification, de perception et de contrôle de recettes,
- réduction des accidents de travail et de conduite,
- intéressement du personnel aux résultats,
- homogénéisation du parc des autobus.

Enfin, cette étude prévoyait une rationalisation de la gestion du transport urbain par un suivi soigneux de l'évolution et des indicateurs relatifs au niveau du service et de la demande. La productivité devait être augmentée grâce à cette adéquation de l'offre et de la demande.

Ce plan soumis à la fin de l'année 1982 à l'État n'a pas été suivi des effets escomptés :

- le parc de véhicules a régressé (99) et n'a pas approché les 205 prévus ;
- les investissements d'infrastructures n'ont pas été faits (nouveau dépôt) ;
- la structure du réseau a régressé puisqu'il ne restait que 6 lignes offertes aux passagers avec un intervalle de 20 minutes.

Le contrat- plan définissant le cadre de fonctionnement et les actions de la SOTRAVIL ainsi que les charges de l'État n'a pas vu le jour. Seul le système de contrôle des titres de transport par oblitération automatique et la vente de carnets de tickets dans la chaîne GABOPRIX ont fait reculer les vols et la fraude.

Les raisons de l'échec ou du moins du mauvais fonctionnement de la SOTRAVIL furent diverses et variées. Parmi celles qui portèrent les coups les plus durs, il y a les mauvais choix d'investissements opérés par les dirigeants de la compagnie. Ainsi, à la fin de l'année 1984, la société fit l'acquisition d'un autobus articulé de marque Renault d'une valeur de 60 millions de francs CFA et d'une capacité de 180 places. En considérant la configuration et l'état d'une bonne partie du réseau sur lequel cet autobus devait circuler (nids de poules, crevasses, virages très accentués, étroitesse des voies à de multiples endroits), les clients pensèrent que cet achat de prestige ne fut effectué que pour masquer les problèmes qui persistaient[30]. De fait, malgré l'acquisition de ce nouvel autobus, qui fut présenté par la direction comme la solution aux longues files d'attentes, il était toujours étonnant de voir les usagers patienter pendant de longs moments, et quelques fois sous de violentes averses. Il ne leur restait plus qu'à emprunter les rares taxis collectifs en circulation. Mais ces taxis revenaient assez chers puisqu'ils refusaient de parcourir de longues distances, préférant circuler en circuit fermé, ce qui leur procurait davantage des recettes.

Le 30 décembre 1986, la dernière trentaine d'autocars du réseau urbain de la SOTRAVIL s'arrêta. PIZO[31] à qui la société devait 50 millions de francs CFA cessa de fournir du carburant. Commença, ou devrait-on dire recommença, alors pour les Librevillois l'apprentissage d'un nouveau sport : la course aux taxi-bus. Mais ces taxi-bus ne desservaient que les lignes et les quartiers les plus rentables. De plus, il y avait une quasi-entente entre ces derniers pour saucissonner des parcours qui finissaient par ressembler à une

---

[30] OLLOMO EKOGA, (1984), « SOTRAVIL : des lacunes, des lacunes ... » in *L'Union* n°2656 du 13 novembre, p. 3.

[31] Société de distribution de produits pétroliers

succession de sauts de puces, faisant revenir cher le trajet. Ces mini-bus avaient néanmoins un avantage sur les bus de la SOTRAVIL : ils roulaient.

Seuls continuaient à circuler des autobus scolaires dont la gestion avait été confiée à un comité qui comprenait la Société Renault Véhicules Industriels qui avait aussi fourni une grande partie des experts.

Au total, les difficultés de la SOTRAVIL ne dataient pas de l'année 1986. À sa naissance, elle a commencé par hériter du passif de la société d'économie mixte (État gabonais-Berliet) qui l'avait précédée, la SOTRAL. Montant du déficit ainsi repris en charge 1 milliard de francs CFA, handicap que la SOTRAVIL ne put remonter que très tardivement. Même si le but d'une telle société n'était pas de faire au premier chef des bénéfices, mais de répondre aux demandes et aux besoins de transport des populations, le problème avec le transporteur public urbain de Libreville était qu'il ne faisait ni l'un ni l'autre. C'est-à-dire que non seulement il ne répondait pas aux attentes des usagers mais en plus il ne procurait aucune satisfaction financière à ses créateurs. Pourquoi ?

Tout d'abord et c'était certainement la principale cause des ennuis, le réseau des routes de Libreville n'était pas très favorable à une bonne circulation automobile et plus encore à la mobilité des autobus. Une fois sortis des artères principales, nids de poules, trous, bosses, cahots et autres glissements mettaient les mécaniques à rude épreuve. Ensuite, le fait d'avoir constitué un parc d'autobus différents ne fut pas une très bonne idée. Comment alors gérer et entretenir efficacement une lotte composée à la fois de bus japonais, brésiliens, français et espagnols ? Enfin et sûrement le plus grave, une grande partie du personnel n'avait jamais été formée adéquatement au métier de transporteur ou de mécanicien par exemple. Cela ne fit que générer des gaspillages certains, et en 1982, l'entreprise à qui l'État accordait une subvention de 1 milliard de franc CFA pour son fonctionnement uniquement se retrouva subitement incapable d'honorer ses engagements envers ses employés et ses fournisseurs pour se retrouver avec une dette de près d'un milliard de francs. Pour tenter de remédier à la situation, une nouvelle équipe dirigeante fut nommée avec pour mission essentielle le redressement de la situation financière catastrophique, en faisant baisser les charges de la société. On procéda, pour commencer, à une compression du personnel dont le chiffre avait fini par atteindre les 500 agents et dans la foulée on recruta de jeunes cadres. Le déficit après exploitation qui avoisinait jusque-là le milliard de francs fut réduit de moitié. Mais la situation n'en resta pas moins dramatique et le parc de véhicules, quant à lui, continua à se dégrader. Ainsi en octobre 1986, dans le but d'assurer les transports scolaires dans des conditions acceptables, les pouvoirs publics firent remettre en état 25 autobus et retirèrent définitivement à la SOTRAVIL la gestion de ce service. On n'en était pas encore à la privatisation officielle des transports urbains, tout de même la présence de Renault dans le Comité de gestion et l'assistance technique qu'elle apportait étaient l'exemple de ce pouvait être une société de transport urbain, administrée comme une entreprise privée. Dans les négociations que la régie Renault mena avec le gouvernement gabonais, une alternative entrait en lice : celle d'une société d'économie mixte dans laquelle l'État et la régie devaient être partenaires, et celle d'une société privée comprenant la Carrosserie Industrielle du Gabon (CIG), dont il a été question plus haut et dans laquelle RVI avait des intérêts. Il était convenu que cette société devait aussi gérer le matériel de l'Etat. Dans les deux cas et avec l'urgence de la situation des transports urbains à Libreville, la France par le biais de la Coopération, s'engagea à prendre en charge directement une partie des charges liées au fonctionnement de la nouvelle société.

Références

Sources d'archives

CAOM, AFFPOL- Note du Haut-commissaire de la République, gouverneur de l'Afrique Équatoriale à monsieur le gouverneur chef du Territoire du Gabon, 1951.

CAOM, 15D7 - Travaux de la Commission Permanente de l'Assemblée Territoriale du Gabon, 9 juillet 1953.

Débats de l'Assemblée Territoriale du Gabon, Session Extraordinaire du 4 novembre 1953.

Intervention du conseiller REGNAULT aux Débats du Conseil Représentatif du Gabon 2ème Session Ordinaire, 1950.

ANG, Région de l'Estuaire, 2DA 35.2, Arrêté n°1074 portant limitation du poids des véhicules sur les routes et pistes du Gabon, 1953.

ANG, Débats de l'Assemblée Territoriale du Gabon. Session Ordinaire du 29 novembre au 27 décembre 1954, p 162.

Arrêté n°4223/TP-AP du 31 décembre 1954. JOAEF du 12 mai 1955, p.15.

Arrêté n°1707 /PR/MTP du 22 novembre 1961 fixant les modalités d'obtention d'autorisation administrative d'un transport en commun public de personnes ou de marchandises.

ANG 2 DA 65.1, Note du chef de la région de l'Estuaire à monsieur le directeur des Travaux Publics du Gabon, 23 janvier 1959.

ANG(PR), Estuaire 2 DA 65 .4, 1959.

ANG(PR), Estuaire 2 DA 65 .4, 1960.

ANG (R) 3778- Note du maire de la commune de Libreville à monsieur le Préfet de l'Estuaire, 18 janvier 1960.

ANG (PR) 3779- Monsieur le Préfet de l'Estuaire COMBES au maire de la commune de Libreville, 20 février 1960.

ANG (PR), Lettre du 21 juin 1960 de Delphine Bilogue à monsieur le secrétaire du Premier Ministre du Gabon.

ANG (PR), Estuaire 2 DA 65 .4, 1961.

Bibliographie

Anonyme, « Regards sur les transports au Gabon » Paris, Ed. CAPE.

DAYOMI, A., (1986), *Croissance urbaine et transports urbains à Lagos*, thèse de doctorat 3e cycle de l'Institut d'aménagement du Territoire d'Aix-en-Provence, 388 p.

GODART Xavier et TEURNIER Pierre, (1992), *Les transports urbains en Afrique à l'Heure de l'ajustement. Redéfinir le service public.* Paris, Karthala/INRETS, 243 p.

LASSERRE Guy, (1958), *Libreville, la ville et sa région*, Paris, Armand Colin, 346 p.

MADEBE Dieudonné, (1989), *Libreville, la ville et les problèmes de transports,* Thèse de doctorat 3e cycle de Géographie et Aménagement, Université d'Aix-Marseille II, Aix-en-Provence, 428 p.

Ministère des Travaux Publics, des Transports et de l'Aéronautique Civile, (1974), *Colloque sur les activités des services des Travaux Publics, des Transports et de l'Aéronautique Civile*, Mouila, janvier.

OLLOMO EKOGA, (1984), « SOTRAVIL : des lacunes, des lacunes ... » in *L'Union*, n°2656 du 13 novembre.

OSSINGA Paul, (1974), *Rapport sur la situation de la SOTRAL Libreville*, décembre.

Réparer au lieu d'enfermer : l'absence des prisons dans les sociétés gabonaises précoloniales

Par Fabrice NGUIABAMA-MAKAYA
Docteur en Histoire Contemporaine

Il serait ambitieux de prétendre livrer ici tous les renseignements, exprimer plus fidèlement le langage de la justice et de la sanction dans les sociétés gabonaises de la période qui précéda la colonisation. Malgré tout et par-delà la diversité de ces sociétés, nous nous efforcerons dans les lignes qui suivent de faire ressortir les variantes et les coïncidences. Nous allons, grâce aux écrits des administrateurs qui assurèrent la gestion de la colonie aux premières heures de la conquête coloniale, faire apparaître autant que possible ces différentes jurisprudences. La connaissance de cet ensemble de lois formant une législation qui, exactement suivie, se transmettait par la tradition orale[1], nous permet de comprendre comment et surtout pourquoi les populations gabonaises étaient parvenues à élaborer un corps de lois, intimement incorporées dans les coutumes. Cette espèce de code oral[2] servait de référence à laquelle les dépositaires de la justice recouraient, une fois saisis d'une affaire, afin de trouver des recettes indispensables à la solution. On arrivait ainsi, « *au point de vue de la justice pénale à fixer de manière approximative une tarification des réparations dues pour les dommages causés à la propriété, seules façons d'éteindre les contentieux, etc.*[3] »

Les fondements des règles de justice

L'institution et le fonctionnement de la justice au sein des communautés gabonaises, comme chez les Noirs de l'Afrique équatoriale se rattachaient directement à leurs doctrines religieuses ; ils n'en étaient qu'une conséquence et une application rationnelle.

---

[1] Voir DIALLO MAMADOU Chérif Dan, (1999), « Les anciens systèmes répressifs guinéens face à l'introduction de la prison coloniale » in Revue *française d'Histoire d'Outre-mer*, n°324-325, pp.18-28.

[2] Tout était fait et dit sur la base de la parole et transmis de génération en génération au moyen de la mémoire.

[3] KOUROUSSOU GAOUKANE E., (1985), *La justice indigène en Oubangui-Chari (1910-1945)*, thèse de 3e cycle d'histoire, Université de Provence, p. 29.

Le fondement de la justice et le principe du droit criminel indigène étaient tous arbitraires. Il serait vain d'y chercher une origine morale autre que la notion banale du bien et du mal. Encore, cette notion ne s'écartait pas de la subjectivité intéressée et l'abstrait des contingences humaines. Ici, soulignons-le, la faute ignorée n'existait pas, ce qui excluait toute idée de conscience. Le double but de la justice restaient la vengeance et l'exemple. L'étendue de sa juridiction était limitée au village ; elle allait parfois, s'il y avait intérêt majeur, à un village ami ; mais jamais ou rarement plus loin.

Il s'agissait d'une justice aveugle et sourde. Sa procédure était capricieuse et arbitraire. Ses jugements s'inspiraient beaucoup du hasard. L'instruction était faite de bavardage, d'intrigues, souvent à l'insu du prévenu. Pour l'accusé, il n'existait ni garanties, ni recours ou appel. Point de proportion dans la peine : car la seule peine efficace restait la mort. « *L'incarcération était inexistante, faute de police et de locaux que l'architecture rudimentaire ne permettait pas de construire. L'amende était facilement éludée, parce qu'on n'avait aucun moyen d'y contraindre le condamné.*[4]»

La nomenclature sera vite dressée des délits et crimes tombant sous le coup de la justice. Anticipons simplement que la femme, l'enfant et l'esclave sont, non des personnes, mais des biens. Donc nous classons parmi les attentats contre les personnes : les coups et blessures, l'homicide par imprudence, l'homicide volontaire par moyens naturels ou occultes (envoûtements, maléfices et, en général, toutes opérations magiques provoquant soit une mort subite et inexpliquée, soit une mort lente par des lésions internes, chroniques et sournoises). Les âmes simples étaient d'une extrême sensibilité à l'égard des injures. Ici, les outrages les plus graves étaient ceux qui visaient les ascendants.

Il fallait voir l'indignation de l'homme qui avait entendu traîner dans l'ordure le sein qui l'a porté : « *Il a insulté mon père ou ma mère !*[5]. » Cependant, on considérait qu'un échange d'invectives bruyantes était une satisfaction convenable. Ni les propos injurieux, ni la diffamation n'avaient des suites judiciaires. Ils allaient rarement jusqu'aux voies de fait.

En résumé, on voit que, dans l'ensemble, le droit criminel gabonais ne concernait que l'être humain puisque, ici, la conception de la personnalité humaine et même du droit[6] était différente de celle de la plupart des juristes occidentaux pour qui l'existence du droit est étroitement liée à la présence

[4] CUREAU (Dr. AD), *Les sociétés primitives de l'Afrique équatoriale*, Paris, Armand Colin, p. 396.

[5] *Ibid.*

[6] Ensemble de règles de conduite socialement édictées et sanctionnées, qui s'imposent aux membres de la société. Voir à ce sujet CORNU G., (2003), *Vocabulaire juridique*, Paris, PUF/Quadrige, p. 323.

d'une structure étatique. C'est à l'autorité politique chargée de légiférer et d'établir les normes légales que revient le pouvoir de concevoir le droit[7]. Cette conception du droit est partagée par Iherring pour qui « *Le droit peut définir exactement l'ensemble des normes en vertu desquelles, dans un État, s'exerce la contrainte (...). Les statuts sociaux sanctionnés par la contrainte publique constituent seuls le droit où l'État est le souverain détenteur de cette contrainte.*[8]» Or, en milieux gabonais traditionnels où les valeurs juridiques étaient dites barbares, sauvages, anachroniques et obsolètes par la colonisation[9], l'état communautaire où vivaient leurs peuples et les bases économiques de leurs sociétés faisaient que les attentats contre les biens purement matériels n'occupaient dans le criminalisme qu'un rang très secondaire. L'être humain, au contraire, était soit un homme ou une femme libre, soit un homme ou une femme esclave, soit enfin un enfant de l'une des deux catégories. Le village n'étant qu'une famille étendue, tous ses membres étaient entre eux dans un certain état de possession réciproque, naturelle ou artificielle, qui les supposait plus ou moins personnellement intéressés au règlement des crimes et délits commis au sein de leur communauté : « *Le juge d'instruction, le ministère public, le tribunal, l'avocat, le jury, c'est tout le monde, c'est la foule, c'est l'opinion publique. En principe, chacun peut enquérir sur tout dommage qui lui a été causé ; chacun est libre de se faire justice à soi-même. Mais, généralement, les choses se passent moins simplement.*[10] »

À y voir de près, le plaignant cherchait à donner à son attitude une stupidité qu'on n'imaginait pas. Son premier soin était de pousser des cris, de se lamenter, d'ameuter le village et d'attirer sa curiosité en courant d'un côté à l'autre comme un insensé. Demandez-lui le récit de l'événement ! Il se répandait en lamentations, en y mêlant les choses les plus étranges au sujet, les absurdités les plus grossières, les imputations les plus inadmissibles, qu'il achevait d'embrouiller par l'expression hyperbolique et mille fois répétée de son indignation. Le village tout entier sortait des cases et s'enquérait des motifs de ce grand tapage. En tous pays, le fait divers jouissait d'un attrait passionnant. Le plaignant vociférait à tue-tête au milieu du vacarme. Enfin, les hommes se réunissaient dans le corps de garde[11]. Là, après l'expulsion de la gente féminine, il y avait quelquefois un peu plus de

---

[7] NGUIA BANDA A., (2000), *Justice étatique et justice coutumière en matière pénale au Gabon : existence, réalités et perspectives*, thèse de doctorat de droit, Université de Montpellier I, p. 25.

[8] IHERING, (1922), *La lutte pour le droit*, Paris, Marescq, p. 84.

[9] NGUIA BANDA A., (2000), *Justice étatique..., op. cit.*, p. 27.

[10] *Ibid.*, p. 398.

[11] Maison commune des hommes, située au centre ou à l'extrémité du village. Elle faisait, entre autres, office de tribunal, de lieu où étaient débattus des problèmes de mariage, etc.

calme dans la discussion, mais guère de méthode. Dans ce contexte presque trouble, la clarté était difficile à faire en matière de justice indigène. Il arrivait que la victime, faute d'avoir vu, disculpât le vrai coupable. Parfois, des témoignages accablants chargeaient un innocent pour cette seule raison qu'il ne jouissait pas de la sympathie publique, qu'il avait mauvaise presse ; et l'on pouvait aussi voir des accusés se reconnaître coupables d'actes qu'ils n'avaient jamais commis. Comment pouvait-on faire la lumière dans un pareil galimatias ?

En désespoir de cause, on avait recours à l'épreuve judiciaire, l'antique ordalie. C'était le moyen le mieux approprié et le plus rationnel de découvrir et convaincre le coupable dans les cas d'envoûtement, de vampirisme et de maléfices. Il va de soi que peu de gens étaient portés à se reconnaître coupables de tels crimes : le plus souvent, le coupable était le premier à l'ignorer. Dans sa thèse réalisée sur les problèmes de la justice au Gabon, Alfred Nguia Banda ne manque pas de jeter, après l'avoir définie, une suspicion sur cette épreuve judiciaire : « *L'ordalie peut se définir comme un mécanisme anachronique d'instruction et de jugement utilisée pour déterminer la culpabilité ou l'innocence d'un accusé. C'est une pratique, une épreuve expérimentale mise en ouvre pour débusquer un suspect. Pour sa pratique, elle est utilisée dans un espace temporaire très bref. Dans les communautés gabonaises traditionnelles, toutes les infractions ne font pas appel à l'emploi de l'ordalie. Seules les plus graves donnent lieu à cette épreuve. Il faut souligner que les résultats de cette épreuve ne sont pas toujours fiables, d'où le caractère aléatoire de l'épreuve.*[12]»

Pour sa pratique, intervenait le *nganga*, consulté sur la gravité et la nature du cas ; le grand inquisiteur décidait quel genre d'investigation devait être appliquée à l'individu soupçonné. Une foule de considérations intervenait dans cette importante détermination. Il ne suffisait pas d'être *nganga,* il fallait encore être diplomate et ne pas négliger les petits profits du métier. Le résultat de l'enquête dépendait évidemment de lui, dans une énorme proportion. Tantôt la personne suspecte était désignée par l'opinion publique, tantôt la voix du peuple hésitait : il incombait ainsi à l'inquisiteur le soin de rechercher le criminel dans la foule. Mais, il lui fallait tenir compte à la fois du sentiment populaire, de la magnificence des « épices » qui lui avaient été versées ou promises, de la condition et de la renommée des personnes en jeu, de ses propres rancunes ou sympathies, enfin de considérations sociales où son intérêt privé tenait le premier rang. Tout le monde tremblait dans le village, car personne ne pouvait répondre que, dans la nuit, son double, échappé en un fantastique sabbat, n'avait pas commis de ténébreux méfaits à l'insu même de son enveloppe charnelle[13].

---

[12] NGUIA BANDA A., (2000), *Justice étatique..., op. cit.,* p. 108.

[13] CUREAU (Dr AD), *Les sociétés primitives ..., op. cit.*, p. 401.

Précisons que les ordalies des Gabonais étaient assez variées. Il y en avait d'aussi bizarres qu'anodines, évidemment réservées aux gens sympathiques que le *nganga* tenait à blanchir à tous les yeux. Telle était celle qui consistait à sauter par-dessus un fétiche, au risque de tomber foudroyé en cas de mensonge. Les données recueillies malheureusement réduites et fragmentaires[14] ne révèlent pas le résultat de cette bénigne épreuve.

Le procédé le plus répandu, était le poison d'épreuve. En effet, la substance employée était l'écorce de certains arbres mal déterminés, variables certainement aussi selon le caprice de l'inquisiteur[15]. Le *nganga* en préparait une infusion que le prévenu buvait avec anxiété. Cette tisane "contenait " son acquittement ou son arrêt de mort. S'il la vomissait, il était réputé innocent. À l'opposé, s'il n'en ressentait aucun effet ou qu'il en mourait, sa culpabilité était démontrée. Il n'était point de pitié pour le loup-garou, pour le vampire qui, par sortilège et maléfice, a causé la mort de son prochain. Il était voué à la mort et souvent à la mort la plus cruelle. Le malheureux est déchiré sur place par la foule enivrée de danses et de vin de palme ; ou bien il est ligoté et noyé.

Dans ces sociétés aussi, on était plus indulgent pour le meurtre à main armée. Car, les victimes privilégiaient l'indemnité. Les débats étaient longs, mais quand la famille avait reçu le "prix du sang" ou " puni l'homme " convenu, elle se déclarait satisfaite. Cette facilité n'avait rien de surprenant : les parents y gagnaient une bonne aubaine sur laquelle ils ne comptaient pas, et le mort avait été bien inspiré de se faire tuer.

Nous le verrons plus tard, le vol, l'adultère, la mort prématurée d'une épouse étaient passibles d'indemnités au bénéfice de la partie lésée. Cet état de fait ne nous laisse pas indifférent devant la difficulté soulevée par le recouvrement du dommagement : quelles palabres, quelles rancunes. Le conflit pouvait même en sortir.

Autrement dit, quand l'homme frappé d'amende n'était pas solvable, il y payait de sa liberté. S'il s'agissait d'un esclave, la chose se compliquait, parce que la peine prononcée contre lui punissait son maître plus que lui-même. Tout cela était sujet à procès.

---

[14] NGOIE-NGALLA D., (1999), « L'hypothèse de l'inexistence du carcéral dans l'Afrique précoloniale : quelques pistes de recherche », in BERNAULT F., (sous la dir. de), *Enfermements, prisons et châtiments en Afrique du 19ème siècle à nos jours*, Paris, Karthala, pp. 71-81.

[15] Des auteurs désignent spécialement l'*Erythrophoeum guineense*. Mais, d'après nos lectures, nous croyons qu'il n'y a rien de fixe à cet égard et que tout dépend des bonnes dispositions du *nganga* et surtout des régions.

Sans nous perdre dans des généralités qui nous éclairent très peu sur le fonctionnement de la justice traditionnelle chez chaque peuple du Gabon, nous verrons de façon plus détaillée, dans le point consacré aux délits et leurs sanctions, comment procédait-on pour découvrir l'auteur du délit ou du meurtre, les types de délits et, surtout, comment ils étaient réprimés de façon à mieux comprendre le passé précolonial du Gabon en matière de justice et de répression. Ces points étant, comme bien d'autres, les témoins actuels de l'histoire de tous les peuples[16].

La formation des juges

Dans son ouvrage intitulé *Légendes africaines,* véritable tour d'horizon sur les contes du continent africain, Tchicaya Utamsi mentionnait de façon remarquable et claire comment la coutume, c'est-à-dire la culture était transmise de génération en génération en milieu africain : « *Il ne m'est pas difficile de me souvenir des veillées d'enfance qui furent en fait la première école que j'ai fréquentée. Les légendes enseignaient à être brave, les contes à mieux se conduire, les devinettes et les proverbes à savoir tenir une conversation dans une certaine mesure d'ailleurs. En effet, c'est sous l'arbre à "palabres" -fromager ou manguier- que s'apprenait le reste : "le grand savoir", jurisprudence et rhétorique, politique aussi.*[17] »

Pour le cas du Gabon, tous ces actes recommandaient des retrouvailles des gens de la famille, du clan, de la tribu ou simplement du village. Ainsi, mariage, divorce, décès, maladie, adultère, inconduite grave, etc., devenaient des occasions idéales pour rendre et apprendre la tradition ou la coutume, cette source à laquelle tout le monde puise un peu de sève, ce baobab éternel dont chacun est astreint à goûter une des racines. La procédure obligeait les jeunes à écouter, dans un premier temps, les "Anciens" discuter. Puis, à la fin, ils cherchaient une occasion appropriée pour demander la meilleure explication d'une règle.

Dans les diverses sociétés gabonaises[18], les juges représentaient, quelquefois, un pôle d'autorité autre que le chef reconnu et le conseil, même si l'un d'eux, le plus souvent le juge du village, siégeait au conseil du roi ou de Anciens. De ce fait, le juge-chef de famille était choisi par le conseil de famille. La désignation se faisait sur les critères de l'âge, de l'habileté dans les interventions, de la connaissance des traditions, de la maîtrise des

---

[16] CUREAU (Dr AD), *Les sociétés primitives…, op. cit.*, p. 403.

[17] TCHICAYA UTAMSI, *Légendes africaines,* cité par NANTET J., (1972), *Panorama de la littérature noire d'expression française*, Paris, Fayard, p. 162.

[18] Nous devons à ce sujet nous référer à DESCHAMPS H., (1962), *Traditions orales et archives au Gabon,* Paris, Berger-Levrault.

proverbes et du prestige. Pour parfaire sa formation, le futur juge était contraint à accompagner le juge dans l'exercice quotidien de sa fonction, jusqu'à son remplacement. Ces notions de transmission et de dévolution de la fonction de juge restaient connues et acceptées au sein de chaque communauté du Gabon.

Au-dessus du juge de famille se trouvait le juge du clan ou de la tribu, choisi par les anciens. Le chef de tribu présidait le conseil, *On'-omplo,* chargé de régler les litiges des membres de la tribu. Ce conseil était composé de huit notables. Le juge du village n'intervenait que lorsque l'affaire était de grande importance. Il tenait son pouvoir de la reconnaissance des populations. De ce fait, tous les membres de société reconnaissaient le prestige et la compétence des juges et des anciens, donnant ainsi à l'administration de la justice un caractère collectif.

Les procès

Dans les communautés gabonaises de la période précédant la colonisation, quand un litige opposait des personnes de familles différentes, la coutume recommandait de se retrouver, dans un premier temps, pour discuter et trouver une solution sur la base des règles coutumières. Dans son célèbre ouvrage consacré en grande partie aux coutumes anciennes des populations oubanguiennes, le Révérend Père Daigre nous montre ce que représentait pour l'individu et la collectivité le poids de la tradition : « *Les coutumes régissaient alors la société. Par leur côté religieux, elles revêtaient un caractère d'obligation qui étonne ; l'observation en était d'autant plus stricte que toute violation était censée appeler une sanction d'ordre supra-naturel ; tôt ou tard, mânes génies et esprits divers doivent exercer leur vengeance pour quiconque ne se serait pas conformé à la loi des ancestrales.*[19] » Chaque litige devenait ainsi et, toujours, " affaire de famille ". En revanche, lorsque l'affaire opposait des personnes d'une même famille, le problème des règles à suivre, c'est-à-dire du droit applicable, ne se posait pas d'autant que les membres d'une même famille avaient nécessairement les mêmes coutumes.

Cependant, la difficulté survenait dans l'hypothèse où les parties en procès étaient de coutumes différentes. C'est assurément à ce niveau que résidait l'intérêt, pour les familles en conflit, de désigner un représentant conciliant, pour parler au nom de chaque groupe. Ici, toute attitude radicale, sur telle ou telle question de procédure, pouvait susciter plusieurs fois, le report des débats sur les questions de fond. Une famille pouvait notamment

---

[19] DAIGRE (R.P.), (1947), *Oubangui-Chari, témoignage sur son évolution, 1900-1940*, Issoudun, Dillen et Cie., p. 72.

soutenir qu'elle ne souhaitait pas que le procès ait lieu à tel ou tel endroit, pour le simple fait qu'elle soupçonnait la famille adverse d'y avoir enterré des fétiches susceptibles d'influer sur le résultat du procès. Cette situation obligeait les juges et les parties en conflit à faire preuve de tolérance pour arriver au compromis.

Pendant les discussions et donc le débat riche en ferveur, les représentants de chaque famille, qui parlaient au nom des familles, donc demandeur et défenseur, s'efforçaient de trouver un terrain d'entente, surtout lorsque les deux familles étaient issues de coutumes différentes. Tout au long des débats, la cordialité et la pondération étaient exigées ; c'est certainement pour cette raison que les familles choisissaient toujours comme représentant des hommes faisant strictement preuve de sévérité et de modération.

Si, au terme de ce procès un dénouement ou un compromis n'était pas trouvé, les familles pouvaient prendre la décision de porter l'affaire devant le juge du village, qui était incontestablement le plus important de la communauté villageoise. Celui-ci fixait, en vertu du nombre d'affaires, de la gravité du litige et aussi de la place des plaignants dans la hiérarchie sociale, la date, l'heure et le lieu du procès. Le plus souvent, les parties en confrontation se retrouvaient au domicile du juge ou encore à la maison commune du village où se rencontraient les anciens. Au Gabon, les noms de cette maison commune varient selon les sociétés : *Aba'a, Mbandza, Mulebi, Mulebè*[20]*, etc.*

Edifiée sans cloison, la maison commune du village se situait au milieu tout au long de la cours du village. Elle symbolisait, en effet, la vie en commun, la cohésion du groupe, l'unité et la concertation des membres du village ou du lignage, à l'intérieur, le feu (qui produit l'énergie et la chaleur) était allumé en permanence, du moins toute la journée, donnant ainsi à la famille l'occasion de se retrouver quotidiennement. On y trouvait, de part et d'autre de celui-ci, des lits en bambou et des chaises à trois pieds, généralement en fourche de parasolier[21]. Outre ses fonctions d'hôtel, d'atelier, de conservatoire, d'école, et d'information, la maison commune était aussi, et c'est là notre propos, un palais de justice où les enfants apprenaient et suivaient les débats dans l'espoir de devenir un jour juge ou avocat des affaires coutumières : « *le vieux chef y réglait les palabres.*[22] »

---

[20] Respectivement chez les peuples fangs, bakotas, punus et nzebis.

[21] Arbre de la grande forêt équatoriale, dont le feuillage au-dessus donne la forme d'un parapluie et destiné à protéger du soleil.

[22] MENGA G., *La palabre stérile,* cité par NANTET J. (1972), *Panorama de la littérature noire d'expression française,* Paris, Fayard, p. 165.

Pour saisir le juge, la tradition recommandait à la famille plaignante d'envoyer un ou plusieurs émissaires pour entretenir ce chef. Par tradition aussi, le juge se retirait avec ses hôtes pour que l'affaire ne soit pas connue d'autres personnes. Après cette instruction, le juge décidait de prendre d'autres informations auprès de l'autre partie. Mais, cette instruction se faisait avec beaucoup de discrétion. Toutefois, dans le village, les allées et venues d'un chef ou de son émissaire en un endroit donnaient toujours lieu à quelques déductions.

À la date du procès, les membres des deux familles se retrouvaient au "palais de justice" et attendaient l'arrivée des membres de cette cour. Bien souvent, ces derniers arrivaient plus tôt. Selon la procédure, ils se retiraient en un lieu avec le juge, pour préparer le déroulement du procès. L'entrée de ces personnalités était couramment précédée de chansons, vantant les mérites des chefs et des ancêtres ou faisant quelques allusions aux affaires similaires, ou encore prônant la convivialité et l'entente. Ces chants, le plus souvent entonnés par des griots renommés, intervenaient à plusieurs moments du procès. Dans cette foulée, les familles remettaient aux juges[23] des cadeaux qui étaient composés de coqs, bœufs, fusils de chasse, etc. À première vue, ces cadeaux, loin d'être des prix de justice étaient perçus comme des redevances judiciaires traditionnelles. Cela s'explique certainement par le fait que, même en l'absence de présents, les juges devaient trancher. Mais cet usage était tellement ancré dans les esprits que la famille qui n'offrait rien, en guise de remerciement, se sentait humiliée.

Les débats s'engageaient avec les dépositions des parties en cause et donnaient lieu à une compétition oratoire d'un haut niveau où proverbes et maximes des coutumes étaient clamés avec habileté[24]. Ainsi, lorsqu'une partie se sentait en difficulté, elle sollicitait un conciliabule des membres de la famille.

L'ouvrage de Yves Brillon, intitulé *Ethnocriminologie de l'Afrique Noire*, est édifiant à ce propos. Pour lui, en effet, la justice coutumière « *cherchait en premier lieu à réparer les torts et à effacer les sentiments de haine et de vengeance qu'avait fait naître entre les deux familles la commission*[25] » de l'infraction. Les parties opposées cherchant donc une solution de compromis équitable et rapide. S'alignant sur cette logique, Georges Balandier appuyait

[23] Chez nombre des peuples des confins du Gabon précolonial et actuel, le juge s'appelait *Kani ou Nkani* (*Bakani* au pluriel).

[24] Au Gabon précolonial, la justice traditionnelle recourait très souvent aux procédés mystiques et aux témoignages, comme mode de preuve. De là, l'importance assez particulière accordée aux féticheurs et guérisseurs. D'autres pratiques, telle l'administration d'une potion (le *M'boundou* pour les peuples du sud du pays) étaient très répandues.

[25] BRILLON Y., (1980), *Ethnocriminologie de l'Afrique Noire*, Montréal, p. 42.

que le procès « *à moins pour but de réprimer et définir une sanction que d'affirmer le droit.*[26]» Et, tout au long du procès, les "sages" ou "anciens" s'efforçaient de tempérer la sévérité et les rancunes des membres du groupe et n'hésitaient point à balancer des plaisanteries pour détendre le climat dans l'assemblée pour ramener la cordialité et la convivialité.

Avant de rendre le verdict, les membres de la cour se retiraient à nouveau. Puis, à leur retour, le juge-président prenait la parole pour annoncer le verdict. Celui-ci donné, des cérémonies s'organisaient immédiatement pour marquer la normalisation des relations et l'oubli des sentiments antagonistes : de ce fait, chants et danses intervenaient, le vin de palme servi. Les chefs de chaque famille pouvaient être obligés de boire dans le même verre, pour sceller la réconciliation. Tout se passe sous les applaudissements de l'assemblée.

Il pouvait arriver qu'une famille ne soit pas satisfaite de la décision découlant du procès. Elle faisait donc appel. Mais aucune partie n'était autorisée à s'en prendre personnellement aux juges, ni aller à l'encontre de leur décision ouvertement. En effet, la partie contestant le jugement faisait savoir son intention de s'adresser aux autres juges au moyen d'un champ spécial, qui traduisait en termes plaisants ce que, dit crûment, pouvait blesser l'honneur des juges. On supposait pour cela que la partie qui redemandait un jugement apporterait des éléments nouveaux ou relèverait des erreurs de procédure[27].

Quelques délits et sanctions au Gabon

L'adultère

Chez les Bapounou de la circonscription de la Nyanga, l'adultère trouvait sa place parmi les délits punis par la coutume. Nous voulons donc, à propos du mariage épuiser tous les motifs de « palabres » et celui-là est des plus communs. Les causes de cette fréquence de l'adultère sont multiples. Le comportement et les plaisirs sexuels des Gabonais méritent qu'on s'y arrête : l'homme et la femme ne recevant pas ici la même formation morale et la

---

[26] BALANDIER G., (1982), *Sociologie actuelle de l'Afrique noire*, Paris, PUF, 4ème édition, p. 331.

[27] IDOURAH NGOUNDOS S., (2001), *Colonisation et confiscation de la justice en Afrique. L'administration de la justice au Gabon, Moyen-Congo, Oubangui-Chari et Tchad : de la création des colonies à l'aube des indépendances,* Paris, L'Harmattan, p. 43.

même éducation[28], les lois en vigueur demeuraient peu dissuasives face à cette propension au libertinage.

La ténacité avec laquelle les épouses se gardaient de toute domination du mari, le soin qu'elles mettent à l'entretenir, par des visites plus ou moins prolongées et fréquentes, leurs relations avec leur propre famille, ne laissaient ignorer le nombre d'occasions qu'elles rencontraient de donner quelque accroc à la fidélité conjugale.

On connaîtra dans les lignes qui suivent l'inégale répartition des épouses, contraignant les femmes à se trouver, par le hasard ou le malheur de l'héritage, réunies autour du même mari, le cadet recueillant les épouses de ses aînés, le neveu celles de ses oncles. Le nombre de femmes étant sensiblement égal à celui des hommes, il en résultait que les hommes les plus âgés avaient des épouses nombreuses, dont vraisemblablement, les désirs étaient mal ou peu satisfaits, et que les jeunes gens, célibataires par contrainte, ne demandaient pas mieux que de consoler ces épouses délaissées.

En ouvrant au hasard les registres de recensements détenus par les administrateurs coloniaux, voici quelques exemples de cette inégale répartition des femmes chez les Bayaka[29] :

-village Ibanga : 16 femmes, 11 hommes dont 6 célibataires : deux ménages de 5 femmes ;

-Mivengué : 16 femmes, 16 hommes dont 10 célibataires : un ménage de 5 femmes, 1 de 4, 3 de 2 et 1 monogame ;

-Bilimba : 12 femmes, 11 hommes dont 6 célibataires : un ménage de 5 femmes, 3 de 2 et 1 monogame ;

-Moucongo-Mounéné : 12 femmes, 13 hommes dont 6 célibataires ;

-Cambala : 16 femmes, 13 hommes dont 6 célibataires : un ménage de 6 femmes, 1 de 4, 1 de 2 et 4 monogames.

Dans les savanes de la Nyanga, habitées par les Balombo, en voici également quelques chiffres[30] :

-village Macanda : 18 femmes, 14 hommes dont 4 célibataires : 2 ménages de 3 femmes, 3 de 2 et 5 monogames ;

---

[28] Chez les sociétés gabonaises traditionnelles, les femmes restaient soumises à des rites initiatiques qui leur enseignaient un certain nombre de valeurs (*Ndjembe*, *Niembe*, etc.) ; de même, les hommes intégraient de leur côté des rites initiatiques, des sociétés secrètes qui contribuaient à affirmer leur masculinité (circoncision, *N'Goyi*, *Mwiri*, *Ndjobi*, etc.).

[29] LE TESTU G., (1919), *Notes sur les coutumes bapounou de la circonscription de la Nyanga*, Caen, J.Haulard la Brière, Imprimeur-Editeur, p.71.

[2] *Ibid.*, p. 72.

-Sanga : 30 femmes, 31 hommes dont 10 célibataires : 1 ménage de 4 femmes, 3 de 3, 2 de 2, 15 monogames ;

-Bwalacambo : 12 femmes, 13 hommes dont 6 célibataires : 1 ménage de 4 femmes, 1 de 3, 5 monogames ;

-Mouralou : 17 femmes, 21 hommes dont 10 célibataires : 1 ménage de 4 femmes, 1 de 3, 6 de 2 et 7 monogames ;

-Kouri : 34 femmes, 29 hommes dont 12 célibataires : 3 ménages de 4 femmes, 1de 3, 6 de 2 et 7 monogames.

Au regard de ces chiffres, rien ne venait contrebalancer les influences énoncées plus haut. Raisons morales, état social, tout concourait à rendre l'adultère fréquent. D'un autre point de vue, en effet, la faute de la femme n'altérait pas la pureté de la descendance, puisque la filiation s'établissait par la mère. Il est incontestable dans ces sociétés qu'il n'existait aucune notion de ce qu'on appelle dans les sociétés occidentales actuelles "honneur conjugal", l'adultère ne causant au mari aucun préjudice moral, ni social.

Quels avantages, en réalité, l'homme pouvait-il tirer du mariage et de cette multiplicité de femmes ? En effet, à côté de la clémence qu'il pouvait trouver à voir varier l'objet de ses amours, l'indigène semblait y trouver un grand plaisir ; il y avait dans la coutume des motifs qui expliquaient la polygamie : le mari ne se rapprochait pas de son épouse pendant la grossesse et pendant la lactation de l'enfant, si l'on se rappelle que le sevrage était tardif et se pratiquait jusqu'à un âge avancé[31]. Considérant le tempérament ardent des indigènes, on comprend aisément que, pour éviter une si longue continence, ils tenaient à réunir auprès d'eux assez d'épouses pour ne point supporter de trop longs et trop fréquents "jeûnes".

Il en est de même pour les plantations : en forêt, l'homme effectue le débroussement, coupe les arbres, brûle ce qui peut l'être, en un mot, prépare le terrain, mais c'est la femme qui plante. Dans l'un et l'autre cas, les plantations sont sa propriété. Il en découle directement de cette conséquence que, si un homme n'a pas d'épouse, il n'a pas de plantation, et pour une raison analogue, au moins chez les Bayaka, l'homme qui n'avait pas ou n'avait plus de femme n'avait pas de case. Le célibataire menait une vie vulgaire et peu enviable.

Enfin, il était une considération très importante et que nous ne devons pas omettre. Celle-ci, fort brillamment exposée dans l'ouvrage du docteur Cureau, gouverneur des colonies, se résume ainsi qu'il suit : *« l'indigène qui ne fait point d'économies, qui est imprévoyant, non pas tant par nature que par nécessité, au moins chez nous, l'indigène connaît cependant un de*

---

[31] Il pouvait aller quelquefois jusqu'à 3, 4 ou 5 ans, voir note précédente.

placement ; lorsqu'il a des fonds disponibles, il se procure une femme ; l'intérêt de ce placement sera constitué par les enfants, source de profit : le travail des garçons diminuera son labeur, les dots des filles l'enrichiront, etc.[32] »

Or, il arrivait ceci : lorsqu'un homme avait perdu sa ou ses femmes, il trouvait difficilement à se remarier. Pour éviter certainement ce célibat éventuel et avec ses conséquences, croyons-nous, l'indigène était capable de supporter beaucoup de sacrifices. Sur cette logique, lisons ces propos rapportés par Georges Le Testu après un entretien avec des indigènes : « *Pourquoi as-tu tant de femmes ? C'est une source de difficultés ; il faut faire des plantations pour chacune, construire des cases, payer leur impôt. C'est trop de travail trop d'argent. Et je ne parle pas de la dot à payer. Et quand tu te seras donné bien du mal, un beau jour l'une ou l'autre te quittera. Ce seront des palabres sans fin où tu risques de ne pas retrouver ta dot*[33]. » Et un indigène de lui répondre : « *Oui, mais si je n'ai qu'une femme et qu'elle meure, je ne trouverai plus à me marier. Alors où vivrai-je ? Comment vivrai-je ?* [34]. » Nous comprenons aisément dans cette réaction la crainte de l'indigène à vivre en monogamie : vie précaire, amours de hasard et remplies de risques et surtout le manque à gagner que lui causerait l'absence de prospérité. Telles sont les raisons, certainement insuffisantes, qui expliqueraient cette pratique de la polygamie chez les indigènes du Gabon.

Ajoutons enfin à toute cette littérature le soin avec lequel tout indigène, homme ou femme, cachant ses allées et venues, devait rendre le délit particulièrement difficile à établir, à constater et quelle que fut sa fréquence, on s'en rendait difficilement compte. Cependant, que prévoyait la coutume en matière d'adultère ?

-Le complice de la femme devait payer une indemnité presque uniformément fixée à des pièces, tantôt au mari seul, c'était le cas dans la subdivision de Tchibanga, dans celles de Moabi et de Ndéndé, tantôt par la moitié au mari et à la femme comme cela se passait chez les Baséri de la Nyanga[35].

Attirons l'attention sur deux points de cette coutume pour en comprendre son fonctionnement :

D'une part, la femme n'était jamais inquiétée. Non seulement l'adultère ne la déshonorait pas, mais on la traitait toujours comme une victime. Une conception moderne n'y verrait certainement qu'une absence de logique, un défaut de psychologie. Il est difficile d'imaginer, en effet, que la femme ne fût pas au moins consentante. Qui peut dire, en outre, dans

---

[32] CUREAU (Dr AD), Les *sociétés primitives..., op. cit.*, p. 101.

[33] LE TESTU G., (1919), *Notes sur les coutumes bapounou de la circonscription de la Nyanga*, Caen, J.Haulard la Brière, Imprimeur-Editeur, p. 82.

[34] *Ibid.*

[35] *Ibid.*, p. 73.

combien de cas, la femme n'a pas été la tentatrice ? Voici l'explication de cette apparente générosité :

Dans un pays où l'homme cachait sa vie, s'isolait avec soin, quels moyens y avait-il de découvrir l'adultère ? Le flagrant délit ne pouvant être constaté que par hasard, il ne restait qu'un seul élément de preuve : l'aveu. Pouvait-on espérer l'aveu de l'homme ? Au premier abord, non ; on ne cherchait pas volontiers les occasions de se voir infliger des amendes. Restait l'aveu de la femme et c'était, en réalité, sur sa déclaration que toutes les procédures d'adultère étaient échafaudées.

Un indigène remarquait-il quelque changement dans la manière de se comporter de son épouse, quelque froideur à son égard ? Pouvait-il lui-même se reprocher quelque négligence ? Le ménage s'était-il trouvé quelque temps séparé ? La conduite de la femme avait-elle inspiré quelque soupçon aux parents ou aux amis du mari ? Celui-ci y voyant un manque à gagner aussi impossible à supporter qu'un vol prenait sa femme en particulier et lui demandait si, par hasard, elle ne lui avait pas fait quelques infidélités. La femme qui n'avait rien à redouter, ni déshonneur, ni amende pour elle ou sa famille, avouait sans difficulté.

Quelque fois, cependant, l'aveu n'était obtenu que par des violences. Si l'occasion d'en constater se présentait, il fallait sévir contre le complice que rien n'excusait. « *Le mari n'agissait pas contre sa femme sous la morsure de la jalousie, mais seulement par l'appât du gain, sentiment des moins honorables*[36]. » Voici donc expliqué la mansuétude de la coutume à l'égard de la femme complice d'adultère. C'était à elle seule que pouvait être dus la découverte du délit et le bénéfice que le mari était appelé à en tirer.

D'autre part, l'indemnité d'adultère, le *Boukali,* était proportionnellement très élevée. Les dots dans ces régions étant de trente pièces en moyenne entre la fin du XVIIIe siècle et le début du XIXe siècle, l'indemnité d'adultère en représentait un tiers. Si courte que fut la durée moyenne d'un ménage, nous imaginons que bien des maris eurent l'occasion de rentrer dans leur paiement[37]. Cette rigueur contre un acte irrégulier, regrettable autant qu'on le voulait, mais qui, tout compte fait, ne causait aucun préjudice à l'époux qui en était victime s'explique ainsi : « *Les femmes ne sont pas inquiétées pour fait d'adultère, nous sommes sans action sur elles ; qu'au moins la rigueur de la punition fasse peur à leur complice.*[38] » Mais cela ne suffit pas à expliquer pourquoi la coutume voulait empêcher l'adultère, qui semblait bien ne causer aucun tort ni au mari, ni au ménage.

---

[36] *Ibid.*, p. 74.
[37] *Ibid.*, p. 75.
[38] *Ibid.*

Il y avait, cependant, dans la répression rigoureuse de l'adultère par la coutume un autre motif. Autrefois, l'indigène était persuadé que la faute de la femme avait des répercussions redoutables, qu'elle pouvait entraîner des accidents graves, des maladies, la mort même. À ce propos, lisons le récit de cet administrateur colonial : « *Je me rappelle à cette occasion le fait d'une femme réduite en servitude parce qu'on attribuait à un sien adultère la mort de son mari, victime d'un accident de chasse : l'éclatement de son fusil.* [39] » C'est certainement là, croyons-nous, qu'il faut chercher la véritable justification des rigueurs de la coutume.

Le système de répression appliqué par la coutume à l'adultère présentait un danger particulier. Le mari pouvait s'apercevoir de tout le parti qu'il pouvait tirer de l'inconduite de sa femme, la laisser s'y livrer, l'y pousser même, au besoin. Il se voyait exercer ainsi en quelque manière, le métier de souteneur. Pour Le Testu qui visita très tôt l'intérieur du Gabon, « *on notait cette perversion de mœurs dans certaines unités administratives telles Mayumba, Nyanga, Tchibanga et dans les environs de ces postes naturellement.*»

Il fallait sévir énergiquement contre des cas de cette espèce. La femme était peu responsable ; mais le mari restait inexcusable. Dans cette logique, il était difficile de choisir le divorce qui séparait d'office un ménage, le mari perdant tout droit au remboursement de la dot ; la femme rendue à sa famille sera mariée ailleurs et retournera sans peine aux habitudes de ses congénères. Cela sans préjudice d'une sanction que le complice aura méritée.

Dans la coutume M'Pongwé, il y a lieu de tenir compte, de manière générale, de cinq points incontournables dans la description des traditions anciennes de ces peuples du littoral du Gabon :

-leur justice avait pour fondement essentiel la loi de Moïse, le talion : qui a tué doit être aussi tué ; qui a volé doit restituer, puis subir un châtiment corporel s'il est de basse condition ;

-à défaut du talion, l'indemnisation était obligatoire en réparation. Celle-ci était versée soit en créatures humaines, soit en marchandises et objets divers ou en bétail ou bien plus tard en argent. Ainsi, la famille du délinquant ou criminel versait l'indemnité à sa place en cas de pauvreté de celui-ci ;

-les personnes aisées et influentes jouissaient presque seules du recours à l'indemnisation. Il s'agissait d'un système inégalitaire puisque seuls les forts et les puissants se réservaient le droit à l'indemnisation ;

-les gens de basse classe, surtout ici les esclaves échappaient au talion. Le civil comme le criminel encourait le maximum, sinon les pires des

[39] *Ibid.*

sanctions. Ainsi, pour un homicide ou des blessures involontaires, ils pouvaient être tués ;

-le Mpongwe avait une très grande considération pour sa personne, au point d'aller jusqu'à l'exagération et au mépris des autres races "réputées inférieures"[40].

Puisqu'il sera souvent parlé dans ce travail de la valeur d'achat d'un esclave (*Igolo ny ossaka*), il convient de la préciser très rapidement. En effet, sa valeur d'achat servait d'unité pour le calcul des indemnisations. Elle comportait généralement : 2 chèvres, 1 pointe d'ivoire, 1 grande bassine de cuivre (*olongo*) servant à la préparation de la farine de manioc, 50 brasses d'étoffes, 1 fusil à poudre, 1 baril de poudre, 1 lime, 1 machette rouge et 3 bracelets de cuivre[41].

Dans une société où la coutume n'avait prévu aucune sanction pour l'infidélité du mari, l'adultère de la femme, à la différence des traditions en milieu bapounou de la Nyanga, restait inconcevable et incompréhensif. Mais son dédommagement, *Igambo*, revêtait un caractère symbolique[42].

Dans sa réponse à la circulaire n°134 du chef du territoire du Gabon, au sujet des réparations civiles dans la coutume M'pongwè, l'élève-administrateur Saint Blancat, en service au département de l'Estuaire, développait longuement et de façon chiffrée les réparations civiles pour adultère. Mais, à côté de celles-ci, il n'existait pas d'autres types de réparations :

- si le mari surprenait les complices en flagrant délit, il avait le droit de leur infliger une correction, voire des blessures mortelles. Si le complice réussissait à s'échapper, il n'était pas pour cela dispensé de payer le prix de l'adultère.

- si le mari apprenait par un tiers l'adultère de sa femme, il avait le droit de la flageller, de lui faire des blessures sur lesquelles il déposait de la poudre de piment. En outre, il lui infligeait toutes sortes d'humiliations (raser les cheveux) jusqu'à ce qu'elle avoue le nom de son complice. Ce dernier une fois découvert, le mari allait le trouver ; s'en suivaient deux attitudes possibles : soit il y avait immédiatement bataille et si le complice était blessé, il était dispensé de payer l'adultère (à condition qu'il l'ait commis). Si tel est le cas, il y avait comparaison des réparations. Soit, le mari demandait préalablement au complice le paiement de l'adultère. Dans ce cas, si le complice refusait de payer il y avait bataille et, blessé ou non, il devait toujours payer le prix de l'adultère. Quand l'adultère était payé, le mari n'avait plus le droit d'exercer des sévices à sa femme, hormis le fait

---

[40] *Ibid.*

[41] *Ibid.*

[42] *Ibid.*

qu'il pouvait la délaisser ou lui confier des travaux domestiques les plus humiliants, sans que celle-ci puisse s'en prévaloir pour introduire une demande de divorce.

En ce qui concerne l'adultère du mari, si la coutume ne prévoyait pas de sanctions, elle lui reconnaissait, cependant, le droit d'aller se battre avec la complice. Mais, à la différence de l'adultère de la femme, si la complice était blessée elle n'avait pas le droit de réclamer une indemnité supplémentaire. Pour illustrer toutes ces explications, laissons parler Pierre-Marie Akanda, membre du comité des notables :

> « *En premier lieu, la femme adultère recevait une correction corporelle, bastonnade et coups. Certains maris violents allaient jusqu'à blesser l'épouse infidèle. Quant à l'homme coupable d'adultère, nonobstant les brutalités, sévices et injures qu'il pouvait subir du mari outragé, il était condamné à donner l'Igambo, l'indemnisation de l'adultère. Cette dernière n'avait pas de taux fixe. On demandait ce qu'on voulait, sous réserve de rabais au cours de la palabre ad hoc inévitable. Il se payait en nature : marchandises et objet divers, bétail, etc. Certains individus cupides réclamaient un montant excessif, qu'ils maintenaient parfois avec succès au règlement du litige. La coutume ne prévoyait pas de sanction pénale pour la femme abandonnant son mari ou refusant de rejoindre le domicile conjugal. Dans ce cas, les beaux-parents (Agois) l'obligeaient, parfois avec peines corporelles à l'appui, à y retourner. Au cas où la femme s'obstinait à refuser, quelquefois à raison, les Agois remboursaient la dot. L'adultère du mari n'était pas puni, il est vrai ; cependant, celui qui exagérait dans l'infidélité et persistait dans cette voie regrettable après avertissements préalables, risquait de se voir enlever sa femme. D'autre part, lorsque l'adultère était commis par un parent, un sien (un neveu par exemple), ses conséquences étaient parfois atténuées, à condition de ne pas récidiver. Par exemple, l'Igambo se réduisait à quelques objets ou au paiement d'une caisse de gin. Plus grave encore, il arrivait parfois que deux familles ou deux tribus se trouvent en désaccord pour une affaire d'adultère non réglé. Ainsi, en représailles un homme du clan offensé commettait sciemment la même faute avec une femme du parti adverse. Dans ce cas, le second adultère restait sans suite, puisque considéré comme une réparation du premier. Certaines personnes, manifestant un grand mépris et un dédain extrême pour l'adultère se contentaient de battre les coupables (hommes et femmes) et de réclamer simplement le remboursement de leur literie qui a été souillée. Lorsque l'homme coupable était esclave, cas très rare en l'espèce, en dépit des peines corporelles inévitables, son maître devait verser un très fort Igambo pour lui. Chez d'autres tribus dites violentes et cruelles, il pouvait être passible de la peine de mort.* [43] »

[43] CAOM. Carton 5D103 - Enquête sur la coutume M'Pongwé, 1939.

Par contre, chez les Fang, l'infraction d'adultère ne frappait que la femme mariée. L'homme marié, en dehors de son foyer conjugal, pouvait entretenir d'autres rapports dans la mesure ou la polygamie était acceptée. De même la multiplicité des femmes et des enfants constituait une véritable source de notoriété et une vraie richesse. Selon Alfred Nguia Banda, « *une co-épouse qui, malgré le traitement qui lui est infligé par son mari, devait s'abstenir de le tromper au risque de saper la crédibilité de celui-ci. Une co-épouse prise en flagrant délit ou soupçonné d'adultère s'expose donc à un traitement odieux.*[44]» Plusieurs méthodes permettaient l'instruction de l'adultère, parmi lesquelles : l'épreuve de l'hameçon où la femme soupçonnée était invitée par le féticheur à avaler un hameçon garni de matière pâteuse et retenu par une corde fine, l'épreuve du maïs qui consistait à jeter une graine de maïs dans l'œil de la femme soupçonnée, ou l'épreuve de la clitoridectomie en cas d'adultère ou d'inceste.

En cas de mort suspecte

Il se produit, cependant et trop nombreux malheureusement, des crimes entraînant la mort ; mais ceux-là sont environnés de mystère. Les indigènes ne sont pas sûrs si leur auteur est un homme ou l'esprit d'un homme, un homme ou une bête. Nous voulons ici évoquer des cas d'envoûtements et des décès attribués à l'homme-tigre. Sur les uns comme sur les autres, on n'a eu jusqu'à présent que des renseignements bien restreints.

L'obscurité qui les enveloppe est due au peu de connaissance que nous possédons sur les croyances de ces populations ; elles étaient, nous pensons, partout les mêmes dans la Nyanga. Les indigènes faisaient la distinction entre le corps et l'âme ; mais ils y surajoutaient un troisième élément qui pourrait s'appeler l'esprit, le double, le corps astral, élément qui dans la conception des indigènes n'était assurément pas l'âme. Cet esprit, intimement lié au corps en temps normal, peut l'abandonner, par exemple, pendant le sommeil et agir indépendamment de lui ; il survit, au moins quelques temps, à la mort du corps et constituerait alors ce que nous pourrions appeler les mânes des défunts. On lui prêtait très généralement un rôle malfaisant[45].

C'est lui qui, agissant sur le corps d'autrui, à l'insu ou avec l'assentiment de celui que nous appellerons son propriétaire, qui peut causer

---

[44] NGUIA BANDA A., (2000), *Justice étatique et justice coutumière en matière pénale*..., *op. cit.*, p. 115.
[45] *Ibid*, p. 194.

sa mort en s'attaquant aux organes internes et y provoquant des maladies. À en croire l'administrateur des colonies, Georges Le Testu, qui s'était très tôt intéressé aux problèmes de la circonscription de la Nyanga, « *pour nos administrés, on le sait, la mort n'est point un événement naturel, elle est toujours causée par quelqu'un qui, volontairement ou inconsciemment, a mangé l'âme de la victime, l'a empoisonné, l'a envoûté.*[46] »

Nous voulons attirer l'attention sur l'expression d'empoisonnement employée par les interprètes ; ils n'en connaissaient pas d'autres et c'est grand dommage, car elle émouvait les fonctionnaires coloniaux au début de leur carrière. L'empoisonnement était parfois la cause de condamnations tout à fait injustifiées. Les administrateurs coloniaux virent ainsi infliger 5 à 10 années de prison à deux soi-disant empoisonneurs, parfaitement innocents de crime : leur victime avait succombé à la suite d'un repas, au cours duquel une demi-douzaine de commensaux étaient restés indemnes, et où tous les convives avaient mangé le même plat, bu avec le même vase ; après enquête, on put retrouver le médecin qui avait soigné le mourant ; il attesta que celui-ci avait succombé à une maladie dont les premiers symptômes lui étaient apparus longtemps auparavant.

Quand on parlait d'empoisonnement, il convenait d'insister avec soin pour faire préciser s'il y avait lieu et dans quelles circonstances, des substances ingérées pourraient être vénéneuses. L'on avait une chance d'entendre des réponses singulières comme celle recueillie par l'administrateur des colonies Le Testu, auprès d'un plaignant qui prétendait que son oncle avait été empoisonné avec des excréments d'arc-en-ciel[47].

Selon les sources consultées, les empoisonnements étaient fréquents sur la côte maritime du Gabon. Elles indiquent que les populations Vili[48] avaient la réputation d'être passés maîtres dans cet art. Mais, les idées d'empoisonnement et d'envoûtement sont si bien embrouillées, mélangées, qu'il était souvent difficile pour les populations locales de distinguer les deux actes. La médecine légale nous prêterait un grand secours, mais sur les poisons du Gabon colonial, elle restait dans l'enfance. Nous savons qu'il y avait des Strophantus, des Strychnos vénéneux ; on connaît la fève de Calabar, l'Erythrophoeum guineense. On parle de poisons provenants de la décomposition des substances animales, des poisons ferments, etc.

En résumé, on ne sait à peu près rien ; on ignore presque totalement, en tout cas, la manière de retrouver ces poisons dans l'organisme, condition

[46] *Ibid.*

[47] LE TESTU G., (1919), *Notes sur les coutumes bapounou de la circonscription de la Nyanga...op. cit.*

[48] Il s'agit ici des populations du groupe ethnolinguistique Vili. Une des ethnies composant la population de la circonscription de la Nyanga.

sans laquelle un médecin, requis pour une autopsie, ne conclura jamais à un empoisonnement. Le plus important dans ces sociétés était d'obtenir, en pareille circonstance, l'aveu et c'était toujours difficile. Il se trouvait, en effet, dans une affaire d'empoisonnement des responsabilités de plusieurs ordres. Il y avait bien le coupable principal, l'empoisonneur proprement dit, celui qui avait intérêt à faire disparaître la victime. Mais, il pouvait avoir un complice qui avait effectivement administré le poison ; il y en avait, autant dire toujours, un autre, celui qui l'avait fourni. Les fabricants de poison étaient souvent des femmes spécialistes qui vendaient leur marchandise assez chère. Pour se garder des dénonciations d'ailleurs, elles exigeaient du solliciteur un crime préalable, un assassinat, en un mot une vie humaine ; leur client la choisissait généralement dans sa famille proche et la victime était fréquemment un de ses enfants. Le poison n'était livré qu'à ce prix[49].

On conçoit facilement, dans ces conditions, combien il était ardu de se faire une certitude. D'une part, on ne souhaitait point se laisser impressionner par la clameur publique, de l'autre on était émotionné par une mort suspecte dont on voudrait bien en trouver et punir les auteurs. C'est assurément un des débats de conscience les plus pénibles.

Par ailleurs, la superstition de l'homme-tigre n'était pas moins obscure que celle de l'envoûtement. Elle se présentait sous deux formes. Dans un cas le tigre, entendez : léopard ou panthère, auteur du crime est un animal véritable appartenant à un individu, lui obéissant, exécutant ses ordres ; ce tigre passe à ses héritiers comme un bien immobilier. Un tel, dit-on, a un tigre. Dans l'autre cas, l'animal n'est en réalité qu'une incarnation, en quelque sorte ; difficile, à cet effet, de savoir si c'est un homme qui a pris figure de bête, la bête n'étant qu'une apparence, ou bien s'il y a eu incarnation proprement dite d'un homme dans un animal véritable.

Cette superstition devait être très répandue dans l'Afrique bantu d'alors, puisque notre administrateur le décrit sous la même forme en Zambézie[50] où elle s'appliquait au lion, à la panthère ou léopard et même au crocodile. Il n'y avait là rien d'étonnant, tous les Bantous étant de même souche et parlant des dialectes assez voisins pour que certains de ces compatriotes, connaissant des langues du Gabon, arrivaient à comprendre d'emblée celles de la Zambézie.

L'idée que les indigènes se font de l'homme-tigre est extrêmement obscure, si on s'appuie sur le cas suivant. Dans les savanes de la Nyanga, une panthère véritable avait fait des victimes ; on commença à parler de l'homme-tigre. Un Européen se rendit sur les lieux, examina les blessures,

---

[49] LE TESTU G., (1919), *Notes sur les coutumes bapounou de la circonscription de la Nyanga…*, *op. cit.*, p. 196

[50] En Afrique australe autour de la Zambie et du Zimbabwe actuels.

les traces de l'animal et conclut de toute évidence à un animal ; il ne pouvait, en aucune manière s'agir d'un assassinat. Les indigènes abondaient dans son sens ; il les croyait convaincus. L'un deux déclara avoir vu la bête, en indiquant les circonstances ; et la cause paraissait entendue, quand il ajouta : « *J'ai vu l'animal, il avait un pagne de guinée et il avait de grosses couilles !*[51]. » Il fallut arrêter l'affaire d'autorité et ce fut une mesure au résultat bien aléatoire.

Qu'y a-t-il au fond de toutes ces histoires d'hommes-tigres ? Il est assez difficile d'élucider la question. Quelque fois, les populations se trouvaient certainement en présence de méfaits qui étaient l'œuvre d'un animal véritable. C'était souvent le cas quand il s'agissait de massacre ou de disparition d'animaux domestiques : chiens, poule, moutons, etc. Cela pouvait être encore le cas s'il y avait des victimes humaines, mais cette dernière hypothèse se réalisait, aux dires des témoins, exceptionnellement.

Très souvent, il n'y avait que de vulgaires et lâches assassinats, crimes d'autant plus épouvantables, qu'ils étaient la plupart du temps commis sur des êtres faibles et sans défense : vieillards, enfants et femmes. C'est la vengeance dans ce qu'elle avait de plus répugnant. Mais il y avait autre chose qu'il était bien difficile d'expliquer. Une remarquable étude fut faite de la question dans la subdivision de Tchibanga, en 1916, par L. Charbonnier[52], administrateur adjoint des colonies. Après une enquête de plusieurs mois, conduite avec une persévérante perspicacité, il découvrit l'existence de véritables sociétés secrètes d'hommes-tigres qui avaient leur hiérarchie, leurs statuts et leurs rites d'initiation[53].

Reste à déterminer leur véritable but. Constituaient-elles une secte religieuse ? Poursuivaient-elle seulement la satisfaction d'instincts pervertis? L. Charbonnier n'a pu l'établir. Leur objet immédiat était de se livrer à des sacrifices de vies humaines dont on buvait le sang et mangeait quelques parties. Certains articles des statuts réglaient la marche de ces sacrifices ; on les renouvelait ainsi à chaque initiation, à la création de chaque groupe nouveau. D'autres avaient lieu au gré des divers membres.

Pour l'établissement et le développement des trois groupes étudiés par Charbonnier, qui comptait ensemble 56 adeptes, le calcul indique qu'il a

---

[51] *Ibid.*

[52] CHARBONNIER L., (1934), « La société secrète d'hommes panthères de la terre des Bouyalas, Afrique Équatoriale Française », 10ème année, n°35, Paris, pp. 24-30.

[53] Cette Société comprenait trois groupes et chaque groupe deux marmites ; le chef de la société était en même temps chef d'un groupe et d'une marmite ; les chefs de groupes étaient en même temps chefs d'une marmite. Pour avoir le fétiche et donc entrer dans la Société, le novice devait offrir une victime, homme, femme ou enfant. Tout refus de la part de l'un des membres de la société d'agréer ou de livrer la victime que la majorité avait désignée entraînait sa mort.

été immolé en huit ou neuf ans plus de 80 victimes, parlons de victimes statutaires ; le nombre des vies humaines sacrifiées pour la seule satisfaction de l'instinct sanguinaire individuel reste inconnu. Toujours est-il que les victimes réglementaires n'étaient pas les seules massacrées[54].

Ce résumé sommaire de l'étude en question dispense de tout commentaire tant sur le caractère monstrueux de ces rites que sur l'urgence de leur abolition. Compte tenu de l'ignorance de l'extension de cette secte dans la société en question, il reste impossible de préciser si les crimes imputés aux hommes-tigres dans diverses parties de la circonscription devaient être attribués à des sociétés analogues. Toutefois, gardons-nous de croire que leur développement est considérable, à la lumière de la fréquence trop restreinte des crimes dans ce territoire.

Quant à la procédure en matière criminelle, il faut mentionner que dans les traditions des peuples de la circonscription de la Nyanga, les morts par envoûtement ou du fait de l'homme-tigre, c'est-à-dire à peu près tous les décès, donnaient lieu à des procédures très longues sur lesquelles il convient d'insister. En effet, aux yeux de ces indigènes, les pratiques fétichistes entraînant mort d'homme, relevaient non pas de la religion, mais de la magie. Ils ne faisaient pas, pour cela, très nettement la séparation, la distinction entre les deux ordres de faits ; ils avaient un principe simple qui consistait à ne jamais s'élever contre des événements auxquels ils attribuaient Dieu pour auteur. Ils ne connaissaient rien du créateur, mais ils croyaient à son existence. Ainsi, quand un vieillard venait à mourir, il ne venait à l'idée de personne d'accuser « *quelqu'un de maléfice. Dieu l'a pris, dit-on ; et on s'en tient là.*[55] »

Dans d'autres cas, les choses se déroulaient autrement, car il fallait trouver à tout prix à la mort un responsable. Ce n'était pas le souci de l'intérêt public qui animait la famille ; ce n'était pas davantage le besoin de vengeance, sentiment qui aurait pu être fort excusable chez des êtres peu évolués. Le mobile qui les conduisait était beaucoup moins noble, c'était l'âpreté au gain. L'auteur de la mort devait payer *Diboumi,* le prix du sang. Son taux très variable suivait non seulement la cupidité des bénéficiaires mais, certainement aussi, la situation du défunt. Il comportait toujours un ou deux esclaves, comme si on souhaitait remplacer numériquement la vie qui venait de s'éteindre. Le non-paiement du prix du sang entraînait le plus souvent la mise en servitude du présumé de la mort et, au besoin, d'une partie de ses proches.

Ici, la désignation du coupable se déroulait de plusieurs manières. Il y avait d'abord la désignation faite par la victime. En effet, les derniers

[54] *Ibid.*
[55] *Ibid.*

instants lucides du moribond étaient assiégés des questions de la famille. Ses membres voulaient connaître le responsable de la mort menaçante. L'agonisant en avait certainement eu une révélation par un rêve, un songe qui, à leurs yeux, était plus probant qu'un témoignage. L'imagination des proches ayant suppléé, l'important était qu'il y eût un coupable et surtout qu'il fût solvable.

À défaut d'une telle accusation in extremis, et même conjointement avec elle, un autre procédé était appliqué. On interrogeait le cadavre lui-même, en pratiquant l'ouverture, la nécropsie et les organes étaient examinés. Malheureusement, cette tâche était réservée à un féticheur qui opérait sans témoin[56]. La conclusion de l'autopsie indiquait toujours qu'il y avait eu crime mystérieux, envoûtement. Restait à désigner un coupable et, il n'était pas plus difficile au féticheur, au *nganga*, d'y parvenir.

Enfin, s'il s'agissait d'un crime attribué à l'homme-tigre, la disparition des blessures, leur situation, la disparition des lambeaux du cadavre, ne pouvaient laisser aucun doute. Et le *nganga* n'avait pas plus de peine à désigner le sorcier malfaisant. Selon Joseph Ambouroue-Avaro, « *le ganga ouvre l'ère des spécialistes des maux sociaux ; il est né de la peur et de la terreur semées par les sorciers et par la fuite éperdue devant une réalité devenue intolérable. (...) Le mot ganga semble s'être appliqué d'abord à un domaine plus vaste que celui de la maladie et provenir d'un radical ancien qui désigne probablement la connaissance. C'est la raison pour laquelle les premiers aganga n'étaient vraisemblablement que des personnages mythiques.*[57] »

Chez les M'Pongwé, le meurtre pouvait se produire de plusieurs manières : à la suite d'une légitime défense, par empoisonnement et par homicide volontaire ou involontaire.

D'abord la légitime défense que la coutume M'Pongwè admet dans son droit traditionnel. En effet, si l'agresseur, armé ou non, est tué ou mortellement blessé par l'attaqué, il n'y aura lieu à versement d'aucune réparation. Les juges traditionnels M'Pongwè notaient simplement ici une disparition de la responsabilité pénale. Il a « *tué pour s'épargner le même sort, pour se défendre.* » Aussi, celui qui agit pour sa légitime défense, n'encourt-il aucune indemnité pécuniaire, même s'il en est résulté mort d'homme, blessures et coups graves.

Ensuite l'empoisonnement : la coutume n'a jamais connu le cas d'empoisonnement des puits, citernes, sources, eaux potables, etc. Mais, elle sanctionnait plus fréquemment l'empoisonnement de personnes, selon deux cas précis :

---

[56] LE TESTU G., (1919), *Notes sur les coutumes bapounou..., op. cit.*, p. 201.

[57] AMBOUROUE-AVARO J., (1981) *Un peuple gabonais à l'aube de la colonisation. Le Bas- Ogowé au XIXe siècle,* Paris, Karthala-CRA, p. 78.

- Si l'empoisonnement entraînait la mort de la victime, et le coupable connu, les parents de celle-ci livraient à ce dernier une bataille, au sortir de laquelle il devait lui verser le prix de 3 ou 4 esclaves, considérés comme prix du sang. À l'opposé, si le coupable n'était pas connu, on avait recours à une enquête : fouille du village et alentours et les suspects demandaient, en général, l'épreuve de l'*Akaza (*ordalie). Le poison d'épreuve employé était l'*Akaza,* nom d'un arbuste de brousse à racines de couleur rouge, bien connu des indigènes.

Ainsi, les suspects étaient répartis en deux groupes et leurs familles faisaient appel aux offices du chef local de l'*Akaza (*société des initiés à ce poison). Celui-ci désignait pour chaque couple de suspects le nom du chef *Akaza* qui dirigeait l'épreuve. Pour éviter des fraudes, on choisissait d'accord avec la famille de la victime du village de même clans assez éloignés pour qu'il ne puisse y avoir communication immédiate des résultats aux officiants de villages différents. Le chef du lieu du crime pouvait retenir plusieurs couples de suspects.

Les suspects, accompagnés de deux ou trois membres de leur famille, se rendaient au jour fixé par le chef d'*Akaza,* dans la brousse. Un ou plusieurs représentants de la famille de la victime étaient présents, de même que quelques initiés destinés à subir l'épreuve. Le chef d'*Akaza* apportait sa provision de racines rouges ou préparait ce breuvage d'épreuve sur place devant tous, en râpant dans un gobelet un peu de cette racine qu'il brassait avec de l'eau. Le chef prenait alors un de ses initiés, ôtait son pagne et ajustait à sa ceinture une liane retenant deux petits balais de branchages ou de feuilles de bananier, qui couvraient les fesses et les parties sexuelles. Le témoin ainsi accoutré était prêt à prendre le poison d'épreuve. Le chef, désignant alors un des suspects, prononçait alors cette formule : « *Si un tel est coupable, Akaza, il faut qu'il tombe par terre.*»

Cette formule dite, le témoin buvait : ou bien il urinait abondamment peu après ou bien il tombait à terre en proie à de violentes convulsions. Dans ce cas, le suspect évoqué dans la formule était coupable. Le chef d'*Akaza* faisait boire aussitôt au témoin un autre breuvage constitué du jus de canne à sucre, mélangé à des excréments humains et des épices, contre poison qu'il avait préparé à l'avance. Pendant que ce témoin se remettait, on recommençait l'épreuve avec un autre, un deuxième suspect. Si l'épreuve était à nouveau positive, et si les témoins ayant officié s'en sentaient capables, on recommençait jusqu'à ce qu'il n'y ait plus qu'un seul « coupable ». Les coupables ainsi sélectionnés subissaient à nouveau des épreuves identiques et par élimination, on arrivait à faire désigner par l'*Akaza* le vrai coupable. Cette ultime épreuve était laissée sous la direction du chef d'*Akaza* du lieu du crime. Si la preuve par l'*Akaza* ne pouvait se faire, on recourait au *Djembe,* société secrète des femmes qui, par procédés divinatoires secrets et occultes, « désignerait » le coupable.

D'une manière ou d'une autre, chef d'*Akaza* était payé aux étoffes, bijoux et objets de grande valeur de l'époque alors que les initiés témoins étaient rémunérés de leurs offices par un présent d'une valeur plus ou moins inférieure. Cette rémunération provenait des familles de la victime et des suspects.

- Si au contraire, la victime parvenait à guérir à la suite de cet empoisonnement, le coupable devait payer à la famille le prix d'un à deux esclaves[58].

Enfin, les homicides : ce type de délits habilitait la famille de la victime à demander l'application du talion. Le plus fréquemment, ici, il y avait une bataille et le coupable était simplement tué. Mais, au contraire, si la famille éplorée portait l'affaire devant le tribunal, il lui était alloué le prix du sang, dont le montant variait évidemment avec la position sociale de la victime. Ainsi, le coupable du meurtre ou de l'assassinat (aucune distinction n'y était faite), bénéficiant de l'indulgence de la famille endeuillée, lui donnait, en compensation, selon ses vœux, des créatures humaines ou du matériel d'une rare valeur : 2 ou 3 femmes en mariage, un parent qui était simplement réduit en servitude, 6 esclaves ou des marchandises d'une valeur d'achat de dix esclaves.

Quand survenait un parricide, par exemple, le frère de celui-ci pouvait le tuer ; mais, dans tous les cas, il lui infligeait une bonne correction, d'autant plus qu'il n'était prévu aucune sanction en la matière. A contrario, la suite d'un infanticide, la famille du mari aura droit au prix du sang s'il est commis par la mère, mais aucune sanction possible si celui-ci est l'œuvre du père. La coutume considérant simplement qu'il a simplement commis un attentat à un de ses biens propres. Cependant, pour apaiser la colère de la famille de son épouse, l'époux fera généralement quelques cadeaux de principe.

Sous Antchuwè Kowè Rapontyombo, alias roi Denis[59], il arrivait parfois qu'un meurtrier, pour sauver sa tête, avoue publiquement son forfait dans la sale du trône, *Go nago Mpolo ;* et, se mettant sous la protection du grand tam-tam, *épona,* il demandait à devenir esclave pour la vie en

---

[58] *Ibid.*

[59] METEGUE N'NAH N., (1981), *L'implantation coloniale au Gabon. La résistance d'un peuple (1839-1960)*, tome I, Paris, L'Harmattan, p. 24.

expiation (*Gô nivô).* Dans ce cas, on faisait droit à sa demande et il n'était point tué.

En général, la peine corporelle ou la peine capitale ordonnée par arrêt du tribunal traditionnel, consistait soit à immerger dans l'Estuaire[60] le criminel préalablement lié avec des pierres, soit être brûlé vif sur le bûcher.

Dans la tribu des *Agouenkowa,* le condamné avait la tête tranchée sur un grand rocher en forme, *Idô gn'angokolo,* située dans la région d'Itoutiè (Denis). À dire vrai, ce type de crimes était rare, au sens français du terme, « *Les quelques cas qui se produisaient l'étant, le plus souvent, pour des raisons spéciales : devenir un sorcier réputé, les rites d'initiation obligeant d'y recourir ou un personnage considérable, tel un Okambi, pour bénéficier rapidement d'une succession. Ce crime se consommait en général par empoisonnement. Le parricide était puni de malédictions et remontrances très sévères. Ainsi, il finissait presque toujours mal car, à la longue, on supprimait en retour son auteur par des moyens occultes, empoisonnement même, plus ou moins clandestin. Quant à l'infanticide, fait très rare qui se produisait le plus souvent pour des motifs analogues au parricide, faisait l'objet de palabres, blâme et remontrances sévères.*[61] »

Quant à l'homicide involontaire, disons simplement que ce crime n'obligeait pas l'application systématique du talion, mais simplement le paiement du prix du sang d'une valeur de cinq esclaves en général. Toutefois, le talion s'appliquait nécessairement si le coupable était esclave.

Pour conclure, nous pouvons dire que dans les divers systèmes répressifs qui prévalaient à l'intérieur des sociétés gabonaises avant l'installation coloniale, il n'existait point de prisons au "sens occidental" du terme, c'est-à-dire « *des établissements destinés à détenir les individus privés de leur liberté par l'effet d'une décision de justice.*[62]» Dans ces diverses sociétés, le principe pénal restait fondé sur la vengeance et la réparation[63]. L'application des peines, en outre, dépendait du statut social des individus condamnés. Enfin, les tribunaux étaient formés de spécialistes exerçant à la fois des fonctions judiciaires, politiques et religieuses[64].

[60] Nom donné à l'actuelle province dont Libreville est le chef-lieu, en référence à la rencontre entre le fleuve Como et la mer.

[61] CAOM. Carton 5D103-Enquête sur la coutume M'pongwé, 1939.

[62] CORNU G., *Vocabulaire juridique,* Paris, PUF/Quadrige, 2003, p. 693.

[63] NGUIABAMA-MAKAYA F., (2001), *Le système pénitentiaire au Gabon, 1887-1957,* Mémoire de DEA d'Histoire, Université de Provence, p. 27.

[64] DIALLO MAMADOU Chérif Dan, (1999), « Les anciens systèmes répressifs guinéens ... » *art. cité,* pp. 17-28.

Références

Sources d'archives

CAOM. Carton 5D103. Enquête sur la coutume M'Pongwé, 1939.

Bibliographie

AMBOUROUE-AVARO Joseph, (1981), *Un peuple gabonais à l'aube de la colonisation. Le Bas- Ogowé au XIXe siècle,* Karthala-CRA.

BALANDIER Georges, (1982), *Sociologie actuelle de l'Afrique noire*, Paris, PUF, 4[è] édition.

BERNAULT Florence, BOILLEY Pierre et THIOUB Ibrahima, (1999), « Pour une histoire du contrôle social dans les mondes coloniaux : justice, prisons et enfermement de l'espace » in *Revue française d'histoire d'Outre-mer,* n°324-325, pp. 7-15.

BRILLON Yves, (1980), *Ethnocriminologie de l'Afrique Noire*, Montréal.

CHARBONNIER (L.), (1934), « La société secrète d'hommes panthères de la terre des Bouyalas, Afrique Équatoriale française », 10ème année, n°35, Paris, pp. 24-30.

CORNU Gérard, (2003), *Vocabulaire juridique,* Paris, PUF/Quadrige, 951 p.

CUREAU (Dr. AD), Les sociétés primitives de l'Afrique Équatoriale, Paris, Armand Colin, 420 p.

DAIGRE (R.P.), (1947), *Oubangui-Chari, témoignage sur son évolution, 1900-1940,* Issoudin, Dillen et Cie.

DESCHAMPS Hubert, (1962), *Traditions orales et archives au Gabon,* Paris, Berger-Levrault.

DIALLO MAMADOU Chérif Dan, (1999), « Les anciens systèmes répressifs guinéens face à l'introduction de la prison coloniale » in *Revue française d'histoire d'Outre-mer*, n°324-325, pp. 17-28.

GONG GERRIT (W.), (1984), *The standard of Civilisation in International Society,* Londres.

IDOURAH Silvère Ngoundos, (2001), *Colonisation et confiscation de la justice en Afrique. L'administration de la justice au Gabon, Moyen-Congo, Oubangui-Chari et Tchad : de la création des colonies à l'aube des indépendances*, Paris, L'Harmattan, 394 p.

IHERING, (1922), *La lutte pour le droit*, Paris, Marescq, 1922, p. 84.

KOUROUSSOU GAOUKANE (E), (1985), *La justice indigène en Oubangui-Chari (1910-1945),* thèse de 3e cycle d'histoire, Université de Provence, 386 p.

LE TESTU Georges, (1919), *Notes sur les coutumes bapounou de la circonscription de la Nyanga*, Caen, J.Haulard la Brière, Imprimeur-Editeur, 209 p.

METEGUE N'NAH Nicolas, (1981), *L'implantation coloniale au Gabon. La résistance d'un peuple (1839-1960)*, tome I, Paris, L'Harmattan, 119 p.

NANTET Jacques, (1972), *Panorama de la littérature noire d'expression française,* Paris, Fayard.

NGOIE-NGALLA Dominique, (1999), « L'hypothèse de l'inexistence du carcérale dans l'Afrique précoloniale : quelques pistes de recherche» in BERNAULT Florence, *Enfermements, prisons et châtiments en Afrique du 19ème siècle à nos jours,* Paris, Karthala, pp.71-81.

NGUIABAMA-MAKAYA Fabrice, (2001), *Le système pénitentiaire au Gabon, 1887-1957,* Mémoire de DEA d'Histoire, Université de Provence, 148 p.

NGUIA BANDA Alfred, (2000), *Justice étatique et justice coutumière en matière pénale au Gabon : existence, réalités et perspectives,* thèse de doctorat de droit, Université de Montpellier I, 518 p.

Origine et développement du processus d'électrification de la ville de Libreville, 1928-1964

Par Rodrigue LEKOULEKISSA
Doctorant en Histoire de l'Électricité
Université de Provence

L'étude de l'électrification de Libreville dans les années 1920-1960 nous permet d'ouvrir une nouvelle approche de l'histoire de l'équipement économique et social du Gabon. Les historiens gabonais ne se sont guère intéressés aux questions de l'électrification, un domaine de connaissance pourtant chargé d'un fort potentiel historique. Les travaux portant sur l'électricité et ses problèmes restent rares. Les écrits consacrés à cette problématique ne figurent en grande partie que dans les revues spécialisées comme *Industrie et Travaux d'outre-mer* et *Equipement et activités d'outre-mer*. Ce sont surtout des textes rédigés par des ingénieurs occidentaux qui offrent des regards particuliers sur des facettes de l'électrification des territoires d'outre-mer. C'est donc, pour notre sujet un domaine vierge qui ouvre des perspectives historiques dignes d'intérêt.

Notre étude débute en 1928 ; cette année est importante dans l'histoire de l'électrification du Gabon et ce pour une raison particulière : le projet d'électrification des villes de Libreville et de Port-Gentil. De même, 1964, notre date butoir, correspond à la nationalisation du secteur électrique, marquée par la création de la Société d'Energie et d'Eau du Gabon (SEEG) à qui le gouvernement gabonais attribua le monopole des opérations de production, de transport et de distribution de l'électricité et de l'eau sur l'ensemble du territoire[1].

Rappelons que la ville de Libreville occupait une place importante dans la fédération aéfienne. Chef-lieu du territoire du Gabon, elle était au cœur de l'administration coloniale. En outre, par sa situation en bordure de mer, elle constituait le vestibule de l'Afrique intérieure et le port de l'okoumé. Il était, de ce fait, indispensable de doter la ville des ressorts de développement économique. L'électricité, secteur stratégique, parut un facteur favorable, garant du décollage économique et porteur des promesses de l'amélioration des conditions de vie des populations. Dès le début, l'implantation de l'industrie électrique reposa essentiellement sur des installations rudimentaires. Progressivement, les applications de l'énergie

[1] WALTER R., (1981), « Energie électrique et eau » in *Géographie et cartographie du Gabon. Atlas illustré,* ministère de l'éducation nationale de la République gabonaise, Paris, Edicef, p. 96.

électrique trouvèrent dans cette ville - où tout était à créer - un terrain particulièrement favorable à leur développement.

Deux périodes différentes dans lesquelles se développe notre étude se distinguent : la première, de 1928 à 1945, est la période des tâtonnements au cours de laquelle on assiste à la mise en place d'une centrale thermique et d'un premier réseau électrique. La seconde, qui s'ouvre en 1946 pour s'achever en 1964, est caractérisée par la conquête spatiale de l'électricité. C'est la période de prise de conscience du nécessaire développement de l'énergie électrique, celle de la planification et des réalisations.

1928-1945 : une électrification mitigée

Electrifier, un projet lent

Le projet d'équipement électrique de la capitale gabonaise, comme nous l'avons souligné, remonte en octobre 1928. En effet, à cette date, le lieutenant-gouverneur du Gabon, Deitte, signe le décret accordant à l'entreprise industrielle coloniale une option d'étude pour l'installation et l'exploitation à Libreville d'une distribution d'énergie électrique[2]. Pour un meilleur choix de solutions adaptées au projet, la durée de l'étude fut fixée à un an, et elle arrivait à échéance le 1e octobre 1929. Après une étude de faisabilité, l'industrielle coloniale livra ses conclusions sur les plans technique, économique et financier et un projet de cahier des charges fut remis au lieutenant-gouverneur. Alors que la direction de l'entreprise attendait, pour se mettre à l'œuvre, une approbation définitive du projet par le gouverneur général de l'AEF, une seconde option d'étude fut accordée en septembre 1929, à la Société hydroélectrique du Congo français[3]. De ces deux projets, le second fut retenu pour trois raisons : d'abord, ce projet était financièrement plus avantageux, parce qu'il ne mobilisait qu'un capital de 2.600.000 francs au lieu de 3.500.000 francs prévus par l'industrielle coloniale. Ensuite, il semblait mieux étudié du point de vue des premières réalisations nécessaires qu'en ce qui concerne le développement futur de ces installations. Enfin, le fait que la Société hydroélectrique du Congo français soit concessionnaire de l'électrification de Brazzaville, chef-lieu du Moyen-Congo et capitale de la fédération aéfienne, offrait une garantie importante pour la bonne exécution des travaux.

---

[2] CAOM, Fonds AEF Carton 7B/139. Travaux publics. Convention, marchés et adjudications. Inspection générale des T.P., études et rapports divers, grands travaux, 1928-1937.

[3] *Ibid.*

En dépit de ces facteurs favorables à l'implantation d'un équipement électrique, plusieurs années s'écoulèrent avant que Libreville ne se dotât d'une distribution d'énergie électrique. En effet, l'incertitude du marché électrique rendait prohibitive l'exécution des travaux d'électrification. La concession de distribution d'électricité se caractérisait par l'indétermination qui planait sur les investissements à effectuer. L'entreprise concessionnaire s'engageait à satisfaire des besoins croissants dont elle ignorait les limites. En réalité, le problème des investissements restait primordial à Libreville, région à faible densité, pour laquelle le montant des capitaux à investir par tête d'usager desservi était considérablement plus important que dans les régions industriellement évoluées et à population dense. Une donnée était absolument nécessaire : le pouvoir concédant devait assurer au concessionnaire une garantie gouvernementale de la consommation d'électricité, lui donnant un minimum de sécurité pour engager des dépenses nécessaires à un équipement durable.

Il fallut attendre 1935 pour assister à la réalisation d'une distribution publique d'électricité, la première du pays. Cette année, l'électrification de Libreville avait fait l'objet d'une adjudication lancée par l'administration. La Compagnie de l'Afrique française, bénéficiaire du marché, avait installé une centrale thermique d'une puissance de 200 chevaux, répartie entre trois groupes électrogènes, et un réseau de distribution urbain à 500 V t 220 V. Avant l'installation de la centrale, la fourniture de l'électricité était assurée par deux groupes électrogènes de l'administration : celui du gouvernement et celui de la mairie[4]. Ces unités de production de faible puissance alimentaient isolément les habitations européennes et les services administratifs. Notons que les autres villes de l'AEF, Brazzaville et Pointe-Noire n'avaient l'électricité que depuis 1934 seulement, que Bangui et Fort-Lamy, l'avaient bien plus tard respectivement en 1942 et 1944[5].

En 1939, la Compagnie Centrale de Distribution d'Énergie Électrique (CCDEE), société anonyme créée le 28 avril 1928, déjà installée au Cameroun où elle distribuait du courant à Douala, racheta à la Compagnie de l'Afrique française son contrat de concession des distributions d'électricité et d'eau. Le transfert des droits et obligations résultant de ce contrat fut réglementairement approuvé, suivant un arrêté du gouverneur du 29 août 1939. La concession de l'électricité portait sur une période de 50 ans, au terme de laquelle les installations revenaient gratuitement au territoire du Gabon. Le contrat de concession se définissait par l'engagement

[4] ANG, Carton 1986. Alimentation en eau potable et en électricité pour la ville de Libreville, 1935-1938.

[5] PRATS R., (1955), *Le Gabon : la mise en valeur et ses problèmes*, Université de Montpellier, thèse de doctorat 3e cycle de Droit, p. 117.

du nouveau concessionnaire à créer, utiliser, entretenir et renouveler les ouvrages de production et de distribution nécessaires pour faire face aux besoins de la consommation.

Dès le début, une électrification inégale

À l'image de toutes les villes africaines, l'agglomération de Libreville se composait d'un quartier européen encore appelé centre-ville ou Plateau et d'une agglomération africaine. Théoriquement, le réseau électrique devait desservir, sans favoritisme de principe, les différents quartiers de la ville. Mais la distribution du courant électrique dans ce milieu hétéroclite était disparate. Elle dépendait de l'organisation spatiale, du niveau et mode de vie. En effet, seul le quartier européen, milieu urbanisé aux constructions modernes, siège de principaux services administratifs et commerciaux, bénéficiait d'une distribution d'électricité. L'agglomération africaine, composée des quartiers semi-ruraux (situés en amont et aval de la ville européenne) aux cases misérables, bâtis sans schémas directeurs d'aménagement, était en marge de la distribution d'électricité.

Jusqu'en 1945, le marché électrique de Libreville était très restreint. La production et la consommation d'électricité étaient limitées. En 1944, la production annuelle du courant électrique n'atteignait que 131.000 kWh. Le service de distribution, à l'état embryonnaire, se caractérisait par un réseau peu étendu qui se bornait à fournir l'électricité aux besoins domestiques et aux services publics du Plateau. L'objectif était, avant tout, de donner la lumière aux colonisateurs pour leur assurer le confort laissé en métropole : éclairage, ventilation et fonctionnement des appareils électroménagers. Les populations indigènes, à l'exception de quelques rares utilisateurs de la lampe à pétrole, s'éclairaient au moyen des énergies traditionnelles : le feu de bois et les torches d'okoumé au parfum de résine capiteux. L'économie vivrière qui subsistait encore dans la grande partie des milieux africains était un frein à la généralisation de l'électricité. La masse monétaire en circulation, considérablement faible, ne permettait pas aux indigènes de s'offrir les services de l'électricité. Une image de contraste se lisait entre le centre-ville éclairé et animé les soirs et les quartiers africains qui s'endormaient à la tombée de la nuit. Libreville restait ainsi partagée entre deux civilisations : d'un côté, l'univers du centre-ville, aligné au modèle occidental et, de l'autre, le mode de vie archaïque du monde rural.

1946-1964 : l'expansion de l'électricité

Dans le cadre des investissements à caractère socio-économique, l'électrification de la ville de Libreville est restée longtemps reléguée en arrière-plan. Il faut attendre le lendemain de la Seconde Guerre mondiale pour voir apparaître des changements. En effet, la rupture avec la métropole, préoccupée par la guerre, avait conduit le secteur électrique dans un état critique. Les installations existantes avaient subi une dégradation profonde, faute d'entretien. De 1940 à 1944, les activités de la CCDEE firent face à de nombreux problèmes techniques aux solutions difficiles. Si les groupes électrogènes devaient être remplacés par des unités plus neuves, le réseau électrique, lui, exigeait une extension vers d'autres quartiers. Parmi les réalisations envisagées en faveur de la capitale gabonaise, clairement exprimées dans les grandes lignes du plan de modernisation et d'équipement des territoires d'Outre-mer, établi par la loi du 30 avril 1946, il faut signaler la modernisation de la centrale électrique, l'augmentation de la capacité de production en fonction de l'accroissement des populations urbaines, le renforcement du réseau de transport et de distribution et l'amélioration des conditions d'exploitation.

Mais au-delà de ces intentions, toute la difficulté résidait dans la capacité à réunir les fonds nécessaires pour financer les travaux. La solution trouvée, comme dans l'ensemble des territoires coloniaux, fut la rupture avec le principe de l'autofinancement des dépenses par les ressources locales, en faisant intervenir directement les pouvoirs publics dans les investissements. Une politique structurelle fut donc planifiée. Les travaux d'électrification, d'abord étalés sur une période de dix ans (1947-1956), furent échelonnés sur trois plans quadriennaux. Les crédits liés à l'électrification étaient accordés par le FIDES dont les opérations étaient instruites et préparées par la direction des affaires économiques et du plan du ministère de la France d'outre-mer[6]. Le FIDES finançait des budgets annuels de travaux d'électrification. Mais il convient de noter que les fonds alloués par le FIDES ne représentaient pas l'ensemble de l'effort financier qui était fait pour développer l'électricité. Aux opérations lancées sur les fonds du FIDES s'ajoutaient les prises de participation consenties par la municipalité de Libreville.

---

[6] SAUPIQUE T., (2000), « L'électrification de la ville de Dakar après 1945 » in BARJOT D., LEFEUVRE D. et *al.*, (2000), *L'électrification outre-mer de la fin du XIXe siècle aux premières décolonisations*, Actes du XIXe colloque international de l'AHEF, Paris, Publication de la Société française d'Histoire d'Outre-mer, p. 100.

À l'époque, certaines personnalités estimaient que Libreville ne pourrait avoir dans l'avenir qu'une économie stagnante, les prévisions du plan situaient l'essor industriel et commercial du Gabon dans la région de Port-Gentil. Or, contrairement à ces perspectives pessimistes, il advint que Libreville connût, au lendemain du second conflit mondial, un développement qui amena l'administration à procéder non seulement à la modernisation de la centrale, mais aussi à l'extension du réseau électrique. Les travaux de modernisation de l'équipement électrique commencèrent en mai 1946 par la réfection de la centrale thermique. Ces travaux furent entrepris en accord avec la municipalité qui était pleinement impliquée dans le processus d'électrification de la ville. Alors que l'aménagement des locaux débuta sans difficulté, la rénovation des moteurs, qui faisait appel à des techniques modernes, accusa quelques mois de retard. En effet, faute de technicien spécialisé dans le montage du nouveau matériel acquis, la centrale continua à fonctionner au rythme des moteurs amortis. Il fallut attendre l'arrivée, en septembre, de l'ingénieur Hermann Horlacher, chef monteur de la société suisse de Winterthur, fournisseur du matériel, pour que l'usine se dotât des unités neuves[7]. À la fin des travaux, le fonctionnement de la centrale était assuré par un moteur diesel de 150 chevaux et des alternateurs. Cette centrale, qui semblait suffisante jusqu'à la fin des années 1940 avec une production de 460.000 Kwh, allait atteindre ses limites en 1950. Pour cette raison, grâce aux crédits du FIDES, mis à la disposition de la CCDEE à l'occasion du premier plan quadriennal de développement économique (1947-1952), d'importants travaux de renforcement furent entrepris en 1949. Ainsi, la centrale fut équipée de 3 moteurs électriques diesels Winterthur, correspondant à une puissance de 450 kW. En 1952, la CCDEE s'illustra par l'installation d'un nouveau groupe. Un ancien groupe Winterthur de 100 chevaux fut démonté et remplacé par deux groupes Diesel de 500 chevaux chacun ; ce qui porta l'équipement de l'usine à quatre groupes d'une puissance globale de 4.650 kVa.

À partir de 1956, on constata que l'essor démographique de Libreville, son urbanisation et ses débuts d'industrialisation exigeaient une augmentation substantielle de l'énergie électrique. La CCDEE dut satisfaire une demande en forte hausse. Une nouvelle tranche d'extension de la centrale fut réalisée, comportant l'installation d'un troisième groupe Diesel alternateur Sulzer de 500 chevaux. Les travaux de modernisation de la

[7] CAOM, Fonds T.P. 2e série, carton 73, Electricité. Matériel électrique en 1946 : centrales électriques de Libreville et de Port-Gentil.

centrale se poursuivirent à un rythme soutenu jusqu'aux premières années de l'indépendance. À la veille de la nationalisation de l'électricité, la centrale disposait de trois moteurs Sulzer alternateurs Gramme de 500 chevaux, un groupe Sulzer Gramme de 1200 chevaux et deux groupes FCM Gramme de 1500 chevaux, soit au total une puissance de 5700 chevaux[8]. Malgré cette puissance croissante, la centrale de Libreville était loin d'atteindre les capacités de celle de Port-Gentil. Cette dernière, en effet, représentait plus de la moitié de la puissance totale installée du pays et alimentait principalement les installations de la Compagnie française du Gabon, la plus importante industrie mondiale de placage et de contreplaqués.[9]

Le développement du réseau électrique

Comme nous l'avons souligné, jusqu'à la Seconde Guerre mondiale, le service de distribution d'énergie électrique alimentait principalement le centre-ville. La création de nouveaux quartiers résidentiels, consécutive à l'augmentation de la population européenne, la réalisation des constructions dans les agglomérations africaines imposèrent un réseau de distribution à l'échelle du développement de la ville. La modernisation du réseau, dont l'achèvement était prévu en 1949, commença en 1947. Dans la première phase des travaux, l'ancien réseau fut refait. Pour la deuxième phase, l'extension du réseau comprenait la construction des lignes à haute tension, vers la région d'Owendo et le quartier Aviation, ainsi que l'électrification des quartiers africains de Glass, Louis, Mont-Bouët, Nombakélé. En 1949, le manque de moule, pour la fabrication des poteaux en béton armé, retarda considérablement l'avancée des travaux[10]. La reprise des travaux en 1950 avait porté l'ensemble du réseau urbain à 3 et 10 Km de lignes à haute et basse tension[11]. Le réseau neuf alimentait vers l'aval de la ville les nouveaux quartiers européens de Gué-Gué, Batterie IV et de l'Aviation. Les quartiers africains de Glass, Louis, Mont-Bouët et Nombakélé n'accueillirent le réseau électrique que bien plus tard, en 1952. En faveur du deuxième plan quadriennal (1953-1957), la CCDEE inaugura une dynamique politique commerciale en mettant l'électricité à la portée d'un plus grand nombre de

---

[8] XX, (1964), « L'électricité Outre-mer » in *Industries et Travaux d'outre-mer*, n° 112, janvier, p. 111.

[9] LASSERRE G. (1958), *Libreville : la ville et sa région*, Paris, Armand Colin, p. 150.

[10] CORNUT GENTILLE B., *Mémoire sur l'exécution d'un plan d'équipement en AEF pendant les exercices 1947-1948 et 1948-1949*, Brazzaville, Haut commissariat de la République en AEF.

[11] PRATS R., (1955), *Le Gabon : la mise en valeur ..., op. cit.*, p. 178.

consommateurs. Ainsi, dès 1956, le réseau électrique atteignait 44 Km de long dont 18 pour la haute tension et 26 pour la basse tension. L'effort de l'électrification se porta vers les quartiers africains de Toulon, London, Baraka, Oloumi et Lalala. Jusqu'en 1960, le réseau électrique de Libreville ne cessa de s'étendre. En 1964, depuis l'aérodrome jusqu'à l'embouchure de la Nomba, le réseau de distribution, avec ses 97.8 Km, desservait presque tous les quartiers.

Force est de souligner que peu de lignes électriques traversaient les quartiers africains. En effet, dans certains quartiers comme Akémindjogoni, Nkembo, Cocotiers, Toulon, seule la rue principale était parcourue par des poteaux électriques. L'absence d'urbanisation expliquait la difficulté d'électrification de ces milieux. Le plus souvent, ils présentaient des cases littéralement placées les unes sur les autres. Dans ce labyrinthe, dont certains quartiers comme Derrière-l'hôpital ou Nombakélé étaient d'excellents exemples, il était difficile d'implanter des lignes électriques. En fait, ces dernières suivaient en effet les grandes artères et desservaient une infime frange d'habitations en parpaings proches de ces hauteurs. Les bas-fonds étaient donc tenus à l'écart et devaient, pour profiter de l'électricité, se tourner vers ceux qui possédaient des compteurs. La revente de l'électricité se faisait selon un tarif forfaitaire tenant compte de l'équipement du voisin. Dans la plupart des cas, les forfaits étaient calculés de façon à ce que les abonnés officiels tirassent un bénéfice considérable.

Les usages de l'électricité

Le développement du réseau de distribution avait multiplié les applications de l'électricité et conquis de nouveaux consommateurs. En effet, en gagnant l'espace urbain librevillois, l'électricité fut introduite dans diverses applications publiques, domestiques et industrielles. L'usage public de l'électricité concernait l'éclairage des lieux publics - services administratifs, rues, avenues, places publiques, grands carrefours - et l'alimentation de station de pompage pour l'alimentation de la ville en eau potable. La multiplication des lieux publics, consécutive à l'extension de la ville, avait entraîné l'accroissement du nombre des réverbères installés. L'éclairage public assurait la sécurité des personnes et des biens en limitant les risques de cambriolage et de banditisme que favorisaient les lieux non éclairés, offrait un certain dynamisme social, car il permettait une sociabilité après 18 heures. Il participait également à l'aménagement nocturne de l'espace collectif en assurant l'agrément de la ville. Il n'était pas rare de voir les jeunes se regrouper sous les lampadaires pour apprendre et réviser leurs leçons.

L'usage domestique de l'électricité était destiné à l'éclairage, la ventilation et le fonctionnement des appareils électroménagers. Ces applications constituaient l'essentiel de la consommation électrique. Elles représentaient en 1947 et 1950, respectivement 59,60 % et 68,20 % de la consommation totale d'électricité[12]. Jusqu'en 1964, on assista à un développement soutenu de cette catégorie de consommation. En effet, plusieurs ménages s'étaient assurés les services de l'électricité. Les familles africaines, notamment celles des fonctionnaires, commerçants, employés, ouvriers et manœuvres avaient grossi les effectifs des abonnés. En 1946, on comptait 228 abonnés ; en 1949, leur nombre s'élevait à 371[13]. De 1957 à 1963, le nombre total d'utilisateurs du courant électrique était passé de 1316 à 3372[14].

Mais il convient de souligner que les clients potentiels étaient les fonctionnaires, les commerçants et plus particulièrement les Européens qui disposaient de moyens financiers. Seulement entre 30 et 40 % des employés avaient l'électricité. On tombait à 6 % avec les ouvriers et 3 % avec les manœuvres[15]. L'équipement de nombreux foyers était très sommaire. Il se résumait à quelques ampoules. Nombreux étaient aussi les citadins autochtones qui n'avaient pas l'électricité dans leur case. Le prix du kWh d'électricité (36 francs CFA) et surtout le coût élevé du branchement et de l'installation (18 à 20.000 CFA) interdisaient la plupart des ménages d'abandonner l'usage de la bougie, de lampe à pétrole pour l'éclairage, du feu de bois pour le chauffage de l'eau et la cuisson[16].

Du point de vue industriel, l'électricité était destinée à faire fonctionner les usines. Le développement de la ville de Libreville, marqué par un fort accroissement démographique, avait entraîné l'implantation d'établissements industriels. Il s'agissait des industries du bois, des industries alimentaires, celles travaillant pour les entreprises et des fabrications relevant de l'artisanat. Les industries du bois dominaient en partie la vie économique de la capitale gabonaise. L'okoumé avait permis l'implantation à Libreville des scieries et des usines de déroulage, de placage et de contre-plaqués. Les scieries les plus importantes étaient celles de la

---

[12] CAOM, Fonds FIDES, 2e série, carton 499/dM22/344, FIDES, convention de gérance. Rapport du FIDES, statuts constituant la société de la gestion de la CFG.

[13] PRATS R., (1955), *Le Gabon : la mise en valeur..., op.cit.*, p. 177.

[14] LOTITO G., (1968), *Les bases géographiques du développement économique en République Gabonaise,* thèse de 3e cycle de Géographie, Université de Provence, p. 279.

[15] *République gabonaise, Étude des conditions de vie à Libreville (1961-1962),* Service de la statistique, Paris imprimerie Sacraceta, 1969, p. 102.

[16] *République gabonaise : annuaire statistique, années 1964 et antérieures,* Ministère délégué au plan, 1964.

Nomba, Miang et celle des établissements de John Holt. La plus grosse usine était celle de la Compagnie française des bois du Gabon à Owendo.

Les industries alimentaires s'occupaient de la transformation de certains produits. Elles comprenaient des maisons de commerce, des boulangeries, des pâtisseries, de petites fabriques de boissons, des brûleries de café. On y ajoutait l'usine de production de glace en barre, mise en place par la chambre de commerce, principalement pour la conservation du poisson. Au nombre d'industries travaillant pour les entreprises et des fabrications artisanales, on notait l'existence d'une gamme de services : minoteries, garages, ateliers de soudure et de carrosserie, entreprises de construction de meubles, machines à coudre. La consommation industrielle représentait 15,86 % de la consommation totale d'électricité en 1950. Mais, dans l'ensemble, les industries de Libreville étaient de moyennes manufactures dont certaines étaient alimentées en courant base tension. Les seules industries grosses consommatrices d'électricité étaient les industries du bois. C'est grâce à ces industries que la ville de Port-Gentil qui avait les plus importantes usines et scieries enregistrait une très forte consommation industrielle d'électricité.

En définitive, l'équipement électrique de Libreville bénéficiait d'une attention particulière en raison du statut de la ville. La ville devait rayonner et refléter l'image de la politique de mise en valeur, fer de lance de la colonisation. L'on comprend l'implantation rapide de l'électricité, base de développement, dans la jeune commune. Mais, visiblement, le service de distribution d'électricité mettait en valeur le double aspect de la ville tropicale, partagée entre les quartiers urbains européens, pénétrées par des lignes électriques et les quartiers africains teintées de ruralité. Toutefois, en raison de l'évolution économique et sociale que connaissait la capitale gabonaise, une modération des différences de distribution d'électricité entre les habitants des quartiers modernes et ceux des milieux semi-ruraux était perceptible. Au lendemain de la Seconde Guerre mondiale, le bilan offert par l'électrification de la capitale gabonaise était assez mitigé, conséquence des politiques économiques hésitantes menées tout au long de la période. Dès lors s'illustra, pour la période 1946-1964, une prise de conscience du nécessaire développement de l'électricité qui se prêtait à un développement économique et social. Cette œuvre d'électrification et ses corollaires : transformation du milieu de vie et des activités humaines, prolifération d'industries alimentaires, naissances d'établissements à caractère industriel, révèlent que ce fut une œuvre résolument tournée vers le développement économique du pays et l'amélioration des conditions de vie des populations.

Références

Sources imprimées

La situation économique, financière et sociale de la République gabonaise, 1961.

République gabonaise, Etude des conditions de vie à Libreville (1961-1962), Service de la statistique, Paris imprimerie Sacraceta, 1969, 142 p.

République gabonaise : annuaire statistique, année 1964 et antérieures, Ministère du Plan, 1964.

Sources d'archives

ANG, carton 1986. Alimentation en eau potable et en électricité pour la ville de Libreville, 1935-1938.

CAOM, Fonds AEF, carton 7B/139. A.E.F. Travaux publics. Conventions, marchés et adjudications. Inspection générale des Travaux Publics, études et rapports divers. Grands travaux, 1928-1937.

CAOM, Fonds FIDES 2e série, carton 499/dM22/344, FIDES, convention de gérance. Rapport du FIDES, statuts constituant la société de la gestion de la C.F.G.

CAOM, Fonds T.P. 2e série, carton 73, Electricité. Matériel électrique en 1946 : centrales électriques de Libreville et de Port-Gentil.

Bibliographie

Anonyme, (1956), *La mise en valeur de l'A.E.F. Les réalités africaines*, Casablanca, Les éditions Fontana, 358 p.

Anonyme, (1964), « L'électricité Outre-mer » in *Industries et Travaux d'outre-mer*, n° 112, janvier, p. 111.

CORNUT GENTILLE Bernard, (1950), *Mémoire sur l'exécution d'un plan d'équipement en A.E.F. pendant les exercices 1947-1948 et 1948-1949*, Brazzaville, Haut commissariat de la République en AEF.

LASSERRE Guy, (1958), *Libreville, la ville et sa région : études géographiques humaines*, Paris, Armand Colin, 347 p.

LASSERRE Guy, (1964), « L'électricité Outre mer » in *Industrie et Travaux d'outre mer*, n° 122, janvier, pp. 109-112.

LOTITO Gaston, (1968), *Les bases géographiques du développement économique en République Gabonaise,* thèse de doctorat 3e cycle de Géographie, Université de Provence, 462 p.

PRATS Raymond, (1955), *Le Gabon : la mise en valeur et ses problèmes*, thèse de doctorat 3e cycle de Droit, Université de Montpellier, 272 p.

SAUPIQUE Thomas, (2000), « L'électrification de la ville de Dakar après 1945 » in BARJOT Dominique, LEFEUVRE Daniel et *al.*, (2000), *L'électrification Outre-mer de la fin du XIXe siècle aux premières décolonisations*, Actes du XIXe colloque international de l'AHEF, Paris, Publication de la Société française d'Histoire d'Outre-mer, 664 p.

WALTER Raphaëlle, (1981), « Energie électrique et eau » in *Géographie et cartographie du Gabon. Atlas illustré,* ministère de l'éducation nationale de la République gabonaise, Paris, Edicef, pp. 96-98.

La crise économique de 1930 et ses répercussions sur l'industrie forestière du Gabon, 1930-1939

Par Pierre Romuald OMBIGATH
Docteur en Histoire Contemporaine

Carte : Situation de quelques grandes exploitations forestières au Gabon en 1930.

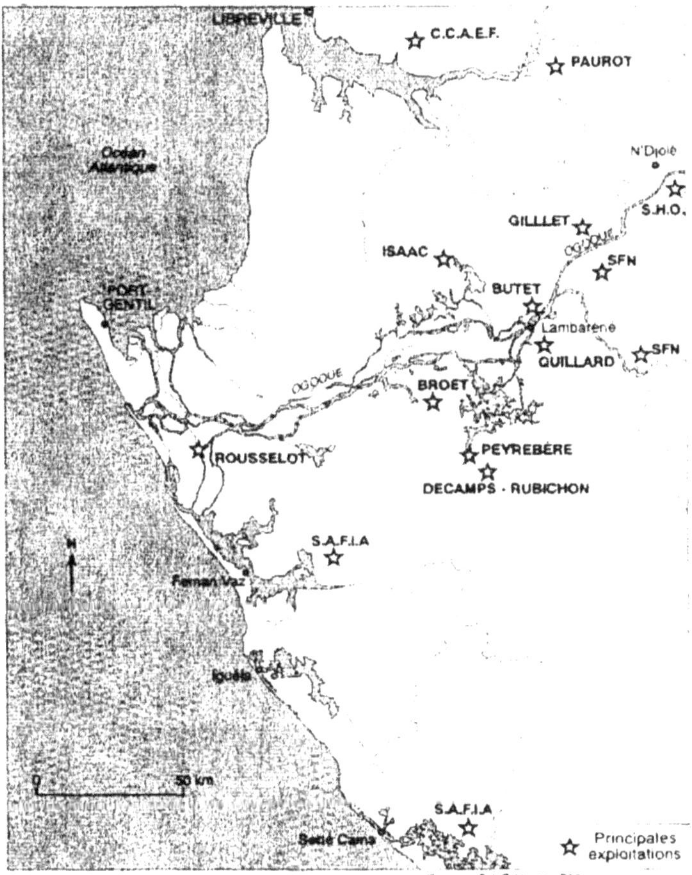

Source : *CAOM 4(1)D 37- Colonie du Gabon. Rapport annuel sur la situation économique du Gabon en 1931.*

Pourquoi la crise ?

L'étude de l'impact de la crise économique mondiale de 1930 sur le secteur forestier au Gabon doit être menée en tenant compte du fait que cette dépression économique générale n'est que la coexistence de crises nationales[1] et qu'étant une colonie française, l'économie gabonaise doit être vue comme un « capitalisme périphérique » étroitement dépendant du « centre » (Métropole).

Ainsi donc, consécutivement au marasme économique en vigueur en occident qui se manifesta par de nombreuses faillites, l'effondrement des prix et de la production agricole et industrielle[2], le Gabon, comme d'autres colonies africaines, n'échappa pas aux effets catastrophiques de cette crise.

Il faut dire que cette crise, qui se manifesta surtout sur le plan commercial, notamment par la chute brutale des cours de l'okoumé, couvait déjà depuis un certain temps car le système économique basé essentiellement sur la prédation des ressources naturelles était en fin de cycle ; les sociétés gabonaises habituées depuis plus d'une trentaine d'années à l'économie monétaire aspiraient à une économie intégrée qui laisse une large place aux investissements. Il s'agit donc, pour ce qui concerne le Gabon, au-delà de la crise commerciale, d'une crise structurelle.

Un système économique en fin de cycle

L'introduction de l'économie marchande au Gabon fut laissée aux entreprises coloniales. Or, au lieu de développer l'échange monétaire, celles-ci se réduisirent à un simple troque des marchandises occidentales avec les produits de cueillette des autochtones. Elles s'assuraient de ce fait, puisque le rapport était souvent défavorable aux Gabonais, de profits colossaux sans fournir un minimum d'effort dans l'amélioration des techniques

---

[1] BOUVIER J., (1976), « Crise mondiale et crise colonial » in L'Afrique et la crise de 1930 » actes du colloque organisé à l'Université de Paris VII par COQUERY VIDROVITCH Catherine du 9 au 10 avril, Paris, *Revue française d'Histoire d'Outre-mer*, p. 379.

[2] GAUTHIER A., REYNAUD A., (1991), *Le monde d'une crise à l'autre*, Paris, Editions Bréal, pp. 34-38.

d'exploitation qui faisaient énormément appel à la force physique des populations autochtones.

Cet état de choses très remarquable au début du siècle n'évolua fondamentalement pas jusqu'à l'avènement de la crise économique de 1930, malgré la timide percée du franc dans l'économie locale et le début de l'industrialisation de la filière bois (avec l'installation en 1920 du Consortium).

En effet, non seulement le pillage systématique des ressources naturelles du pays se poursuivit, mais surtout, l'exploitation continua à s'appuyer sur la force de travail des Gabonais. Le système d'exploitation resta le même que trente ans auparavant : la production continuait d'accaparer toutes les forces vives du pays au détriment de l'économie vivrière locale, la priorité était accordée aux produits d'exportation, aucun effort n'était fait pour développer l'activité commerciale interne, etc.

Comme on peut le constater, la structure de l'économie n'avait guère évolué. Cette situation, au demeurant, si elle fut profitable aux différentes entreprises, forestières notamment, a été très préjudiciable à la colonie. En effet, le non-développement des moyens de production avait quasiment fait reposer l'exploitation sur les seules populations locales. Or, étant donné que la colonie du Gabon était extrêmement sous-peuplée, cette forte concentration de la population sur la côte avait provoqué des déséquilibres démographiques. La production vivrière régressa dangereusement, ce qui provoqua les graves crises alimentaires des années 1920.

Cette situation fut également manifeste pour des secteurs comme l'agriculture d'exportation ou la cueillette du caoutchouc qui, jugées trop pénibles par les Gabonais, furent désertés. Or, si les différentes exploitations agricoles avaient été mécanisées, la production se serait poursuivie malgré la défection d'un grand nombre de planteurs ou cueilleurs au profit de l'exploitation forestière.

Par rapport à tout cela, la crise économique de 1930 est à prendre comme le catalyseur d'un nouveau système économique car, sans le savoir, l'économie du Gabon avait depuis un temps amorcé sa mutation vers une organisation plus équilibrée et plus intégrée. Le développement de la culture du cacao dans la circonscription du Woleu-N'Tem, alors que la crise sévissait de plus bel dans la colonie, l'atteste bien.

En effet, consécutivement aux licenciements massifs des travailleurs forestiers qui virent les originaires du Woleu-N'Tem regagner leur circonscription et à la volonté de l'administration de spécialiser les zones en fonction de la rentabilité[3], la culture du cacao dans cette localité connut un essor sans précédent[4].

Ce développement de la culture du cacao dans le Woleu-N'Tem pourrait s'expliquer par le fait que l'économie monétaire qui désormais n'excluait aucune région de la colonie, a désormais intégré tous les Gabonais et suscité en eux le goût de l'entreprise. Nombreux furent en effet les autochtones qui, écartés de l'exploitation forestière, désiraient développer leur propre activité économique.

Tel fut le cas des anciens travailleurs forestiers originaires du Woleu-N'Tem qui réussirent à se reconvertir dans la culture du cacao. Le rapport du 1er trimestre 1929 sur le Woleu-N'Tem nous apprend que cette volonté était même bien antérieure à la grande crise. En effet, les planteurs de Bitam prirent par eux-mêmes l'initiative de se « *cotiser pour acheter l'outillage économique dont ils ont besoin. Ils envoient à leurs frais des jeunes gens qui sont placés sous la direction d'un conducteur de travaux agricoles. Ils retournent dans leur circonscription d'origine quand ils ont appris à se servir des outils tels que : les pulvérisateurs, les couteaux spéciaux pour tailler les cacaoyers et cueillir les fruits*[5]. »

Aux mutations générales de l'économie gabonaise, il convient d'ajouter les mutations internes de l'économie forestière de la colonie. En effet, malgré une réglementation assez rigoureuse, l'exploitation forestière continuait à souffrir de l'absence d'un organe capable de coordonner la politique d'exploitation des différents exploitants.

La crise, durement ressentie dans les milieux forestiers gabonais, permit donc de mettre en lumière les limites d'un système d'exploitation archaïque. L'époque de la course effrénée vers l'or vert était désormais révolue, l'exploitation requérait des différents exploitants forestiers le sens des responsabilités. Le mode d'exploitation désordonné en vigueur ne pouvait continuer. Les cours de l'okoumé étant fluctuants, les exploitants devaient adapter leur production avec les besoins réels du marché, tant en ce qui concerne la quantité que la qualité des bois produits. L'exploitation nécessitait une industrialisation plus poussée afin d'accroître la valeur ajoutée des bois exportés.

---

[3] Il faut dire que cette circonscription bénéficiait depuis 1929 d'un centre de vulgarisation agricole. Cf. CAOM d'Aix-en-Provence, 4(1)D36, Rapport du 1er trimestre 1930 sur la situation économique du Gabon.

[4] La production de cacao dans la Woleu-N'Tem passa de 250 tonnes en 1933 à 432 en 1934. Sans la fraude en direction de la Guinée espagnole, la production se serait chiffrée à plus de 500 tonnes.

[5] CAOM d'Aix-en-Provence, 4 (1) D 35, Rapport sur la circonscription du Woleu-N'Tem au 1er trimestre 1929.

De plus, suite aux dégradations occasionnées sur les écosystèmes forestiers de la côte par l'exploitation désordonnée, une politique d'aménagement de la forêt était indispensable faute de voir disparaître cette richesse qui avait permis à la colonie du Gabon de se démarquer économiquement des autres territoires de l'AEF.

L'administration avait d'ailleurs bien compris la précarité de l'économie forestière car dès la première alerte due à la surproduction de 1928, elle appliqua des mesures plus restrictives bien que l'économie forestière observait une bonne reprise.

Mais, ces mesures, si elles furent opportunes, eurent du mal à éviter que l'exploitation forestière, comme toutes autres exploitations en activité au Gabon, empêtrée dans un système économique suranné, ne sombre dans la crise la plus dure de sa courte histoire.

Les causes commerciales liées à la conjoncture internationale

La stabilité du Gabon fut mise à rude épreuve suite à la dépréciation dès 1929 de la valeur de l'okoumé, son principal produit d'exportation, qui s'est traduit par la chute brutale des cours de ce produit (estimé en 1928 en prix plage à 455 francs) comme le montre le tableau I.

Tableau I
Evolution des cours de l'Okoumé « loyal et marchand »
(en francs constants / tonne)[6]

Années		Prix plages	Prix en Europe
1928		455	-
1929	1er semestre	433	-
	2ème semestre	433 à 412	-
1930	1er semestre	412 à 411	-
	2ème semestre	411 à 294	-
1931		294 à 278	-
1932		278 à 469	859 à 937,5
1933		469 à 574	937,5 à 1065,5
1934		614 à 789	1065,5 à 1228

Sources : *CAOM 4 (1) D 35 - 4 (1) D 39, Rapport d'ensemble 1929-1934 et 5 D 15 - Bulletin d'information du gouvernement général de l'AEF, n°10, 31 mai 1935, p. 65.*

---

[6] La transformation des francs courants en francs constants, pour toute l'étude a été réalisée à partir de l'indice des prix de gros français base 1938. Cf. *Bulletin Statistique*, INSEE, 1972.

Certes, on pourrait attribuer à la conjoncture internationale une part des responsabilités dans les difficultés économiques de l'industrie forestière du Gabon[7], mais une part bien plus large incombe aux erreurs commises par les exploitants forestiers eux-mêmes[8]. En effet, certains exploitants forestiers firent preuve d'une grande imprévoyance, notamment, par l'achat d'un matériel trop important, trop onéreux et souvent mal adapté, qui vint alourdir les frais généraux, et aussi, d'une naïve spéculation qui entraîna la surproduction et la surcapitalisation. Ainsi, à partir du moment où le marché chancelait, il devenait pratiquement impossible de rémunérer un tel capital. C'est ce qui se produisit lorsqu'une surproduction d'environ 25 % alourdit le marché[9].

Vers la fin de l'année 1930, suite à la crise qui paralysait le secteur industriel allemand, qui absorbait plus de 70 % de la production d'okoumé, la situation de l'industrie forestière du Gabon était grave. On estimait alors que la capacité d'absorption du marché oscillait aux environs de 300.000 tonnes, or les exportations des trois premiers trimestres s'étaient élevées à 318.286 tonnes[10]. D'autre part, suivant les informations venues d'Europe, il existait, au Havre, un stock de bois exotiques dépassant 100.000 tonnes dans lesquelles la proportion des bois d'Okoumé était importante[11]. Des stocks analogues se trouvaient à Hambourg (300.000 tonnes) et à Brême (12.000 tonnes)[12]. Une partie de ce bois était invendue.

Si les vendeurs cherchaient surtout à vendre par contrat, les acheteurs, de leur côté, avant de se décider à passer leurs ordres, tenaient à voir la marchandise. En effet, ils avaient fait, principalement à partir de 1928, de fâcheuses expériences qui les avaient rendus méfiants car, souvent, la qualité des bois livrés ne correspondait pas à celle qu'ils attendaient.

---

[7] Le retournement des cours mondiaux des matières premières s'effectua dès avant la crise de 1929. Voir ALMEIDA-TOPOR H. (d'), (1993), *L'Afrique au XXe siècle*, Paris, Armand Colin, p. 110. À la suite du « boom » de Wall Street en 1928-1929 qui s'était traduit par le ralentissement des entrées de capitaux américains en Allemagne, ce pays entra dès 1928 une récession économique (cette récession s'accentua dès 1930 avec le rapatriement des capitaux américains); ce qui explique la baisse des exportations de bois gabonais en 1929, car la production antérieure n'avait pas toute été écoulée. Voir MARCEL B., TAÏEB J., (1989), *Crises d'hier, crises d'aujourd'hui : 1873..., 1929..., 1973...*, Paris, Nathan, p. 148.

[8] CAOM d'Aix-en-Provence, 4 (1) D 37, Rapport d'ensemble sur le Gabon en 1931.

[9] *Ibid.*

[10] *Ibid.*

[11] *Ibid.*

[12] *Ibid.*

Dans la pensée que la demande en Europe irait sans cesse en augmentant, les exploitants étaient pressés d'exporter un tonnage de bois plus important dans le but d'obtenir de nouvelles concessions, d'impressionner les actionnaires et d'encourager les accroissements de capital ou encore pour bien d'autres basses raisons. Toutefois, ils avaient inondé le marché de bois de qualité souvent médiocre et provoqué de ce fait une crise de surproduction qui se solda en 1929 par de fortes baisses des exportations comme l'indique le graphique I (Cf. page 150) et de nombreuses faillites[13].

Le directeur général de la Compagnie Commerciale de l'AEF (CCAEF), notait à ce sujet que « *la situation actuelle du marché de l'okoumé est due presque uniquement à la surabondance de très mauvaise marchandise de laquelle on pourrait dire qu'elle serait difficilement vendable en tout temps. Il suffit de regarder les bois dont les magasins de Brême et d'Hambourg se sont encombrés pour se convaincre que les trois quarts de ces bois n'auraient jamais dû être exportés. L'opinion des courtiers (...) d'Hambourg est catégorique à cet égard ; et tout dernièrement, ces messieurs déclaraient que, sur 40.000 tonnes composant les stocks (importés), 8.000 seulement pourraient répondre à la désignation « loyale et marchande.* [14]»

La surproduction de 1930 résultait donc des invendus des exportations anciennes dont le tonnage était bien plus important que la capacité réelle d'absorption du marché. Comme ce fut le cas en 1929 pour la surproduction de 1928, celle de 1930, conjuguée à la crise mondiale, entraîna la débâcle des cours de l'okoumé et la situation désastreuse que connut l'économie du Gabon à partir de la fin de cette même année.

La crise du bois

Les effets de la crise commerciale du bois gabonais furent désastreux pour la colonie. Pour une colonie dont l'activité économique tournait pour l'essentiel autour de l'exploitation forestière, la baisse brutale des exportations du bois fut durement ressentie aussi bien par les exploitants eux-mêmes (Européens et Gabonais), que par les populations gabonaises qui virent leur contribution fiscale revue à la hausse pour compenser le manque à gagner des finances publiques.

---

[13] CAOM d'Aix-en-Provence, 3 D 42, Correspondance du directeur général de la CCAEF au lieutenant-gouverneur du Gabon, Rapport Devouton n°6, sur le contingentement des exportations d'okoumé au Gabon, 15 janvier 1939.

[14] *Ibid.*

L'année 1931 fut celle au cours de laquelle la colonie fut le plus durement touchée par la crise. En effet, le commerce du bois avait bénéficié d'une conjoncture internationale favorable dès 1925. Celle-ci avait apporté une relative prospérité. Mais la colonie du Gabon connut une première crise en 1929, consécutive à la surproduction de l'année antérieure, que l'administration jugula par un certain nombre de mesures : un arrêté du 11 septembre 1929 avait relevé le diamètre des bois à l'abattage[15]. Le 31 décembre 1929, un autre arrêté avait stipulé que « *les parcelles de forêts faisant l'objet de permis de coupe industrielle et dont l'exploitation normale est terminée pourront être mise en réserve, soit au profit de la colonie dans les conditions prévues par le décret du 28 mars 1899 sur le régime forestier, soit au profit des détenteurs actuels des dits permis et sur leur demande motivée.* [16]»

Graphique I : Exportation des bois du Gabon de 1924 à 1939.

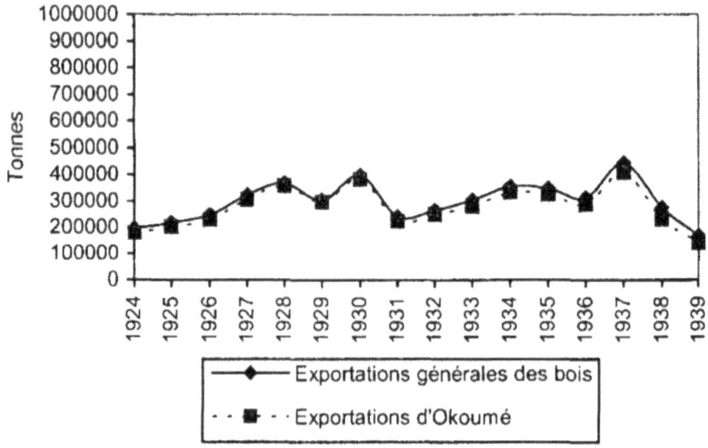

Sources :

- Annuaire statistique de l'AEF, vol. 1, 1936-1950.
- CAOM d'Aix-en-Provence, 4 (1) D 9 - 4 (1) D 59- Rapports d'ensemble sur la situation économique du Gabon, de 1903 à 1951.
- Bulletins économiques de l'AEF, de 1926 à 1937.

[15] *JOAEF* du 15 octobre 1929, p. 1055.
[16] *JOAEF* du 1er février 1930, p. 91.

Afin d'éliminer les entreprises utilisant trop de main d'œuvre, des conditions d'exploitation sévères avaient été imposées (dans le même arrêté), comportant l'emploi d'un matériel mécanique proportionné à la superficie du permis exploité.

L'application de ces mesures était indispensable afin de minimiser la récession observée au sein des marchés traditionnels (Allemagne, France et Angleterre notamment). Mais, le marché continuait d'être alourdi par les bois invendus, ce qui annonçait une nouvelle chute des cours, surtout que la production de 1930 avait repris sans tenir compte de ce point. Aussi, pour éviter une nouvelle crise de surproduction, d'autres restrictions furent apportées : par un arrêté du 08 octobre 1930, l'octroi de permis de coupe avait été suspendu pendant une période de six mois renouvelables à compter du 15 octobre de la même année[17].

En cette période dépressive, on estimait que la production ne devait sensiblement pas dépasser le chiffre de 300.000 tonnes correspondant à la consommation annuelle du marché. Or, au 1er décembre 1930, la superficie des permis de coupe concédés s'établissait comme suit : 21 chantiers de 500 ha, soit 11.000 ha ; 111 permis de coupe de 2.500 ha, soit 284.036 ha, et 53 permis de coupe industrielle, soit 713.654 ha ; ce qui donnait un total de 1.008.690 ha[18].

En divisant ce total par 2.500 ha (superficie retenue par l'administration pour son évaluation), on obtenait environ 404 parcelles qu'il fallait multiplier par 800 tonnes (contingent à produire pour chaque exploitation de 2.500 ha). Le produit obtenu était de 323.200 tonnes auxquels il convenait de soustraire 1/3 représentant la perte entre l'abattage et la sortie, par suite de l'élimination de billes fendues, tordues, etc. La production nette ressortait donc à environ 216.000 tonnes[19].

Mais, l'administration estima, suite aux vives contestations des grands exploitants[20], que ce système de contingentement aurait restreint l'activité de grandes entreprises qui disposaient d'un important matériel qui leur permettait de tirer de leurs permis le maximum de rendement possible. Ces entreprises, qui – hormis leur excellent rendement à la production – , avaient des frais généraux importants, auraient été trop désavantagées ; car la réduction pour certaines d'entre elles s'élevait à près de 75 %[21], ce qui était

---

[17] *JOAEF* du 1er novembre 1930, p. 931.

[18] CAOM d'Aix-en-Provence, 4 (1) D 36, Rapport d'ensemble sur le Gabon en 1930.

[19] *Ibid.*

[20] *Ibid.*

[21] *Ibid.*

tout le contraire de petites entreprises dont la production habituelle tournait autour de 800 tonnes.

Ainsi, l'arrêté du 16 décembre 1930 décida que : « *le chiffre de 800 tonnes pourra, sur demande des intéressés, être majoré, selon la valeur du matériel investi, dans les proportions suivantes : 35 % pour les 1.000.000 de matériel, 50 % pour 2.000.000 de matériel et 75 % pour 3.000.000 de matériel.* [22]»

Mais avant que ces nouvelles dispositions ne fussent testées, une crise sans précédent vint frapper le secteur forestier du Gabon. Plus de la moitié de la production de 1930 n'ayant pas été vendue en Europe, la production de 1931 était condamnée à la perte. La régression des exportations de bois de la colonie fut cette année de l'ordre de 40 % par rapport à l'année précédente. Le choc fut rude pour les différentes exploitations ; l'euphorie de la fin des années 1920 avait laissé place au début de cette nouvelle décennie à la désolation.

Il semble donc que la gravité de la crise ait surpris les exploitants forestiers comme l'atteste ce rapport administratif de 1931 : « *surpris par la crise de l'Okoumé, en plein désarroi, ayant pour actif des stocks de bois invendables, beaucoup de chantiers n'eurent même pas de quoi payer les salaires, les faillites se multiplièrent et nombreux furent ceux qui fermèrent boutique et vendirent leurs exploitations aux grands exploitants qui eux résistèrent non sans mal.*[23]»

Cette situation provoqua donc la concentration de l'exploitation forestière aux mains de grandes entreprises comme le groupe de Muizon, la CCAEF, la SHO-bois, la CNBDCO, le groupe KONG, etc., dont la solidité financière permit de mieux résister aux ravages de la crise.

Il faut dire que les petits exploitants atteints aussi par la crise n'avaient guère le choix car les banques avaient considérablement restreint leurs crédits. L'une d'entre elles, la Banque française de l'Afrique, déposa même le bilan. L'autre, la Banque commerciale africaine diminua très nettement ses opérations, se contentant de pratiquer un escompte documentaire très prudent[24].

Pour les entreprises qui parvinrent à subsister, il fut désormais question d'améliorer leur mode d'exploitation de façon à diminuer le tonnage des bois non évacués. Toutefois, les diminutions fiscales et l'abaissement des taux de fret dès 1931 contribuèrent à atténuer les effets de la crise chez les exploitants forestiers[25].

---

[22] *JOAEF* du 1er janvier 1931, p. 5.

[23] CAOM d'Aix-en-Provence, 4(1)D 37, Rapport d'ensemble sur le Gabon en 1931.

[24] CAOM d'Aix-en-Provence, 3D42, Rapport Devouton n°6, sur le contingentement des exportations d'okoumé au Gabon, 15 janvier 1939.

[25] CAOM d'Aix-en-Provence, 4(1) D37, Rapport d'ensemble sur le Gabon en 1931.

Dans les milieux gabonais, la situation fut aussi difficile. En effet, non seulement les travailleurs forestiers furent licenciés sans salaires ni pécules, dont le prélèvement a été rendu obligatoire par l'arrêté du 05 décembre 1929[26], mais aussi, les cultivateurs dont les chantiers forestiers constituaient un grand marché où s'écoulaient aisément les produits virent leurs revenus considérablement baisser[27].

Aussi, consécutivement à ce marasme économique, la situation financière de la colonie accusa le coup. Car, non seulement la métropole, du fait de la crise qu'elle subit également, supprima la subvention qu'elle allouait annuellement au budget du Gabon, mais surtout les recettes forestières qui jusqu'alors avaient impulsé l'évolution de la colonie chutèrent brutalement.

En effet, évaluées en 1928 à 59 % des recettes budgétaires du Gabon, les recettes forestières connurent à partir de l'année suivante une régression continuelle de près de 50 % en 1929, 39 % en 1930 et 20 % en 1931 avant de remonter légèrement : 29 % en 1932, 37 % en 1933 et 40 % en 1934. Comme on peut le voir à travers ces statistiques, l'année 1931 est celle où l'activité forestière fut le plus atteint par la crise.

Aussi, pour restaurer les finances publiques, l'administration dut revoir la fiscalité à la hausse. Ainsi, si la part des différentes taxes (patentes et licences comprises) était croissante : 8,3 % en 1929, 7,9 % en 1930, 9,3 % en 1931, 10,5 % en 1932, 11,2 % en 1933 et 16,7 % en 1934, soit pour ces années de dépression, un total de contribution s'élevant à 11 % et un taux annuel moyen de variation d'environ 15 %, celle de l'impôt de capitation ne le fut pas moins : 19,7 % en 1929, 17,8 % en 1930, 25,2 % en 1931, 27,2 % en 1932, 27,5 % en 1933 et 24,5 % en 1934, soit au total 23,3 % et un taux annuel moyen de variation de 4,3 %.

---

[26] L'arrêté du 05 décembre1929 crée, pour la main-d'œuvre indigène employée au Gabon, un timbre-pécule dont la valeur juridique correspondra à la retenue désormais obligatoire opérée sur les salaires. Le total de ces retenues mensuelles, dont le montant pouvait atteindre la moitié du salaire à la demande du travailleur concerné, était reversé directement à l'intéressé à la fin de son contrat, soit sur son lieu de travail, dans sa circonscription d'origine. Cf. CAOM d'Aix-en-Provence, 2 H 27, dossier n° 591, sur l'arrêté du gouverneur général du 05 décembre1929 portant création au Gabon d'un timbre-pécule pour la main-d'œuvre indigène employée tant sur les chantiers publics que privés.

[27] SAUTTER G., (1966), *De l'Atlantique au fleuve Congo. Une géographie de sous-peuplement, République du Congo, République gabonaise*, Paris, La Haye Mouton & Co, p. 844.

L'apport des mesures administratives

En réaction à la dépression économique dans laquelle se trouvait le Gabon, l'administration prit un certain nombre de mesures visant à assainir l'exploitation forestière, principal secteur économique de la colonie. Ces mesures portèrent notamment sur le contingentement des exportations et les autorisations d'exploitation.

Le contingentement des exportations

L'arrêté du 16 décembre 1930 avait, dès sa publication, été l'objet de vives contestations de la part des exploitants forestiers, notamment ceux de l'Ogooué[28] insuffisamment informés sur la portée des mesures qu'il édictait et mal renseignés sur la situation du marché de l'okoumé.

Les coupeurs de bois firent remarquer que cet arrêté faisait supporter la réduction de la production surtout par les petites entreprises et n'établissait pas assez équitablement la répartition entre les diverses catégories d'exploitations. D'après eux, les petites entreprises qui possédaient un ou deux permis d'exploitation ne pouvaient pas fonctionner normalement en abattant seulement 800 ou 1.600 tonnes, surtout si elles disposaient d'un matériel important, mais n'atteignaient pas la valeur d'un million, chiffre qui donnait droit à majoration[29]. L'application de l'arrêté du 16 décembre 1930 fut suspendue et un nouveau texte tenant compte des suggestions des intéressés fut mis à l'étude[30].

Les desiderata des deux principaux groupes de producteurs (exploitants de l'Ogooué et de l'Estuaire) ne convergeaient pas du tout. Comme le constatait le gouverneur du Gabon dans une lettre datant du 29 janvier 1931, « *tandis que l'Association du Commerce de Libreville, tout en se montrant hostile au principe même du contingentement, avait préconisé l'organisation du contingentement et des coopératives de vente, celle de Port-Gentil*

---

[28] On désignait communément par « exploitants forestiers de l'Ogooué » les exploitants issus des circonscriptions des Ouroungou et du Bas-Ogooué, car leurs exploitations étaient situées dans le bassin versant de l'Ogooué. L'écoulement de leur production vers la côte se faisait de ce fait par ce fleuve dont l'embouchure est située non loin de Port-Gentil.

[29] CAOM d'Aix-en-Provence, 4 (1) D 37, Rapport d'ensemble sur le Gabon en 1931.

[30] *Ibid.*

repoussa ces organisations. Cette divergence de vues correspond à une véritable opposition d'intérêt entre ces deux régions : l'Ogooué et l'Estuaire[31]. »

D'après lui, « *les bois de l'Ogooué, dont l'évacuation est plus lente, sont généralement de qualité moins bonne que ceux de l'Estuaire, et d'autre part, tandis que les entreprises de cette dernière région, disposant de moyens plus puissants, traitent directement par contrat, soit avec les acheteurs européens, soit avec les usines, les exploitants de l'Ogooué vendent le plus souvent leur production à des marchands de bois installés sur place et desquels ils obtiennent des avances de fonds. L'intérêt des marchands de bois de Port-Gentil (...) n'est donc pas de voir fonctionner un conditionnement qui empêcherait la sortie de lots importants. L'organisation des coopératives qui seraient appelées à éliminer peu à peu les acheteurs sur place n'a évidemment pas non plus la faveur de ces derniers, malgré les avantages qui résulteraient de l'octroi d'avances aux producteurs*[32]. »

Bien qu'il fût fort difficile de concilier tous les intérêts en jeu, le contingentement des exportations d'okoumé s'imposait. Mais il fallait l'organiser sur de nouvelles bases.

La Chambre Syndicale des Producteurs de Bois Coloniaux africains proposait le projet suivant[33] :

1°/- la quantité de bois dont l'exportation autorisée serait fixée à 2.000 tonnes par entreprise quelle qu'elle soit ;

2°/- les entreprises qui auraient produit plus de 2.000 tonnes annuelles seraient autorisées à exporter un tonnage représentant la moyenne de leurs expéditions de 1929 et 1930, réduites de 25 % ;

3°/- possibilité d'accorder à certaines entreprises qui ont fait des installations importantes, et sur demande du syndicat des producteurs, une bonification pouvant atteindre 12.000 tonnes.

L'Association du Commerce de Port-Gentil estimait par contre que la réduction devait porter sur le tonnage abattu :

1°/- une première catégorie d'exploitants ayant travaillé normalement en 1930 serait contingentée à cette production réduite de 25 % ;

2°/- une seconde catégorie d'exploitants ayant commencé à exploiter en 1930 pourrait effectuer pour l'année un abattage de 2.600 tonnes quel que soit le nombre de leurs permis ;

3°/- il serait accordé aux entreprises la faculté d'opter pour l'une ou l'autre mesure.

Cette proposition fut écartée pour diverses raisons. Tout d'abord on ne pouvait contingenter la production à la sortie, car de multiples coupeurs n'étaient pas exportateurs et vendaient leurs bois à des intermédiaires.

---

[31] CAOM d'Aix-en-Provence, 3 D 42, Rapport Devouton n°6, du 15 janvier 1939, sur le contingentement d'okoumé au Gabon.

[32] *Ibid.*

[33] *Ibid.*

Ensuite, la possibilité de la part du syndicat d'intervenir pour faire augmenter le contingent attribué ne plaisait pas à l'administration. Enfin, ce mode de contingentement aboutissait à une exportation de l'ordre de 372.000 tonnes.

Concernant les propositions des exploitants de Port-Gentil, l'administration estima que le contingentement fixe de 2.600 tonnes était insuffisant pour les titulaires de plus d'un permis de 2.500 ha qui n'auraient plus aucun intérêt à détenir des parcelles forestières pour lesquelles ils acquitteraient une taxe substantielle[34].

Le contingent fut établi par l'arrêté du 21 avril 1931 sur les bases suivantes [35]: la taxe d'abattage de 30 francs était appliquée à tous les arbres abattus dans l'exploitation jusqu'à réalisation d'un tonnage correspondant :

1°/- pour les permis de coupe accordés en 1929 ou antérieurement, à la moyenne de l'abattage des années 1929 et 1930, diminuée de 30 % ;

2°/- pour les permis de coupe dont l'exploitation avait commencé en 1930 ou dont l'exploitation n'avait pas encore eu lieu, soit au tonnage abattu en 1930 diminué de 30 %, soit à un contingent fixé ainsi qu'il suit : 2.000 tonnes pour un ou deux permis de 2.500 ha ou pour une superficie allant de 2.500 ha à 5.000 ha avec une majoration de 600 tonnes pour un troisième permis de 2.500 ha, 400 tonnes pour un quatrième permis ou parcelles supplémentaire de 2.500 ha ;

3°/- 400 tonnes par un chantier indigène ;

4°/- pour les permis accordés en 1930, faculté était laissée aux titulaires d'opter pour le contingent déterminé au paragraphe b.

Les arbres abattus en surplus des tonnages ainsi déterminés étaient soumis à une redevance de 500 francs à l'abattage.

Parallèlement à ces mesures, destinées à amener une réduction de l'exportation à un chiffre inférieur à 300.000 tonnes, un abaissement des taxes territoriales était prévu afin de diminuer les charges des exploitants qui étaient trop lourdes en ce temps de crise[36].

Le chiffre du contingent total devant résulter de l'application de l'arrêté du 21 avril 1931, qui avait été évalué d'abord à 405.000, fut ensuite ramené à 382.000 tonnes. La réintégration d'un certain nombre d'exploitants l'éleva ensuite à 404.000 tonnes, soit un chiffre voisin des premières prévisions[37].

---

[34] *Ibid.*

[35] CAOM d'Aix-en-Provence, 4 (1) D 37, Rapport d'ensemble sur le Gabon en 1931.

[36] *Ibid.*

[37] *Ibid.*

Deux transferts, l'un représentant un contingent omis, l'autre la répartition d'un permis entre créanciers d'une affaire, augmentèrent de 6.000 tonnes le contingent, le portèrent à 410.000 tonnes[38]. Ce chiffre passa, enfin, définitivement à 428.000 tonnes, à la suite d'une convention passée par la colonie avec un exploitant en février 1932 (4.500 tonnes) et de l'exécution de conventions passées hors de la colonie (13.000 tonnes)[39].

Comme on peut le constater, la prévision d'un abandon de 30 % de l'abattage qui devait permettre une exportation de 300.000 tonnes fut erronée. L'expérience montra que pour beaucoup d'exploitations, l'abandon d'une part de l'abattage ne dépassait guère les 20 % voire 10 %[40]. Le contingent de 428.000 tonnes risquait donc de donner une exportation de 350.000 tonnes au moins, alors qu'on estimait les besoins du marché aux environs de 300.000 tonnes.

Par ailleurs, il convient de mentionner les difficultés que rencontrèrent certains exploitants forestiers. En effet, suite au prolongement de la période d'application de la législation de crise[41], plusieurs exploitations, qui avaient pu résister jusque-là, commencèrent à montrer des signes évidents d'étouffements[42].

Il était donc devenu nécessaire de tenir le plus grand compte de la situation de certains exploitants qui, disposant depuis longtemps d'un matériel important, se trouvaient dans une situation précaire car ayant presque complètement exploité leurs parcelles ; ils risquaient, faute de nouvelles concessions, de voir arrêter la marche de leurs entreprises[43].

Ainsi, le maintien intégral de cette réglementation de crise ne pouvait que conduire à une réduction encore plus grande de la production. L'arrêté en date du 22 juin 1932 du lieutenant-gouverneur du Gabon, basé sur ces considérations, fut donc décisive pour la suite de l'exploitation forestière au Gabon.

---

[38] CAOM d'Aix-en-Provence, 4 (1) D 38, Rapport d'ensemble sur le Gabon en 1932.

[39] *Ibid.*

[40] *Ibid.*

[41] L'application de la législation de crise devait en principe expirer au 15 juillet 1932. Mais, après une étude approfondie de la question et en accord tant avec les associations de commerce qu'avec le comité local de la Section des Producteurs de Bois du Gabon, le gouvernement a estimé que l'abrogation des mesures prises ne pouvait sérieusement s'envisager, de peur de provoquer une production intensive, et par voie de conséquence, une nouvelle baisse des cours de l'okoumé.

[42] CAOM d'Aix-en-Provence, 5D15, Bulletin d'information du Gouvernement Général de l'AEF, n°3, 1er avril 1932, p. 58.

[43] *Ibid.*

Le tableau II donne une idée de l'application du contingentement des exportations de bois en 1931.

Tableau II
L'application du contingentement sur quelques grandes entreprises en 1931

Sociétés	Superficies (ha)	Contingents (en tonnes)
Compagnie Commerciale de l'AEF (CCAEF)	131.350	39.988
Compagnie d'Exploitation Forestières Africaines (CEFA)	138.994	29.936
Groupe KONG	88.831	20.295
Compagnie Forestière des bois du Gabon (CFBG)	87.902	18.400
Société du Haut-Ogooué (SHO)	67.088	9.460
Union Coloniale Agricole et Forestière (UCAF)	62.402	18.000

Source : *CAOM, 3 D 42, Rapport Devouton n°6 sur le contingentement des exportations d'okoumé au Gabon, 1939.*

Le verrouillage de l'exploitation

Il ne suffisait pas de réduire les possibilités d'exportation des entreprises déjà installées au Gabon, il était nécessaire en outre d'empêcher de nouveaux exploitants de venir s'y installer. L'administration prit donc le 22 juin 1932 un arrêté fixant les nouvelles conditions d'octroi de permis de coupe[44]. L'article 1er divisait les régions forestières de la colonie à compter du 15 juillet 1932 en deux zones d'exploitation : la première, située entre l'océan, la Guinée espagnole et une ligne brisée déterminée par des villages et des rivières, représentant sensiblement la partie de la colonie en exploitation à cette date. La deuxième zone comprenait le reste du territoire de la colonie et était fermée à l'exploitation forestière.

L'article 2, qui devait donner lieu par la suite à de nombreuses discussions, disposait :

> « *Dans la première zone, des autorisations d'exploitations ne pourront être accordées qu'aux personnes qui, n'étant plus actuellement titulaires d'aucun permis de coupe, étaient détentrices d'une autorisation d'exploitation forestière à la date du 15 octobre 1930.* »

Ne pouvaient réclamer le bénéfice de ces dispositions que les exploitants ayant vendu ou cédé leur droit d'exploiter. Par ailleurs, ces autorisations d'exploiter étaient consenties de la manière suivante :

---

[44] *JOAEF* du 1er août 1932, p. 678.

a)- Selon les dispositions relatives aux permis de coupe ordinaire ou permis de coupe industrielle prévues par l'article 10 de l'arrêté du 28 novembre 1927 et pour une superficie allant de 2.500 à 5.000 ha. Il ne pouvait être accordé qu'un seul permis d'exploitation par an et par personne ou par entreprise. Ce permis ne pouvait être délivré qu'à celui qui fournissait la preuve qu'il détenait dans la colonie un matériel d'évacuation de bois comportant au moins trois kilomètres de rail ou un matériel de tracteurs et remorques routiers d'une valeur minimum de 100.000 francs. Ce matériel devait avoir été importé à la colonie depuis plus d'un an.

b)- Selon les conditions d'autorisation d'abattage d'essences (déterminées en nombre et cubage) prévues par l'article 43 du même arrêté, il ne pouvait être accordé qu'une seule autorisation par an et par personne ou par entreprise. Cette autorisation délivrée pour une période variant de 6 mois à un an, ne pouvait porter que sur un nombre de pieds allant de 100 à 500. Il fut établi pour chaque autorisation un cahier des charges imposé à l'exploitant, déterminant notamment le prix de vente par arbre. Le tonnage total d'exploitation des bois coupés en vertu de ces autorisations d'abattage ne pouvait dépasser 10 % du contingent à exporter.

Cette dernière disposition marquait la nouvelle orientation du contingentement, le contrôle devant s'exercer à la sortie et non plus à l'abattage. Cette mesure ne fut réalisée pour l'ensemble des exploitations que beaucoup plus tard par l'arrêté du 28 décembre 1936[45].

Enfin, l'article 3 stipulait qu'« *afin de permettre aux détenteurs actuels de permis de coupe de maintenir l'activité de leur exploitation et de continuer à utiliser leur matériel sans toutefois les faire bénéficier d'aucun supplément de contingent d'exportation, il pourra leur être accordé dans la première zone :*

a)- une nouvelle parcelle de 2.500 ha en échange d'une parcelle d'au moins 2.500 ha dont l'exploitation est terminée, cet échange ne pouvant être consenti qu'une fois par an et pour un même exploitant ;

b)- une autorisation d'abattage d'essences désignées en nombre et cubage déterminé.»

Cet arrêté conçu en termes généraux visait tout particulièrement l'okoumé. Un arrêté du 21 janvier 1933[46], reprenant la plupart des dispositions du texte du 22 juin 1932 ajoutait qu'un délai d'un an était

[45] Arrêté du 28 décembre 1936 déterminant le tonnage annuel d'okoumé que sont autorisés à exporter les titulaires de permis de coupe en AEF. Voir *JOAEF* du 15 janvier 1937, p. 153.

[46] Arrêté du 21 janvier 1933 complétant l'arrêté du 22 juin 1932 réglementant les exceptions à la règle de suspension de l'octroi de tout permis de coupe dans la colonie du Gabon. Voir *JOAEF* du 15 février 1933, p. 223.

accordé aux bénéficiaires des dispositions de l'article 2 dudit arrêté pour formuler leurs demandes de permis.

Il faut dire que ces nouvelles dispositions, malgré les protestations qu'elles suscitèrent aussi bien de la part des exploitants gabonais que des personnes désirant investir dans ce secteur, furent salutaires pour l'assainissement de l'environnement forestier au Gabon.

En effet, le verrouillage provisoire de l'exploitation forestière permettait de restructurer ce secteur dont les limites ont été si gravement démontrées par la crise. D'abord, en restreignant de manière drastique les possibilités d'obtention de nouveaux permis d'exploitation, l'administration entendait régler définitivement le vagabondage des exploitants qui, bien que n'ayant pas totalement exploité leurs concessions, les abandonnaient pour demander d'autres plus riches en okoumé d'excellente qualité. Etant désormais condamnés à exploiter entièrement leurs concessions forestières, les exploitants se trouvaient obligés d'en améliorer la productivité, en se dotant notamment d'un matériel adéquat.

L'administration souhaitait également protéger le secteur forestier des aventuriers et autres spéculateurs uniquement intéressés par le profit. Le bois n'étant pas une ressource inépuisable, la politique forestière s'orientait désormais vers une exploitation rationnelle qui privilégierait davantage les sociétés disposant d'un programme d'investissement à long terme.

Ce souci de rationaliser l'exploitation et de préserver l'équilibre des écosystèmes forestiers, mis à mal par une exploitation désordonnée, fut d'ailleurs matérialisé par la création d'une seconde zone provisoirement fermée à l'exploitation. Cette préservation momentanée d'une zone dont la superficie représente plus de 3/4 de l'espace forestier de la colonie était bénéfique car elle permettait, lorsque le moment de son exploitation serait jugé opportun, de laisser en jachère la première zone[47].

Par ailleurs, la constitution, par le même arrêté (du 22 juin 1932), de quelques réserves forestières en première zone tendait vers ce même idéal.

Les effets de la nouvelle réglementation

Par cette nouvelle réglementation (la suspension de l'octroi de nouveaux permis et le contingentement des exportations), l'administration coloniale visait surtout la restriction des arrivées d'okoumé sur le marché

[47] Pour que les jeunes okoumé atteignent des dimensions exploitables, il fallait une période d'au moins 30 ans. Voir à ce propos l'article intitulé « Quelle est l'origine de l'okoumé gabonais ? » in *AEF économique et financière,* n°15, janvier 1959, p. 16.

européen et la création d'un climat favorable au redressement des cours de cette essence dès la reprise économique en Europe.

En effet, la diminution notable des exportations a permis la liquidation à peu près complète des stocks d'okoumé qui gênaient le marché européen[48] et provoqué une reprise des cours dès le mois de septembre 1931 (jusqu'à environ 750 francs la tonne suivant les qualités)[49].

L'année 1932 fut par conséquent, une année d'espoir sur le plan économique. En effet, la restriction de la production de bois autour de 250.000 tonnes, peu sensible en 1931, en raison des stocks de 1930, s'était par contre révélée efficace en 1932. Les prix pratiqués à partir de cette année furent rémunérateurs, car la diminution des taxes et du prix de la main d'œuvre, la compression des frais généraux, avaient considérablement réduit le prix de revient de la tonne de bois selon les régions[50].

Ainsi, la situation des travailleurs africains licenciés et privés de leurs droits avait commencé à connaître une issue heureuse. Le tableau III montre comment la question des salaires et des pécules impayés durant la crise a été résolue en 1933.

Tableau III
Salaires et pécules impayés (en francs courants)

Subdivisions	1931	1932	1933	Reste dû au 31 déc. 1933
Estuaire	1.734.050	541.632	391.020	150.612
Ouroungou	318.493	772.257	141.812	630.445
Bas-Ogooué	950.730	259.435	84.464	174.972
Totaux	3.003.273	1.573.324	617.296	956.029

Source : *CAOM d'Aix-en-Provence, 4 (1)D 37 – 4 (1)D39-Colonie du Gabon. Rapports annuels d'ensemble, 1931 – 1933.*

Le mouvement de reprise des affaires, amorcé depuis la fin de l'année 1931, s'est poursuivi convenablement jusqu'en 1933. En effet, suite aux plaintes des travailleurs abusivement congédiés, les conseils d'arbitrage enjoignirent aux différentes sociétés incriminées de rembourser aux ayant

48 CAOM d'Aix-en-Provence, 4 (1) D 37, Rapport annuel de 1931.

49 CAOM d'Aix-en-Provence, 5 D 15, *Bulletin d'information du gouvernement général de l'AEF*, n°1, 1er septembre 1931, p. 24.

50 Le prix de revient moyen qui oscillait légèrement au-dessus de 300 francs la tonne en 1930 et au début de 1931 fut ramené par la suite suivant les régions entre 150 et 200 francs. Cf. CAOM d'Aix-en-Provence, 4 (1) D 38, Rapport d'ensemble sur le Gabon en 1932.

droit la totalité de leurs émoluments qui concernaient surtout les salaires et pécules impayés de 1931 à 1932[51].

Ces arriérés de salaires et pécules ont donc été progressivement amortis, surtout au cours de l'année 1933 où ils le furent dans une proportion de près de 61 %[52]. Les arriérés constatés par les conseils d'arbitrage se répartissaient comme suit[53] :

- au 30 septembre 1931, à 877.170 francs pour les salaires et 2.995.636 francs pour les pécules,
- au 30 septembre 1932, à 466.085 francs pour les salaires et 1.656.174 francs pour les pécules,
- au 30 septembre 1933, à 328.058 francs pour les salaires et 667.544 francs pour les pécules,
- au 31 décembre 1933, à 400.391 francs pour les salaires et 554.637 francs pour les pécules.

Dans la plupart des cas, pour la résorption de ces arriérés, des arrangements furent réalisés avec les entreprises débitrices, lesquelles y affectèrent des versements de 40 à 50 francs par tonne de bois exportée ou vendue[54]. Le produit de la vente des permis de coupe des entreprises n'ayant pas survécu à la crise entra aussi dans ce règlement[55]. Enfin, la Compagnie Commerciale de l'AEF (CCAEF) dont les arriérés avaient atteint un million de francs en mars 1931 étaient encore de 537.000 francs en 1932, elle reçut du budget local des avances de l'ordre de 500.000 francs.

Les prévisions pour l'année 1934 semblaient encore meilleures, surtout pour la circonscription des Ouroungou où la situation des arriérés était encore trop lourde car, dès les premiers mois de cette année, la CCAEF avait encore consenti un règlement de 268.820 francs [56].

Par ailleurs, la croissance des recrutements de travailleurs dans les différents chantiers forestiers en 1933, suite à l'arrêté du 13 février 1933, confirme cette reprise économique. En effet, par rapport à l'année 1931, les recrutements avaient progressé de 7 % pour les recrutements à l'extérieur et de 20 % pour ceux qui pouvaient être employés sur leur territoire d'origine.

---

[51] CAOM d'Aix-en-Provence, 4 (1) D 39, Rapport d'ensemble sur le Gabon en 1933.

[52] *Ibid.*

[53] *Ibid.*

[54] *Ibid.*

[55] *Ibid.*

[56] CAOM d'Aix-en-Provence, 4(1)D 40, Rapport sur la situation de la circonscription des Ouroungou au 1er trimestre 1934.

Ainsi, sur 6.299 demandes d'emploi en 1933, 5.095 travailleurs furent recrutés[57].

Le mérite de cet effort continu d'apurement des arriérés de salaires et pécules résultant de la crise revient tant aux exploitants forestiers, dont la bonne volonté ne s'était pas démentie, qu'à l'administration dont l'assistance constante des sociétés en difficulté avait permis à l'exploitation de redémarrer convenablement.

Mais, bien que dans son ensemble l'économie forestière fût en redressement, les exploitants développèrent à partir de 1932, la mauvaise habitude de mettre en affermage certaines de leurs concessions forestières afin de contourner les mesures sur le contingentement des exportations[58].

Le gros avantage pour celui qui affermait son permis était de rester titulaire de son permis dont l'exploitation était laissée à un tiers. Ainsi, tout en poursuivant l'exploitation de ses autres permis selon les normes du contingentement, il bénéficiait aussi des retombées de l'activité des parcelles qu'il avait cédées.

La combinaison était avantageuse aussi bien pour le bailleur que pour le fermier. Le bailleur, au lieu de laisser son permis inexploité faute de moyens, touchait une redevance de 30 à 50 francs en moyenne par tonne vendue ou exportée[59], ce qui constituait pour lui une rente appréciable obtenue sans effort. Pour sa part, le fermier trouvait par cette occasion le moyen de contourner les dispositions des arrêtés du 08 octobre 1930 suspendant l'octroi de nouveaux permis et du 15 juillet 1932, notamment en son article 2 qui excluait momentanément tout nouvel exploitant forestier. Il pouvait de ce fait intensifier le rendement de sa parcelle devenue rémunératrice à la suite du rabattement fiscal et surtout de la reprise des cours de l'okoumé qui connurent en 1934 une croissance de l'ordre de 30 % par rapport à 1931.

Ce système n'était pas sans inconvénient. En effet, si les intérêts particuliers tiraient profit de ce régime, l'intérêt général était compromis, puisque cette combinaison pouvait permettre d'atteindre, voire même de dépasser la limite du tonnage fixé pour l'exportation. Cela constituait à ne point douter une menace pour la reprise, surtout quand on sait que la limite fixée par le contingentement était déjà supérieure aux besoins du marché en 1931.

---

[57] CAOM d'Aix-en-Provence, 3D 43, Rapport Devouton n°33, du 15 mai 1939, sur la protection de la main d'œuvre indigène.

[58] CAOM d'Aix-en-Provence, 4(1)D 38, Rapport d'ensemble sur le Gabon en 1932.

[59] *Ibid.*

Il semble donc que l'administration ait manqué de fermeté. En effet, si l'on se reporte à l'arrêté du 09 janvier 1932[60], concernant l'affermage et les tractations relatives à l'exploitation des permis, il était pourtant clairement énoncé que « *le permis ne peut être cédé à un tiers, et aucune tractation de quelque nature que se soit, concernant son exploitation, ne peut intervenir sans l'assentiment de l'autorité qui a délivré le permis et seulement après que les conditions de la cession ou de la tractation ont été approuvées en Conseil d'Administration (...). Le cessionnaire, le fermier, ou celui qui a obtenu un droit quelconque d'exploitation du permis, est substitué au titulaire du permis dans ses droits, charges et obligations de toute nature...*[61] »

Par ailleurs, l'exemple de la Société de l'Afrique Forestière (SAF), qui bénéficia en 1931 de l'affermage de trois permis de 2.500 hectares appartenant à trois entreprises différentes[62] montre que l'application du contingentement des exportations de bois fut souvent sujette à plusieurs interprétations. En effet, au lieu de bénéficier pour ses 7.500 ha d'une production de 2.600 tonnes comme le prévoit l'arrêté du 21 avril 1931, elle a un contingent de 6.000 tonnes, gagnant ainsi un surplus de 3.400 tonnes.

Pour bien comprendre cette disparité lisons le procès-verbal d'une réunion regroupant l'administration et les exploitants forestiers tenue à Libreville le 05 décembre 1933[63] : « *M. le Gouverneur du Gabon rappelle qu'après deux années d'application, on peut admettre que le contingent alloué à chaque permis est une sorte de droit réel attaché à ce permis et susceptible de suivre ses vicissitudes. En conséquence, le transfert d'un permis doit entraîner le transfert du contingent.*[64]»

Cette appréciation de la notion du contingent nous paraît loin des principes qui justifièrent sa mise en place en 1931. En effet, le contingent attribué était une autorisation d'exporter un certain tonnage de bois, un droit personnel subordonné à une certaine activité. Cette autorisation était accordée à une personne ou à une entreprise déterminée.

La base de cette autorisation était l'activité déployée par l'exploitant pendant une période dite de référence et qui était la moyenne de l'abattage des années 1929 et 1930. Ce n'était donc pas le permis qui était assorti d'un droit réel, c'était l'exploitant qui jouissait d'un droit personnel à une part de l'exportation autorisée compte tenu de son activité antérieure. Le contingent n'était pas accordé au permis *x*, mais à M. *y* ou à la société *z*.

---

[60] *JOAEF* du 15 février 1932, p. 123.

[61] *Ibid.*

[62] Les trois entreprises cédantes sont ALFA, G. RENAUX et SAJOUX. Cf. CAOM d'Aix-en-Provence, 4(1)D 38, Rapport d'ensemble sur le Gabon en 1932.

[63] CAOM d'Aix-en-Provence, 4(1)D38, Procès-verbal de la réunion du 05 décembre 1933 sur la situation du contingentement des exportations d'okoumé.

[64] *Ibid.*

Il devait donc suivre les vicissitudes de l'exploitant et non celles du permis. Si un exploitant venait à cesser son activité, il devait perdre le droit au contingent, on ne devait pas lui permettre de tirer profit de son retrait. Le contingent ainsi conçu devenait une rente, un droit acquis monnayable.

Ce relâchement coupable dans l'application des dispositions de l'arrêté du 21 avril 1931 relatif au contingentement des exportations d'okoumé fut inopportun quant au redressement de l'activité forestière de la colonie. En cédant de la sorte aux pressions des exploitants, qui voyant les cours de l'okoumé se relever voulaient absolument accroître leur production, l'administration participa d'une certaine manière à la fragilisation d'un marché encore chancelant.

Les alertes qui suivirent prouvent que le non-respect des quotas imposés par la réglementation de 1931 fut imprudent. En effet, à la suite d'exportations excessives de bois en 1934, la crise fut de nouveau menaçant en 1935.

La situation au lendemain de la crise

L'économie forestière du Gabon, qui au cours des années 1933 et 1934, semblait définitivement sortie du marasme dans lequel elle était empêtrée depuis 1931, connut à partir de 1935 une nouvelle dépression. Cette dépression dont les causes semblent être les mêmes que pour la crise précédente vint illustrer la fragilité encore manifeste de l'économie mondiale.

En effet, non seulement les exploitants forestiers du Gabon avaient repris leurs mauvaises habitudes en exportant trop de bois, mais surtout la situation économique mondiale ne s'était pas totalement remise de la violente crise de 1930.

La production et les prix qui avaient amorcé une progression régulière jusqu'en 1934 connurent des hausses trop rapides, surtout à partir de la seconde moitié de 1936, entraînées par les dévaluations successives des différentes monnaies européennes[65]. Mais, comme celles-ci n'eurent pas d'effets déflationnistes dans le reste du monde, notamment aux Etats-Unis et au Japon où se manifestait une plus grande activité économique, le mouvement général des prix demeura trop élevé[66].

Cette situation posa d'énormes problèmes de paiement en Europe. En effet, la hausse générale des prix ajoutés à la hausse des salaires poussa les

---

[65] KINDLEBERGER Ch.-P., (1988), *La crise mondiale : 1929-1939*, Paris, Economica, p. 272.
[66] *Ibid.*

industriels à augmenter leur production avant que les coûts n'augmentent davantage. Ce qui entraîna un accroissement rapide des exportations des matières premières dans les douze mois qui suivirent l'été 1936. Mais, disproportionnés aux besoins, une large part de ces matières premières importées par les pays industriels, tout comme les biens manufacturés en tirés, alla vers les stocks[67].

Ainsi la période de récession qui s'ouvre à partir de 1935 dans l'industrie forestière du Gabon semble être plus due à la situation financière difficile dans ses marchés traditionnels. Plus spécialement en Allemagne, principal client de l'okoumé, où les exportations de bois s'étaient enflées (surtout en 1937) d'une façon tout à fait disproportionnée aux possibilités monétaires de ce marché.

Cette citation du rapport administratif de 1938 résume assez clairement cette situation : « *les besoins de la Métropole n'ayant point fléchi, c'est la raréfaction des achats de l'étranger qui est la seule cause de la détresse de notre production forestière (...). Cette nouvelle crise diffère toutefois de celle de 1929-1930 : il ne s'agit plus simplement de surproduction ou de sous-consommation, mais de la réduction continue des moyens de paiement et même de la disparition de certains marchés.*[68]»

Persistance de l'instabilité du marché de l'okoumé

Le relâchement de l'application des dispositions du contingentement a conduit à l'écoulement sur le marché d'une trop grande quantité de bois. Comme les exportations de bois enregistraient de 1931 à 1934 une croissance régulière, avec un taux annuel moyen de variation de 14,2 %, les exploitants crurent que le marché avait réellement repris et que la production pouvait être augmentée sans risque.

Mais il semble que si la situation a repris aussi vite c'est parce que non seulement les besoins en bois des industries allemandes avaient augmenté par rapport à l'offre qui était très réduite par le contingentement, mais surtout de dévaluations successives du franc qui rendait considérablement le bois gabonais bon marché pour les Allemands ; ainsi, les cours de l'okoumé passèrent de 200 francs constants prix plage en 1931 à 450 francs en 1934, soit une augmentation de 125 % !

Cette hausse n'avait donc rien à avoir avec une reprise économique réelle en Europe. D'ailleurs, le fait que l'essentiel des exportations soient concentrées en l'Allemagne au détriment de pays comme l'Italie ou

---

[67] *Ibid.*, p. 273.

[68] CAOM 4 (1) D 43, Rapport d'ensemble sur le Gabon en 1938.

l'Angleterre montre que les différentes économies mondiales étaient encore très affaiblies par la crise de 1930.

Aussi, suite à l'exportation d'une trop forte quantité de bois en 1934 (331.000 tonnes) qui vinrent s'ajouter au stock de 50.000 tonnes d'okoumé non écoulé existant dans les ports d'Hambourg et de Brême[69], la situation fut de nouveau préoccupante au cours de l'année suivante.

Cette situation du marché de l'okoumé était aggravée par la récession intervenue cette année-là dans l'industrie du contreplaqué allemand et par les retards de paiement de créances des importateurs allemands qui s'étaient accrus jusqu'à atteindre le chiffre de 50 millions environ[70].

En raison de la difficulté des règlements avec l'Allemagne, les exploitants avaient dirigé leur production sur la France dont une grande partie en consignation, et un stock constitué pour le marché français[71].

Une nouvelle crise se préparait. En effet, dès le 25 janvier 1935, la chambre syndicale des producteurs de bois coloniaux africains demandait la suspension de toute augmentation nouvelle du contingentement et la réduction uniforme de 10 % du contingent d'okoumé accordé en 1934[72]. Ce qui fut fait par un arrêté du gouverneur général du 05 avril 1935[73] renforcé ensuite par celui du 25 juillet 1935 qui imposa une réduction de 30 % aux contingents de base déterminés en 1931 ainsi qu'à ceux qui avaient été déterminés par la suite[74].

Mais la situation du marché de l'okoumé ne s'améliora pas. Un arrêté du gouverneur général du 21 décembre 1935 interdisait provisoirement l'exportation des bois d'okoumé provenant d'arbres abattus depuis le 1er janvier 1936[75]. Le 28 décembre 1935, un autre arrêté du gouverneur général maintenait pour le 1er septembre 1936 une réduction de 30 % des contingents de base, et décidait en outre, que chaque exploitation ne pourrait, durant le 1er trimestre de 1936, abattre plus de 50 % du tonnage fixé pour le semestre[76].

Cette restriction des exportations en 1936 permit de juguler la menace d'une crise imminente. Aussi, 1937 fut une année excellente au

---

69 CAOM d'Aix-en-Provence, 3 D 42, Rapport Devouton n°6, du 15 janvier 1939, sur le contingentement d'okoumé au Gabon.
70 *Ibid.*
71 *Ibid.*
72 CAOM d'Aix-en-Provence, 4(1)D 40, Rapport d'ensemble sur le Gabon en 1934.
73 *JOAEF* du 1er mai 1935, p. 283.
74 *JOAEF* du 1er septembre 1935, p. 737.
75 *JOAEF* du 15 janvier 1936, p. 53.
76 *JOAEF* du 1er février 1936, p. 112.

point de vue des bénéfices pour les exploitants forestiers qui exportèrent à des prix intéressants des quantités importantes d'okoumé. Au cours de ces deux années, les valeurs plages de l'okoumé se sont maintenues assez haut comparativement aux années de crise (1930-1931), soit en francs constants 635 francs la tonne en 1936 et 540 francs en 1937, contre 294 francs la tonne en 1930 et 278 francs en 1931.

Mais, ces exportations massives et imprudentes, permises par un contingentement souple, amenèrent une nouvelle fois sur le marché une quantité trop grande de bois. Ainsi, par rapport à l'année précédente où les exportations d'okoumé avaient, à la suite de l'application stricte du contingentement, décru de 13 % par rapport à 1935 ; celles de 1937 par contre crûrent de 44 % par rapport à 1936.

Il est paradoxal de constater que c'est sous le régime du contingentement que le tonnage-record a été atteint pour les exportations d'okoumé. Jusqu'alors les exportations d'okoumé, les plus élevées étaient celles de 1930 (386.000 tonnes) qui avaient entraîné la débâcle des cours en 1931. Il était donc à craindre que les conséquences s'en fissent sentir aussi gravement.

Les accords commerciaux du 10 juillet 1937 entre la France et l'Allemagne, pour remplacer l'ancien système de clearing qui arrivait à expiration le 1er août 1937, rétablissaient les paiements directs entre négociants sans passer par l'intermédiaire de l'office franco-allemand des paiements commerciaux. Ils stipulaient que le pourcentage de devises attribué au paiement de l'okoumé importé en Allemagne était fixé à 7,02 % du total de la masse des devises[77].

Or, compte tenu de la crise financière qui sévissait en Allemagne et qui avait considérablement réduit les possibilités de paiement des commerçants allemands, on commença à s'interroger sur le sort réservé à toute cette quantité de bois exportée vers ce pays. On redoutait en effet qu'une partie des bois expédiés ne soit pas payée.

Il semble donc que les exploitants forestiers n'avaient pas observé les conditions des accords commerciaux du 10 juillet 1937 et avaient contribué à aggraver la crise en continuant à exporter de l'okoumé en quantités excédant les facultés de paiement de l'Allemagne.

---

[77] On estimait que ce pourcentage correspondait à peu près au paiement mensuel de 10.000 tonnes d'okoumé ; compte tenu du cours de la livre et du taux élevé des frets. Cf. CAOM 4 (1) D 42, Rapport d'ensemble sur le Gabon en 1937.

La commission intergouvernementale, chargée d'examiner le fonctionnement des accords franco-allemands du 10 juillet 1937, s'était réunie à Cologne du 25 au 30 octobre 1937[78].

Par câblogramme du 11 novembre 1937[79], le ministre des colonies faisait connaître qu'il résultait de la commission de Cologne et de la mission d'Hambourg que le gouvernement allemand décidait de prendre des mesures pour résorber le stock d'okoumé situé dans les ports allemands par l'utilisation dans une large mesure de l'appoint de devises fixé à 10 % du montant des expéditions de produits allemands en France.

Il ajoutait que l'Allemagne était disposée à accepter de compensations privées portant sur l'okoumé et que le département avait soumis des opérations s'élevant à 22 millions de francs, mais qu'il était indispensable d'éviter la constitution de nouveaux stocks. Les exportateurs d'okoumé sur l'Allemagne ne devant plus exporter sans avoir l'assurance que les autorisations de devises seraient données par l'office de contrôle allemand conformément à l'article 6 des accords de paiement.

En espérant que le stock d'okoumé serait résorbé en grande partie, la chambre de commerce de Libreville proposa au gouverneur général de maintenir pour 1938 le chiffre du contingent de 1937, mais en n'autorisant du 1er janvier au 30 juin 1938 que les exportations suivantes [80] :

1°/- Exportations jusqu'au 31 mars du reliquat du contingent de 1937 (ce délai fut porté par la suite au 15 mai à la demande de la chambre de commerce en raison des difficultés rencontrées par les entreprises forestières dont les sorties étaient conditionnées par la montée des eaux en saison des pluies dans les régions de l'Ogooué et de la Noya).

2°/- Exportation du 1/4 du contingent annuel de 1938.

Le gouverneur général, d'accord sur le premier point, avait préféré sur le second point autoriser l'exportation du 1/3 au lieu du 1/4 du contingent annuel au cours du 1er semestre 1938. L'arrêté du 28 novembre 1937 fixa le contingent de l'année 1938 à 380.000 tonnes, dont 25.000 de coupes de pieds, sur les mêmes bases que celles qui avaient été établies pour 1937 : pas de restriction pour les petits contingents, réductions progressives de 10 à 30 % à partir de 3.000 tonnes[81].

Cependant par câblogramme du 16 décembre 1937, le ministre des colonies demandait au gouverneur général quelle était la suite donnée à sa dépêche du 11 novembre 1937. Il l'informait en outre que les stocks

---

[78] CAOM d'Aix-en-Provence, 5 D 31, *Bulletin de la Chambre de Commerce du Gabon* de 1937, p. 114.

[79] *Ibid.*

[80] *Ibid.*

[81] *JOAEF* du 1er janvier 1938, p. 7.

d'okoumé dans les ports allemands avaient atteint 110.000 tonnes, et que les exploitants subiraient les conséquences de leurs expéditions inconsidérées, en violation flagrante de l'accord franco-allemand du 10 juillet 1937[82]. En effet, au rythme auquel les exportations se déroulaient, le pire était à craindre : 25.000 tonnes en janvier, 28.000 en février, 32.000 en mars, soit pour le premier trimestre 1938 un total de 86.000 tonnes, contre 83.000 pour la même période en 1937 et 68.000 pour 1936. Les stocks allemands grossissaient et devaient atteindre au début de mai près de 150.000 tonnes. Il était donc urgent de prendre des mesures très sévères pour éviter un effondrement du marché.

En conclusion, la crise économique mondiale de 1930 a été particulièrement difficile pour l'économie forestière du Gabon. Malgré les mesures drastiques prises par l'administration coloniale, la situation n'évolua guère au cours de cette décennie. La faute incombait sans doute à un marché mondial en pleine récession. Toutefois, la part de responsabilité des exploitants était encore bien plus grande car ils ne sont jamais parvenus ni à effectuer les investissements nécessaires pour améliorer la productivité de leurs exploitations, ni à harmoniser leur production.

Références

Sources d'archives

CAOM d'Aix-en-Provence, cartons 3D42-43, Mission d'inspection Devouton : 1938-1939 (Rapports n°1 à 35).

CAOM d'Aix-en-Provence, cartons 4(1)D 35-47, années 1929-1939.

Bibliographie

ALMEIDA-TOPOR Hélène (d'), (1993), *L'Afrique au XXe siècle*, Paris, Armand Colin, 363 p.

BORNE Dominique et DUBIEF Henri, (1989), *La crise des années 30 : 1929-1938*, Paris, Editions du Seuil, 330 p.

BOUVIER Jean, (1976), « Crise mondiale et crise colonial » in L'Afrique et la crise de 1930 » in actes du colloque organisé à l'Université de Paris VII par COQUERY VIDROVITCH Catherine du 9 au 10 avril, Paris, *Revue française d'Histoire d'Outre-mer*, pp. 378-385.

[82] CAOM 4 (1) D 42, Rapport d'ensemble sur le Gabon en 1937.

COQUERY-VIDROVITCH Catherine, (1987), « L'économie coloniale des anciennes zones françaises, belges et portugaises, 1914-1935 » in *Histoire générale de l'Afrique*, tome VII, Paris, UNESCO, pp. 381-411.

GAUTHIER André, REYNAUD Alain, (1991), *Le monde d'une crise à l'autre*, Paris, Editions Bréal.

KINDLEBERGER Charles Pierre, (1988), *La crise mondiale : 1929-1939*, Paris, Economica, 366 p.

MARCEL Bruno et TAÏEB Jacques, (1989), *Crises d'hier, crises d'aujourd'hui : 1873..., 1929..., 1973...*, Paris, Nathan, 556 p.

SAUTTER Gilles, (1966), *De l'Atlantique au fleuve Congo. Une géographie de sous-peuplement, République du Congo, République gabonaise*, 2 vol., Paris, La Haye, Mouton & Co, 1103 p.

Le PNLS[1] et la lutte contre le SIDA au Gabon, 1993-2005 : stratégies, bilan et perspectives

Par Hines MABIKA-OGNANDZI
Doctorant en Histoire de la Médecine
Université de Provence

Lors de la IXe conférence internationale sur le VIH/SIDA et les maladies sexuellement transmissibles (MST) de 1995 à Kampala[2], l'analyse des données épidémiologiques relevées au Gabon entre 1986 et 1994 indiquait une séroprévalence faible de l'ordre de 2,1 à 2,2[3] dans la population gabonaise considérée de façon générale. Aujourd'hui, une décennie plus tard, la situation est catastrophique. Les dernières enquêtes révèlent une prévalence moyenne de 8,1. Quelques recherches, en sciences humaines et sociales, à l'image du mémoire de DEA de géographie de la santé Jean-Marie Milleliri[4] analysent les disparités géographiques de l'épidémie du VIH/SIDA au Gabon. Une géographie de l'épidémie du SIDA au Gabon permet de constater que certaines régions ont un taux d'infection de plus de 9 %. De même, certaines catégories socioprofessionnelles sont particulièrement affectées.

Sachant que, l'Organisation mondiale de la santé (OMS) situe la côte d'alerte à 3,1. Pas besoin d'un dessin. Bien qu'elle n'atteigne pas encore les 35 % enregistrés dans certains pays d'Afrique australe, la situation sérologique du Gabon, en 2005, est préoccupante.

Comment en est-on arrivé là ? A-t-on été piégé par l'optimisme des données du milieu des années 1990 ? Est-ce, au contraire, l'expression d'un manque de planification stratégique d'une politique de santé publique, en l'occurrence la lutte contre l'épidémie du SIDA ?

Le Gabon dispose d'une structure hospitalière moderne et d'un plateau technique, souvent jugé, à la pointe de la haute technologie. Ceci d'autant plus que ses importantes ressources financières issues

---

[1] Programme National de Lutte contre le Syndrome de l'Immunodéficience Acquis
[2] Capitale de l'Ouganda.
[3] DIBANGA G., PEETERS M., JANSENS W. et *al.*, (1995), « *Caractéristiques dynamique et moléculaire de l'infection à VIH au Gabon, 1985-1994* », IX conférence sur le SIDA et les MST, Kampala, Résumés des communications.
DE LAPORTE E., PEETERS M., JANSENS W. et *al.*, (1996), *Epidemiogical and molecular characteristcs of HIV infection in Gabon, 1986-1994, AIDS*, n°10, pp. 903-910.
[4] MILLELIRI J-M., (2004), *Approche géographique de l'épidémie de SIDA au Gabon. Territorialité et mobilité*, Université de Paris X, mémoire de DEA de Géographie de la Santé, 120 p.

principalement de l'exportation du pétrole, du manganèse et du bois en font un pays privilégié au plan socioéconomique. Notons que son produit national brut (PNB) s'élève à 3400$ US environ tandis qu'en 2004 le produit intérieur brut est de 6,590$ US[5].

Cet État d'Afrique centrale, grand comme la moitié de la France, est divisé, au point de vue administratif, en neuf régions devenues provinces depuis 1975[6]. Sur le plan sanitaire, il compte dix régions[7]. Les neuf régions sanitaires étant constituées par les neuf provinces. La dixième région sanitaire est essentiellement constituée par les communes de Libreville et Owendo. Au-delà du contexte socioéconomique plutôt enviable, la difficulté de concevoir et d'appliquer des stratégies efficientes de médicalisation conduit à des actions sporadiques et aléatoires. Est-ce dans ce registre qu'il faut inscrire l'incapacité du PNLS à inverser le cours, sinon, à freiner la propagation de la maladie ?

Mais, l'absence d'un vrai système de centralisation de l'information sanitaire nationale, sorte de réceptacle des résultats des enquêtes générales ou catégorielles, nationales ou locales, adjointes aux données fournies par les sites sentinelles, rallonge la liste des contraintes de la recherche dans le domaine du SIDA et partant, de la santé des Gabonais. Plus qu'ailleurs, la prudence est le maître mot pour le chercheur qui s'aventure dans cette "chasse gardée" des médecins où le silence des hommes s'adjoint le mutisme des documents. La rareté des données sérielles et lorsqu'elles existent, leur caractère discontinu ou lacunaire rendent donc difficile le suivi des évolutions et leur interprétation.

En tenant la tête du peloton des pathologies meurtrières au côté du paludisme et des traditionnelles parasitoses, le SIDA est devenu un problème de santé publique prééminent au Gabon. Pour tenter d'y faire face, un programme National est mis en place le 22 juin 1993.

Au Gabon comme ailleurs en Afrique noire, les acteurs de la lutte contre le VIH/SIDA et les MST sont, notamment, l'État, les Organisations Non Gouvernementales (ONG), les tradithérapeutes et les partenaires du développement.

---

[5] PNUD : Rapport mondial sur le développement humain, 2004.

[6] Loi du 18 décembre 1975 modifiant la dénomination des circonscriptions administratives appelées *provinces, départements et districts* au lieu de *régions districts et postes de contrôles administratifs* en République Gabonaise.

[7] Enquête Démographique et Santé (EDS), 2000.

La présente étude porte essentiellement sur un de ces acteurs : l'État. Ainsi, l'on tente de montrer comment par le biais d'un Programme, un Gouvernement tente de résorber un problème de santé publique.

Le décret 001002/PR/MSPP du 22 juin 1993[8] qui crée, en République Gabonaise, le CNLS/MST fait du PNLS son organe exécutif. Mais qu'est-ce que le PNLS ? Seul l'examen de la structure permet d'en circonscrire les contours. D'autant plus qu'à l'exception de quelques communications personnelles et autres fiches techniques rien ou presque n'a été écrit sur ce Programme. Il convient donc de puiser dans la littérature grise pour comprendre son organisation, son fonctionnement, ses moyens humains, financiers, matériels ou stratégiques. Ainsi sera-t-il envisageable d'en dresser un bilan douze ans après sa création ? Quelles propositions, quelles suggestions aideraient un programme de santé de la dimension du PNLS à produire des résultats contrastant avec le tableau actuel d'une situation épidémiologique désormais insoutenable ?

Pour cette approche empirique, nous avons tenu d'abord, à prendre pour entame une historique de la maladie, les conditions de la mise en place et de l'organisation du programme ; ensuite, à répertorier et à analyser les stratégies utilisées dans la prévention et la lutte contre l'infection. Le bilan à mi-parcours de ce programme envisage, enfin, d'ouvrir des perspectives.

Cette étude de l'histoire de la lutte contre le virus de l'immunodéficience humaine au Gabon a nécessité un séjour d'environ quatre mois au sein du Programme à Libreville au Gabon. Cette mise en situation nous a paru importante pour comprendre l'action de cette structure et analyser ses stratégies. L'apport méthodologique du commentaire juridique est certain dans l'interprétation des décrets, des arrêtés et autres textes de loi ; l'analyse statistique nous a aidé à examiner les données chiffrées.

Pour réaliser ce travail, nous avons retenu une approche rétrospective qui s'est nourrie d'une démarche anthropologique. Excluant le questionnaire, les entretiens étaient ou semi directifs ou libres, mais toujours intensifs tant avec le personnel du PNLS de tous niveaux (Médecins, Psychologues, laborantins, agents d'entretien) qu'avec les usagers de toutes corporations (ONG, tradithérapeutes) et de tous statuts sérologiques (sidéens, séropositifs ou séronégatifs).

[8] Décret portant création et organisation du Comité National de Lutte contre le virus du SIDA et les MST.

Le PNLS/VIH/SIDA/MST[9]

Petit historique de la maladie au Gabon

Les fabulations sur l'origine africaine du VIH participent d'une volonté datée de pointer un estropié du doigt. Et, à ce propos, nous en restons là. Les fossoyeurs eux-mêmes en sont restés là, fautes de preuves éprouvées.

Une seule certitude, cependant, c'est aux États-Unis - comme pour la plupart des grandes découvertes scientifiques - qu'est publié en juin 1981, le premier rapport sur un type rare de pneumonie apparue chez les homosexuels de San Francisco. La recherche avance très rapidement et l'on précise même que cette pneumonie est due au *pneumocytis carinii*[10], un germe opportuniste. Or, des infections à germes opportunistes ont souvent un rapport avec une défaillance du système immunitaire. Le rapport du *Center for Deseases control* (CDC) d'Atlanta souligne justement la diminution de l'immunité chez tous les malades. Cette constante devient dès cet instant la première observation clinique des cas de SIDA.

En 1982, la contamination par le sang est vérifiée. On observe, en effet, des cas de SIDA chez des hémophiles traités par transfusion sanguine, chez des toxicomanes par voie intraveineuse ainsi que chez des enfants transfusés[11].

L'année 1983 représente un moment important pour l'histoire de la recherche sur le SIDA : identification et isolement du virus de l'immunodéficience humaine (VIH), virus vecteur de l'infection ; espoir de l'avènement des thérapeutiques ; intensification de la recherche du vaccin et des remèdes mais aussi, inquiétude du grand public suite à la confirmation de l'hypothèse de la contamination hétérosexuelle.

Les premiers tests sérologiques à but diagnostic : ELISA pour le dépistage de l'infection et WESTERN BLOT pour la confirmation sont produits en 1985. C'est dans cet élan d'espoir que se tient à Atlanta la première conférence internationale sur le SIDA.

L'année suivante, en 1986, pendant que l'Institut Pasteur de Paris isole un nouveau type de l'immunodéficience humaine - le VIH2 - chez des malades cap-verdiens, le Gabon déclare son premier cas de SIDA. C'est également en 1986 qu'on met en place l'AZT, le premier médicament

---

9 Le Programme National de Lutte contre le Virus de l'Immunodéficience humaines et les Maladies Sexuellement Transmissibles.
On parle de plus en plus d'Infection sexuellement transmissible (IST) plutôt que de MST.

10 Cité par le docteur MALONGA et NGOMO (dir.), (2002), *Guide du SIDA*.

11 GRMEK M., (1995), *L'histoire du sida*, Paris, Payot, 504 p.

capable de freiner la multiplication du virus par inhibition de la synthèse de son bagage génétique avec un degré d'efficacité appréciable. Les essais thérapeutiques de l'AZT sont concluants dès l'année 1987. Ce médicament permet de prolonger la durée de vie des patients.

Aux Etats-Unis, ces découvertes sont synchrones des tests préliminaires du premier vaccin sur des volontaires infectés. Dans le même temps des progrès sont réalisés au niveau des recherches pathogéniques en France.

En 1989, la sortie de la pentamidine en aérosol permet désormais de prévenir la pneumonie à *pneumocystis carinii*, l'une des premières sources de mortalité chez les malades du SIDA.

Au cours de l'année 1991, l'OMS dresse un rapport de la situation de l'évolution du VIH dans le monde. Dans ce rapport, il ressort que le nombre des personnes vivant avec le virus du SIDA est impressionnant : 10 millions d'individus.

C'est après ces révélations que de nombreux États prennent véritablement conscience de la gravité du phénomène. Mais, c'est seulement en 1992 qu'est publié le premier rapport sur la découverte des traitements palliatifs associant plusieurs molécules. Après la sortie, en 1995, du *Saquinavir* (*Invirase*), premier médicament véritablement inhibiteur de la protéase virale, l'on dispose des traitements par bi thérapie ou par tri thérapie. Ainsi, en 2005, malgré quelques problèmes d'intolérance thérapeutique chez nombre des patients sous antirétroviraux, ces traitements par tri thérapie rendent des services appréciables aux personnes vivant avec le virus du SIDA.

Historique du Programme

Avant la mise en place officielle du PNLS, le Gabon déclare son premier cas de SIDA en 1986 et compte dès l'année suivante 13 séropositifs. La reconstitution de l'histoire des grandes épidémies dans le monde montre que leur déclaration officielle est rarement synchrone de leur apparition. Cependant, la lutte pour leur prévention puis leur éradication peut suivre assez rapidement, à défaut d'être simultanée à l'émergence de l'affection.

Du fait des carences en matière de gestion de l'information administrative et des outils documentaires dans la plupart des pays sous développés, l'historique de la lutte contre le VIH/SIDA/IST au Gabon n'est pas facile à dresser. L'on note, pourtant, qu'une volonté d'entreprise semble avoir suivi les premières déclarations.

Nous l'avons vu plus haut : l'annonce de la création d'un CNLS/VIH/SIDA date de 1987. C'est pendant cette année que le Gabon a également cherché à s'aligner sur les recommandations de l'OMS/GPA.[12]

Au plan structurel, d'abord, le Gabon consent à appliquer les directives du Global Programm on Aids (GPA) relatives à la création au niveau national des Programmes de lutte contre le VIH/SIDA qui seraient des reflets du GPA.

Au plan juridique, enfin, le pays s'engage à respecter et faire respecter les droits et la dignité des personnes affectées par le VIH.

1987-1988 : le Plan à Court Terme. Un plan à court terme (PCT) est mis en place pour la période 1987-1988. Ce premier jet est, en fait, une mesure d'urgence qui constate le nouveau phénomène de santé. Son objet est de poser les bases d'une réflexion sur ce qui s'annonce déjà comme le grand mal du siècle ; réunir les connaissances sur la maladie et répertorier les moyens de lutte. À la fin de l'année 1988, 14 nouvelles contaminations sont déclarées, soit un cumule de 27 cas.

1989-1993 : le Plan à Moyen Terme. La période de 1989 à 1993 correspond à celle du plan à moyen terme (PMT1). Ce plan est finalement l'héritier du précédent considéré comme un plan d'urgence. Le PMT1 continue donc les réflexions du PCT. En effet, l'affection est mal connue. Les recherches précisent à peine les principaux modes de transmission : les voies sexuelles et sanguines. Au-delà de son rôle contraceptif, d'ailleurs peu connu jusqu'ici, le préservatif apparaît comme un enjeu majeur dans la protection contre le virus du SIDA et les autres infections sexuellement transmissibles. Les initiatives de prévention en direction des populations tournent donc autour du management social du préservatif. Des spots publicitaires présentent le condom, détaillent les différentes étapes de son utilisation et vantent ses mérites. Apparaissent bientôt des slogans de type « Capote, mon pote » ou « un rapport, une capote ».

À la fin des années 1980, la lutte contre le SIDA n'est véritablement pas encore formalisée. Cependant, on compte déjà une soixantaine de cas de sida essentiellement à Libreville. En 1993, le nombre des Gabonais infectés est multiplié par 8,67 soient 520.

Dès cet instant le gouvernement envisage de "prendre le taureau par les cornes". Au ministère de tutelle, on parle même d' « opposer aux grands maux des grands remèdes ». C'est dans cet élan qu'est créé le Comité National de Lutte contre le SIDA et le MST dont le PNLS est l'organe exécutif.

22 juin 1993 : PNLS/VIH/SIDA/MST. Ce programme national est placé sous la tutelle de la direction générale de la santé publique du Gabon.

[12] Programme mondial de lutte contre le SIDA coordonné par l'OMS.

Il coexiste avec d'autres programmes tels le programme élargi de vaccination (PEV), le programme national de lutte contre le paludisme (PNLP), le programme national de lutte contre la tuberculose (PNLT), etc.

Le texte fondateur du PNLS est le décret n°001002/PR/MSPP du 22 juin 1993 qui crée et organise le CNLS/MST.

Ce décret dispose en son article 11 que :

« *le programme national de lutte contre le SIDA et les maladies sexuellement transmissibles* (PNLS/MST) *est l'organe exécutif du comité national de lutte contre le Sida et les maladies sexuellement transmissibles* (CNLS/MST).[13] »

Le PNLS ne naît donc pas *ex nihilo*. Il surgit des centres des plans de court et moyen termes préliminaires à une action concertée de prévention et de lutte contre le VIH/SIDA au Gabon.

Après les balbutiements des premières années, il convenait d'amorcer un travail titanesque dans un milieu où la sérognosie et l'éducation sanitaire font cruellement défaut.

Les missions du Programme tournent autour de l'amélioration de la maladie et du renforcement de la surveillance épidémiologique ; de la prévention de la transmission du VIH par les voies sanguine et sexuelle ; améliorer l'environnement hospitalier et la prise en charge des personnes séropositives ou malades et la mise en place d'une équipe de gestion.

Malgré l'expérience supposée des années antérieures à 1993, la période 1993-1997 n'est pas particulièrement parlante en matière de lutte contre le SIDA. En fait, le Programme peine à se mettre en place et à huiler quelques mécanismes. Depuis sa création, le programme ne dispose ni de moyens financiers ni de moyens matériels. S'agissant du personnel, celui-ci est sous la responsabilité d'un directeur de programme qui a pour mission de mettre en place une équipe de gestion.

Le premier directeur du PNLS est le docteur Crépin Attendé. Mais, il n'occupe le poste que durant quelques mois. Le docteur Germaine Dibanga qui succède au docteur Crépin Attendé est elle-même remplacée par le docteur Bouma. En quatre ans, le PNLS change de directeur trois fois. Ces mutations ne sont pas de nature à améliorer le fonctionnement de l'institution d'autant plus que chaque changement correspond souvent à une décomposition et une recomposition de l'équipe de gestion, à des méthodes de travail parfois nouvelles mais pas forcément efficaces.

Mais à partir de 1996, alors que le nombre des malades et séropositifs atteint le millier, d'autres acteurs nationaux entrent en jeu. C'est le cas de l'épouse du chef de l'État, madame Edith Lucie Bongo qui prend une part active à la campagne « Quinze jours pour convaincre ». Cette

[13] Présidence de la République Gabonaise. Décret n°001002/PR/MSPP/Art.11.

manifestation populaire marque le début d'une méthode éprouvée de sensibilisation qui brise avec des spots publicitaires dans les médias.

1997-1999 : le second Plan à Moyen Terme (PMT2). Le second plan à moyen terme est managé par le docteur Bouma. C'est de cette période que datent les premiers panneaux à vocation d'information/sensibilisation sur l'épidémie du SIDA.

Le docteur Gabriel Mallonga-Mouellet est nommé directeur du PNLS à la fin du PMT2 en 1999. Conformément aux dispositions du texte réglementaire, tout en assurant le secrétariat du CNLS/MST, il devait, en sa qualité de coordinateur du programme, mettre en place une équipe de gestion mais aussi contrôle l'activité de l'ensemble des organes placés sous son autorité.

Organisation du PNLS

Le PNLS comprend un bureau technique et une équipe de gestion dirigés tous deux par le directeur de l'Institution.

Le bureau technique comprend le directeur (docteur Malonga) qui en assure la coordination, un coopérant français (docteur Mahé) qui en assure l'assistance technique et le conseil ainsi que les responsables de différents des départements ou services techniques au nombre de six : Epidémiologie MST, APMS, IEC, Projet ACCESS et PMTE.

Quant à l'équipe de gestion, elle intègre les membres du bureau technique, les agents de différents services techniques ou départements auxquels s'ajoutent un administrateur national ou Gestion et son adjointe, un chargé d'études, deux secrétaires, deux chauffeurs et une technicienne de surface.

Les six services techniques ou départements ont des rôles bien précis.

Le département épidémiologie est actuellement sous la responsabilité d'une jeune épidémiologiste, le docteur Patricia Kéba. Elle a sous ses ordres une demi-dizaine de fonctionnaires affectés par le ministère de la santé. Mais, le plus grand souci est le manque de qualification des agents affectés. « *L'idéal serait d'initier tous les agents à l'informatique, et surtout de le former sur certains logiciels professionnels essentiels. Ça m'éviterait d'être au four et au moulin* [14] », confie la responsable. Cette plainte est d'autant plus fondée que la mission de veille épidémiologique soumet le département à la centralisation des données collectées au niveau national. Ces données nécessitent des analyses fort utiles à la production des indicateurs et autres

[14] Dr KEBA Patricia, PNLS, Libreville, entretien du 25 mars 2005.

outils de décision pour les ayants droits. Or, malgré l'enthousiasme de l'équipe déjà insuffisante, certains savoir-faire font parfois défaut. Grâce à la volonté du gouvernement gabonais et à l'assistance technique des partenaires pour le développement, l'Onusida ou encore la Coopération française, le département Epidémiologie du PNLS utilise des outils relativement performants. Aussi, le traitement de l'information relative au virus du SIDA est-il fait à l'aide des logiciels EPI SURV pour la saisie, EPSS pour l'analyse des données et EEP et SPECTRUM[15] pour les estimations et les projections.

De 1998 à l'an 2003, le département Epidémiologie a assuré la collecte des données soit au moyen des rapports annuels dressés par des médecins référents dans certains hôpitaux soit au moyen de fiches d'examens conçues et distribuées par l'équipe de veille épidémiologique de PNLS. Cette équipe dite de surveillance active propose son expertise lors des enquêtes spécifiques ou autres. Les résultats de la collecte des données et l'analyse des tendances évolutives de l'infection se trouvent fixés sous la forme d'un rapport annuel. Seule fausse note, ledit rapport annuel n'est pas mis à la disposition du grand public. Et, pour preuve, on n'en trouve pas un seul exemplaire à la bibliothèque de PNLS, encore moins dans d'autres centres de documentations publics. Ces rapports annuels produits par le département, Epidémiologie sont pourtant une mine de renseignements sur la situation de l'épidémie au Gabon.

En 2004, les experts de l'OMS au Gabon ont évalué la méthode de récolte des données par des laboratoires référents. Ils l'ont jugée peu efficiente et ont proposé de la suppléer par la méthode des sites sentinelles. Dans le fond, le principe n'a guère varié. Il s'agit d'accorder à un certain nombre d'institutions le label de lieu privilégié, parce que équipé, pour une surveillance épidémiologique de qualité. On dénombre en 2005, onze sites même si dans les faits, les anciens laboratoires de référence continuent à jouer leur rôle. Mais, le déficit de personnel, surtout le personnel qualifié, demeure un handicap.

Appui psycho-médical et social (APMS). Ce service est sous la responsabilité du psychologue clinicien Roger Mabik Ma Kombil. Les attributions de celui-ci sont clairement évoquées dans le décret du 17 septembre 2003[16]. Il revient au chef de ce service de coordonner et de mettre en place les activités de soutien notamment sur les plans psychologique et médical. Situé au siège du PNLS au quartier "Neuf Etages" (Libreville), la

---

[15] PNLS/IST. Département Epidémiologie : *Le point sur l'épidémie du VIH/Sida et les IST au Gabon*, Rapport de 2003, p. 5.

[16] Décret n°228/MSPP/DGASP/PNLS-IST du 17 septembre 2003 définissant les attributions du Chef du département APMS.

moyenne des fréquentations de l'APMS est de 75 personnes par jour dont les 2/3 viennent pour un dépistage de la sérologie VIH. Le nombre des tests effectués au PNLS en 2004 est de l'ordre de 2605 contre 488[17] l'année précédente. La somme des tests réalisés au niveau national en 2004 est 14 935 contre 11 088 en 2003. L'équipe de l'APMS compte une demi-douzaine d'agents de spécialités différentes : psychologue (1), technicien supérieur de laboratoire (1), agent de technique de laboratoire (1), assistantes sociales (4), secrétaire (1). C'est une structure capitale qui est directement en contact avec le public. Son intervention s'effectue principalement à deux niveaux : le dépistage puis la prise en charge psychologique des candidats au dépistage.

La prise en charge psychologique se trouve à l'aval et à l'amont du dépistage sérologique du VIH. Lorsqu'elle se situe en l'amont de l'examen, on parle de pré-test. Il consiste en un entretien avec le psychologue ou avec une assistante sociale. Le but de cet entretien est de préparer psychologiquement le candidat à passer le test. Un second entretien a lieu avant la remise des résultats. Il s'agit cette fois de préparer le dépisté à assumer l'issu de l'examen quel qu'il soit car il arrive que des personnes dépistées refusent de prendre connaissances des résultats du test ; d'autres perdent connaissance. La prise en charge psychologique est donc en ce sens importante. Il peut s'accompagner d'une prise en charge médicale selon la charge virale et la condition socioéconomique du séropositif.

Le dépistage pour sa part a lieu après un premier entretien avec une ou plusieurs assistantes sociales à défaut d'une rencontre avec le psychologue. Le dépistage consiste en un prélèvement sang. La recherche virologique permet de conclure à une sérologie positive ou négative du VIH.

Madame Marie-Pauline Ada, assistante sociale, cinq de ses collègues, communicateurs éducateurs populaires ou autres agents de l'État, s'occupent du département Information, Education, Communication (IEC). L'IEC est le pôle communication du Pnls. Ses missions sont la sensibilisation, la vulgarisation de l'information relative au VIH/Sida. Elle apporte une expertise aux Organisations Non Gouvernementales et aux particuliers en d'information/sensibilisation sur l'épidémie du Sida. Cependant, par manque de connaissance des logiciels d'édition de types publisher ou photoshop, l'équipe IEC fait recours aux services des tierces personnes pour concevoir des dépliants[18], des affiches, des tracts ou autres supports de communications. Ces conceptions sont ensuite distribuées

---

[17] PNLS/IST Département Epidémiologie : Le point sur l'épidémie du VIH/Sida et les IST au Gabon. Rapport 2003, p. 6.

[18] ADA Marie-Pauline, coordinatrice de l'IEC du Pnls, Libreville, Gabon, entretien du 8 avril 2005.

gratuitement au grand public ou aux ONG et aux particuliers qui en font la demande.

La prévention de la transmission, mère-enfant (PTME) est un service technique du PNLS coordonné par madame Avomo. Comme son nom l'indique, ce service œuvre pour la limitation de la contamination de l'enfant issu de mère infectée par le virus du Sida. Ce mode de transmission encore appelé transmission verticale n'est pas du tout négligeable. Il totalise 16 % des contaminations. Selon les projections, le nombre d'orphelins atteindra 13 560. Et les chiffres ne décroissent guère comme l'expose le tableau I.

Tableau I : Evolution du nombre des orphelins

Années	Nombre d'orphelins
2003	11088
2004	12290
2005	13560

Source : P.T.M. E.

Le PTME tente de lutter contre la transmission mère-enfant par le suivi prénatal, périnatal et postnatal.

Le département Maladies Sexuellement Transmissibles (MST) du PNLS est désormais dénommé département des Infections Sexuellement Transmissibles (IST). Cette précision est intervenue à l'issu des débats naguère encore en vigueur lequel toute maladie n'est pas toujours infectieuse or ce qui est désigné comme MST est toujours une IST.

Depuis le départ de docteur Juste NGomo au ministère de la santé en 2003 et la suppression du poste de directeur adjoint du PNLS, le département IST est en veilleuse. Cette situation est d'autant plus pernicieuse que les IST ont toujours représenté un sérieux problème de santé publique Gabon[19]. Ne sont-elles pas ces infections, avec leur cortège de stérilités secondaires, qui cultivent et entretiennent le sous-peuplement du Gabon ?[20]. Or, une sensibilisation des populations à risque, notamment, la tranche d'âge de 16 à 24, aurait pour corollaire une meilleure connaissance des IST, de leurs agents pathogènes et des ravages qu'elles occasionnent dans le système. Cette œuvre de sensibilisation participerait à la prévention et à la lutte contre le virus de l'immunodéficience humaine étant donné que les infections sexuellement transmissibles servent souvent de lit à cette pandémie.

---

[19] YVERT F., RIOU J.Y., FROST E. et *al.*, (1984), *Les infections gonococciques au Gabon (Haut-Ogooué), Pathologie biologique*, 32, 2, pp. 80-84.

[20] Lire à ce propos SAUTTER G., (1966), *De l'Atlantique au fleuve Congo. Une géographie de sous-peuplement. République du Congo, République Gabonaise*, Paris, La Haye, Mouton & Co, 1103 p.

ACCESS. Il n'est pas un département en soit mais un projet né en octobre 2000 avec la création par le Président de la République du Fonds de solidarité national pour l'accès aux trithérapies. Mais, c'est grâce à l'appui technique de l'Onusida et de la coopération française à Libreville qu'un plan d'action de prise en charge thérapeutique est élaboré de novembre 2000 à février 2001. Les autres partenaires de ces projets sont le ministère de la santé publique et de la population, l'Office pharmaceutique national (OPN) ; le laboratoire de référence de l'Université des Sciences de la Santé et l'OMS. Ce projet vise l'accélération de la prise en charge des personnes vivant avec le VIH/SIDA au Gabon. Ce projet est installé au PNLS et coordonné par le docteur Pendi en étroite collaboration avec l'administrateur de l'OPN. Grâce à ce projet, l'accès aux antirétroviraux en territoire gabonais est, au pire des cas, à moitié prix, et au meilleur gratuit, sans distinction de nationalité, de race ou de sexe. Ainsi, à la date du 18 mars 2005, 2203 personnes bénéficient, dans ce cadre, d'une prise en charge médicale[21].

En 2005, une réalité demeure : la situation de l'épidémie du Sida au Gabon est consternante. Sa vitesse de propagation est vertigineuse. D'ici la fin de l'année, le Gabon totalisera plus de 53 810 personnes vivant avec le virus du Sida dont 4 300 décèderont[22].

Stratégies de lutte contre le VIH/SIDA au Gabon

Nous avons vu que le décret 1002/PR/MSPP du 22 juin 1993 crée et organise le CNLS/MST dont le PNLS est l'organe exécutif. Mais, c'est au coordinateur et à l'équipe de gestion du Programme que revient la responsabilité des actions visant à prévenir et lutter contre le VIH.

Les hésitations enregistrées lors des initiatives de la seconde moitié des années 1980 peuvent être comprises comme des tâtonnements caractéristiques des premiers jours. Mais, elles peuvent aussi être la révélation d'un défaut d'organisation, d'un manque de plan d'action visant des objectifs précis. Si l'on considère un objectif comme une situation souhaitée, espérée, la mise en place des moyens pour atteindre cette finalité devient un préalable évident. Et partir d'une réalité présente vers une condition idéale nécessite toujours un chemin, une méthode, c'est-à-dire un ensemble d'indications. Ces indications et cette procédure constituent une stratégie bien organisée, bien coordonnée autrement une manière de faire, un art, une manière d'agir, de manœuvrer pour atteindre le but visé.

---

[21] PENDI D^{r}, Projet Access, PNLS, Libreville, Gabon : Entretien du 18 mars 2005.
[22] AVOMO OBAME, PTME, Communication personnelle (Mai 2005).

Mais, peut-on parler de stratégies en matière de lutte contre le VIH/Sida au Gabon ?

À la déclaration de son premier cas de Sida en 1986, le Gabon n'avait pas de stratégie de prévention contre cette épidémie. Il annonce en 1987 la création du CNLS promulguée en 1993. Mais dès 1987, le gouvernement gabonais fait preuve de sagesse en se rangeant derrière les recommandations de l'OMS/GPA. Aussi, peut-on considérer ce devoir d'alignement comme la première stratégie de lutte contre le Sida. Cet alignement a consisté en l'adoption de la stratégie mondiale approuvée en 1987 par l'Assemblée mondiale de l'ONU et en la mise en place d'un plan à court terme (PCT) et de deux plans à moyen terme (PMT 1 & PMT 2) entre 1987 et 1999.

Sans constituer une stratégie à proprement parler, cet ensemble d'entreprises traduisant la volonté du Gabon de participer à la stratégie mondiale de lutte contre le VIH/Sida, procède d'une coordination de manœuvres visant à freiner la propagation de l'épidémie du Sida. De ce fait, toutes les actions menées pendant ces années peuvent être considérées comme les éléments constitutifs d'une stratégie de lutte inspirée de la stratégie mondiale.

La stratégie mondiale édictée par l'OMS et managée au sein du *Global Programm on AIDS* (GPA) comprenait trois points :

- prévenir la transmission du VIH ;
- réduire l'impact au niveau individuel et social de l'infection à VIH/Sida ;
- assurer l'unité de la lutte contre le Sida.

Comme nous l'avons souligné plus haut, la création de la supra structure (CNLS/MST) remonte à 1987. Cependant, la mise en place officielle du PNLS, qui constitue en elle-même une stratégie, ne connaît enfin son aboutissement qu'en 1993. Hormis son caractère de réponse à l'appel du GPA, le PNLS matérialise la philosophie du "Penser international et Agir local". C'est la traduction en acte de la volonté gouvernementale de prendre en main le développement du pays en se dotant de structures pour la lutte contre une infection qui non seulement pose un problème de santé publique mais défie durablement le monde entier.

Cependant, toutes ces tentatives de première heure ont culminé depuis avril 2000 - mai 2001 en la conception puis la réalisation d'un plan stratégique multiculturelle de lutte contre le VIH/Sida en République gabonaise.

C'est un vaste programme impliquant une dizaine de départements ministériels : le ministère des finances, l'enseignement supérieur, le ministère de la défense, le ministère de la culture, le ministère de la communication, le ministère de l'éducation nationale, le ministère de la famille, de la protection de l'enfance et de la promotion de la femme, le ministère de la solidarité nationale, des affaires sociales et du bien-être et, celui de la santé publique et de la population.

Le plan stratégique national multiculturel de lutte contre le Sida (2001-2005) est le premier document véritablement stratégique produit par le gouvernement gabonais en faveur de la lutte contre la pandémie du Sida. Mais le Gabon a la réputation de produire des beaux textes, mais qui ne connaissent jamais d'application.

D'un point de vue technique, le plan est irréprochable. Il expose les problèmes posés par le VIH/Sida au Gabon ; il fixe les objectifs à atteindre et expose des pistes à suivre pour parvenir à des résultats satisfaisants. Cela avec un souci constant de pragmatisme, de clarté et de concision. Ce document d'environs 174 mille caractères, est construit autour de neuf objectifs principaux[23], à savoir :

1- *assurer une surveillance effective de l'épidémie du VIH/Sida grâce à une meilleure connaissance de la situation épidémiologique et des tendances évolutives de l'infection par le VIH et les autres IST.*

Cela est possible notamment en réalisant une enquête nationale de séroprévalence tous les quatre ans, en mettant en place un système de surveillance épidémiologique du VIH mais aussi un système de notification mensuelle de cas de Sida et de décès dus au Sida dans les services cliniques.

2- *prévenir la survenue des nouvelles infections par le VIH au sein de la population générale grâce à la réduction des facteurs favorisant la transmission sexuelle du VIH.*

Cela au moyen de l'information et de la sensibilisation par des canaux de communication de masse et de techniques de communication impersonnelles, par la promotion des moyens de prévention de la transmission sexuelle "abstinence-fidélité-préservatif" ou par le conseil et le dépistage volontaire anonyme et gratuit.

1. *Développer la compétence sociale face au VIH/Sida en vue de la constitution d'un "vaccin social» au sein de la population générale grâce à la mise en œuvre de l'approche "réponse locale".*

Il s'agit de décentraliser la planification opérationnelle au niveau du district sanitaire, mobiliser les ressources locales, apprendre et instruire par l'action.

[23] Résumé du « plan stratégique national multisectoriel (2001-2005) adopté le 13 juin 2002 par le gouvernement gabonais.

2. *Développer la compétence sociale face au VIH/Sida en milieu de travail en général, au sein des entreprises publiques et privées en particulier.*

Il convient de mettre en place un plan d'action de lutte contre le VIH/Sida dans des entreprises demandeuses ou celles qui sont sélectionnées ; définir les compétences individuelles ou collectives requises pour faire face à l'épidémie.

3. *Réduire la vulnérabilité des groupes particulièrement exposés à l'infection par le VIH par la mise en œuvre des plans d'action sectoriels de lutte contre le VIH/Sida selon qu'il s'agit de jeunes scolarisés ou non, de femmes en âge de procréer, des prostituées ou des forces de sécurité.*

4. *Améliorer le bien-être des personnes vivant avec le VIH/Sida grâce à la prise en charge médicale et psychosociale.*

5. *Réduire la transmission du VIH par les modes autres que sexuels grâce à la sécurité transfusionnelle, en milieu de soins et au laboratoire et grâce à la prévention systématique de la transmission mère-enfant.*

Le point doit être mis sur l'élaboration d'une politique de transfusion sanguine mais également sur des mesures de précaution universelles en milieu de soins en favorisant le dépistage prénatal en vue de prévenir ainsi, la transmission de la mère porteuse vers le nouveau-né.

6. *Créer un environnement social, éthique et juridique favorable au respect de la dignité et des droits des personnes infectées et affectées par le VIH.*

Pour y arriver, l'implication des autorités politiques, administratives et religieuses comme acteurs clés dans la mobilisation des énergies, des populations et des moyens faces à la pandémie du VIH/Sida ainsi que l'application des textes de loi sont capitales.

7. *Accroître les capacités de gestion et les performances du Programme National de Lutte contre le Sida.*

Cet accroissement est possible non seulement par la mise à la disposition du Pnls des ressources humaines matérielles et financières nécessaires à l'accomplissement de son énorme mission mais en développant les capacités des personnels par des stages de recyclage, en les motivant, en procédant à un suivi et à une évaluation du Programme.

8. *Créer un environnement social, éthique et juridique favorable au respect de la dignité et des droits des personnes infectées et affectées par le VIH.*

Pour y arriver, l'implication des autorités politiques, administratives et religieuses comme acteurs clés dans la mobilisation des énergies, des populations et des moyens face à la pandémie du VIH/Sida ainsi que les textes de loi sont capitales.

9. *Accroître les capacités de gestion et les performances du programme national de lutte contre le Sida.*

Parti presque de rien, le Gabon s'est construit un plan de lutte contre le Sida grâce à l'expertise du ministère de la santé avec la collaboration des ministères sus cités, les partenaires nationaux et internationaux du secteur privé, les associations et les religieux.

Mais malgré toutes les entreprises, la situation de l'infection dans le pays reste plus que préoccupante. Les tendances demeurent évolutives ainsi que le montre le tableau II.

Tableau II : Evolution des cas de Sida au Gabon (1986-2004)

Années	Nouveaux cas	Cas cumulés
1986	1	1
1987	15	16
1988	38	53
1989	64	117
1990	61	178
1991	98	276
1992	117	393
1993	128	521
1994	204	725
1995	334	1059
1996	601	1660
1997	559	2219
1998	712	2931
1999	594	3525
2000	794	4319
2001	822	5141
2002	982	6125
2003	778	6903
2004	878	7777

Sources : NGomo (2002) & Kéba (2004).

Depuis 1986, le Gabon a déclaré à l'Onusida le chiffre de 7777[24] cas de Sida soit environ 0,60 % de la population gabonaise. Cela est énorme lorsqu'on sait que ce pays compte à peine plus d'un million d'habitants ; que

[24] ONUSIDA - Rapport 2004.

878 personnes ont été contaminées en 2004, faisant grimper le nombre des séropositifs au Gabon 52 110[25] [dans l'intervalle 34000-52000].

Les efforts sont remarquables ainsi que le montre l'augmentation des tests réalisés : 14 935, dont 2605 en 2004 contre 11 088 en 2003. Parmi les 11 088 tests, 488 ont été réalisés au PNLS même. En effet, l'augmentation du nombre des laboratoires de référence avec l'intégration des formations sanitaires des dix régions sanitaires dans le réseau, l'instauration des sites sentinelles qui a permis l'équipement de quelques centres médicaux et la mutation des mentalités participent à cet accroissement du nombre des tests. Vus dans une seconde analyse, ces résultats sont le fruit du passage du stade statique à l'impulsion d'une dynamique dont le mérite revient à l'ensemble des acteurs de la lutte contre l'épidémie du Sida au Gabon. De ce fait, l'analyse des méthodes de travail du PNLS laisse apparaître une activité double autour de la prévention et de la lutte.

La prévention consiste à informer et à sensibiliser des populations. Théoriquement, elle est à priori l'œuvre de l'IEC, Ce département devait être pour le PNLS ce que la cellule communication est pour une entreprise ou l'attaché de presse pour un homme politique. Mais, au PNLS, comme nous l'avons vu plus haut, l'IEC gère les demandes d'expertise des particuliers et des ONG en matière de techniques et supports de communication et d'information sur le VIH/Sida. Dans ce sens, le département délègue des conférenciers aux organisations qui en font la demande. Ceux-ci participent à des campagnes d'information sur la pandémie du Sida et s'occupent du management social du préservatif. Ainsi, la prévention passe-t-il par la réalisation des fresques à but d'information et de sensibilisation ou par la réalisation des spots publicitaires télévisés et radiodiffusés. Naguère, la prévention passait également par l'antenne mobile aujourd'hui inopérante.

Prévenir l'infection par le VIH c'est aussi permettre aux populations de connaître leur statut sérologique. C'est à ce niveau que se révèle toute l'importance du dépistage. Le début des années 2000, le réseau des laboratoires jouent leur rôle avec efficacité. Les résultats des tests ont permis de tirer la sonnette d'alarme sur la vitesse de propagation du VIH au Gabon. En effet, entré sournoisement dans le pays, le Sida affiche jusqu'au milieu des années 1990 une prévalence jugée faible et même stable. Mais de 1995 à 2005, le nombre des séropositifs est passé de 15 958 à plus de 52 000 soit près du triple en dix ans.

---

[25] PNLS-Département Epidémiologie : *Situation de l'épidémie de VIH/Sida au Gabon*. Rapport 2004, p. 37.

Comment lutte-t-on contre cette propagation ?

La lutte constitue le second aspect de la stratégie du PNLS. La riposte, l'affront que le Sida fait subir au monde s'organise au Gabon autour de la facilitation de l'accès des personnes infectées aux traitements antirétroviraux. Car, faute de traitement curatif radical, l'association de certaines molécules permet de reculer l'échéance fatale. Depuis les années 1990 donc, les bi et tri thérapies permettent l'inhibition de la protéase virale.

Au Gabon, la lutte contre le VIH/Sida intègre la prise en charge thérapeutique des personnes vivant avec le virus du Sida. Cette prise en charge a lieu au Pnls dans le cadre du projet ACCESS ou dans celui des Centres traitement ambulatoires (CTA) des hôpitaux de Libreville (CHL), de Franceville, de Port-Gentil, de Lambaréné, d'El Rapha, etc.

Bilan et perspectives

Du point de vue médical, on note qu'en Afrique de 1995 à 2005, le nombre des personnes infectées par le VIH est passé d'environ 20 millions à plus de 42 millions. L'Afrique subsaharienne, théâtre de toutes les expériences scientifiques et technologiques, paye à nouveau un lourd tribut.

Mais, on peut se demander quelle est la situation des microcosmes de la dimension du Gabon ?

Dans le tableau II, la situation du Gabon n'est guère reluisante. En effet, si l'on s'en tient aux données communiquées en avril 2005 par l'épouse du chef de l'État gabonais à l'adresse des populations de Mouila et Tchibanga, le Gabon compte plus de 50 mille[26] séropositifs. Dix ans plus tôt, en 1995, le pays en comptait 15.958 soit trois fois moins. Dans le même temps, le nombre des sidéens ou personnes faisant la maladie est passé de 1059 à 7.777 personnes. Environs 4.000 personnes sont mortes de Sida en 2004 laissant au moins 12.290 enfants orphelins.

Au regard des ces statistiques et compte tenu du fait que même les estimations les plus optimistes révèlent que cette avancée du VIH/Sida au Gabon n'est pas près de s'arrêter, nombre d'analystes s'interrogent sur la question de l'efficience des actions du PNLS.

La prévalence générale liée au VIH/Sida au Gabon est de 8,1 en 2005 contre 2,2 à la création du PNLS en 1993. Qualifiée de presque nulle

---

[26]BONGO-ONDIMBA Edith, Présidente des Premières dames d'Afrique pour la lutte contre le SIDA (OPDAS). Données confirmées et précisées par le Pnls, « Situation de l'épidémie du VIH/Sida au Gabon. Rapport 2004 » (52 110 séropositifs).

dans certaines agglomérations, cette prévalence frôle aujourd'hui, les 10 % dans certaines villes.

Doit-on conclure à une inutilité du PNLS ?

Certainement pas. Cette structure a le mérite d'exister du fait de l'espoir qu'elle suscite de parvenir un jour à renverser le cours de l'infection. Une réalité plus probante est que les chiffres du bilan médical insinuent la difficulté du PNLS à atteindre ses objectifs.

On l'a bien compris. L'objectif de cet examen n'est point de culpabiliser. Car comme cela transparaît nettement, tout le monde peut être tenu pour coupable : le PNLS avec son mode opératoire privilégiant la procédure à l'efficacité mais aussi les populations dont l'attentisme et la passivité n'opposent aucune barrière à l'effarante avancée de l'épidémie.

L'intérêt de notre modeste contribution réside dans la recherche des facteurs d'optimisation de la prévention et la lutte contre le VIH au Gabon. Aussi, est-il indispensable de :

✓ Renforcer les moyens humains matériels et financiers pour renforcer les capacités de surveillance épidémiologique et de la prévention. Avec une dotation budgétaire annuelle de 40 millions de francs Cfa (non comprises diverses subventions du gouvernement : 700 millions de francs Cfa[27] en 2002) auxquelles s'ajoutent les dotations des partenaires du développement dans le cadre de différents plans stratégiques (20 millions $ US entre 2002 et 2005), l'on peut penser intéressante la manne financière allouée au Programme. La lutte contre le Sida nécessite des moyens plus importants. Le PNLS dispose aujourd'hui d'environ une quarantaine d'agents. C'est un personnel relativement important. Mais une dizaine d'agents en plus, notamment, aux départements Epidémiologie, APMS et IEC permettraient d'apporter un souffle nouveau. En fait, c'est l'utilisation de ces potentialités plus que leur nombre qui pose problème. Tous ou presque sont fonctionnaires relevant du ministère de la santé. Mais ils ne sont pas préparés à participer à un programme de santé qui a des impératifs de résultats. C'est pourquoi des stages de formations ou de recyclage sont à systématiser. Pour profiter au mieux d'une ressource humaine, il convient, sinon de la former, en tout cas de l'utiliser au mieux. Or, il n'est pas rare que certains fonctionnaires faute d'occupations passent leur journée à s'ennuyer dans des bureaux qu'ils finissent par déserter. Il semble que les missions soient confiées aux mêmes agents sans rotation. Le personnel doit être formé

[27] 1€ = 655 francs Cfa.

aux nouvelles technologies d'information et de communication. Or, dans des départements aussi stratégiques et, à vocation de communication comme l'IEC, certains agents ne peuvent utiliser un ordinateur, encore moins, s'informer par Internet des méthodes de luttes utilisées par leurs collègues du Sénégal ou du Kenya.

✓ D'entreprendre des études pluridisciplinaires, thématiques et multisectorielles sur le VIH, les connaissances, les savoir-faire nécessaires à une lutte réaliste, c'est-à-dire tenant compte des réalités sociétales du Gabon. Dans ce milieu où la formation du personnel de santé des enseignements comme l'histoire de la médecine et l'anthropologie, il est difficile de faire comprendre aux médecins que le combat contre le Sida ne peut être gagné au moyen des sciences médicales et sanitaires uniquement. Le concours des autres disciplines du savoir universitaire doit permettre une meilleure connaissance du phénomène du Sida. Il faut par ailleurs, créer une véritable base des données consultables par tous. Car, l'accès à l'information est une préoccupation permanente au Gabon. Et, l'accès à l'information sanitaire l'est encore plus. Par exemple, malgré un séjour au sein du Pnls, c'est seulement au bout de plusieurs mois d'enquête que nous avons réussi à accéder à des données plus ou moins fiables sur l'histoire du Sida et son évolution dans le pays. Paradoxalement le terme Sida est aux lèvres de tout le monde, mais très peu de gens sont véritablement conscients de la gravité de la situation du VIH au niveau national.

✓ Favoriser un débat sur cette base en vue de sensibiliser par une information vérifiable. Car parler du Sida, comme étant une chose courante, garde tout de même quelque chose d'accusateur dans la société gabonaise. Et, surtout lorsque l'on n'a ni l'expertise nécessaire ni des données vérifiables, on ne tarde pas à définir le Sida comme un "Syndrome Imaginé pour Décourager les Amoureux".

✓ Faire participer les artistes et autres producteurs des œuvres de l'esprit à la conception des supports de communication sur le VIH/Sida. Il est consternant de voir le manque d'inspiration qui caractérise bien des messages dont le but est de sensibiliser sur l'épidémie du Sida.

Nul ne peut nier l'importance du sens de l'improvisation chez les professionnels de la communication, de l'enseignement, de l'art. Mais, le bon enseignant, le conférencier de renom, le meilleur journaliste, le danseur de talent respectent toujours un plan d'intervention, un synopsis ou une chorégraphie auquel le professionnel rattache son improvisation.

L'art de gérer les projets ou les programmes de santé, lui, impose d'éviter l'improvisation et l'aléatoire. Il s'aide de la science des probabilités pour prévoir les différentes figures possibles et imaginables. Cette seule quête d'exhaustivité est un gage de réussite.

En tant que programme de santé, le PNLS est soumis à l'obligation des résultats. Mais pour vérifier ces résultats, il faut un suivi et une évaluation périodique de son fonctionnement.

Au-delà de toute sémantique fantaisiste, « évaluer » peut désigner autre chose qu'apprécier. C'est peut-être une vérification, c'est-à-dire, l'opération qui consiste à comparer les résultats obtenus avec les objectifs de départ. Cela sous-entend qu'il y ait en amont, une planification des tâches, une programmation claire des objectifs à atteindre.

Le bilan médical montre que la situation épidémiologique du Gabon est préoccupante. Cependant, des perspectives d'avenir existent et donnent des raisons d'espérer sinon un recul ralentissement de la propagation du VIH/Sida. L'étude diachronique des comportements des Gabonais face au phénomène du Sida de 1993 à 2005 permet de dresser à mi-parcours, un bilan psychosocial plutôt confiant. En effet, une meilleure connaissance de l'infection et de ses principaux modes de transmission est perceptible. Même si parler du Sida suscite encore de nos jours quelques pudeurs, ce n'est plus un sujet tabou au sens freudien du terme. Les campagnes de sensibilisation du PNLS/IST dans les établissements scolaires, notamment, les spots publicitaires personnels et impersonnels dans les mass média ou sur les supports de toutes natures apportent depuis le milieu des années 1990 une meilleure connaissance des risques et une certaine prise de conscience individuelle. L'implication de plus en plus remarquable des autorités politiques et les ravages causés par l'infection dans les familles, contribue à cette prise de conscience. Celle-ci se manifeste par de changement des mentalités et des comportements que l'on observe chez certaines catégories à risque. Les jeunes s'organisent en associations de lutte contre le Sida ; les personnes infectées se mobilisent ; les prostitués semblent prompts à suggérer, à défaut d'imposer, l'usage du préservatif à leurs clients. L'intransigeance des clients rend souvent impuissants les prostitués.

Même si la personne vivant avec le Sida demeure marginalisé dans son milieu social. Elle est de moins en moins exclue du milieu familial. La connaissance des moyens de transmission limite la peur chez les parents et amis. Ces mutations psychosociales ajoutées à une meilleure prise en charge thérapeutique allongent de façon appréciable l'espérance de vie des séropositifs. C'est en effet, l'abandon du séropositif par les siens qui le précipitait rapidement dans la déchéance psychologique et physiologique.

Sachant qu'au Gabon comme partout en Afrique subsaharienne, les habitudes ont une longue vie et considérant que les actions de sensibilisation, sans réduire le nombre des contaminations, tendent à transformer les croyances et les comportements, il est possible de penser que les perspectives d'avenir sont prometteuses. Les jours meilleurs de la prévention et la lutte contre le Sida sont à espérer. La fulgurante montée de l'épidémie constatée depuis 1996 peut être considérée comme due à des facteurs liés à un déficit d'information, à l'inculture sanitaire, à la pesanteur des traditions.

C'est pourquoi, il convient de lutter autrement.

✓ Au Gabon, la lutte contre le Sida apparaît comme une lutte urbaine. Elle a lieu à Libreville, la capitale et occasionnellement dans quelques grandes villes de l'intérieur du pays telles que Port-Gentil, Franceville, Lambaréné. La lutte contre le VIH doit sortir des bureaux climatisés et aller à la rencontre des jeunes des quartiers pauvres ; elle doit négocier une place dans les arbres à palabres et les *nzimba*[28].

✓ Le PNLS ne considère pas les tradithérapeutes comme partenaires de la lutte contre le VIH. Or, plus de 90 % des séropositifs rencontrés avouent avoir eu recours à un tradithérapeute avant le dépistage de la sérologie VIH. Presque tous les séropositifs passent par le tradithérapeute après la déclaration de séropositivité aux fins de "vérifier" les résultats de l'examen de laboratoire et souvent pour demander une thérapeutique traditionnelle. Vu la grande influence que les tradithérapeutes exercent sur la majorité des populations gabonaises, la participation de ceux-ci dans la prévention et la lutte contre le VIH/SIDA serait un apport inestimable ;

✓ l'intensification de la sensibilisation et l'information des catégories à risque doivent être réelles et non virtuelles.

✓ Il convient d'éduquer par l'exemple. Toute personne publiquement engagée dans la lutte et la prévention contre le virus du Sida doit incarner cette lutte, du moins sa vie publique. Or, il n'est pas rare que certains acteurs de la prévention et la lutte contre le Sida affichent, même en pleine campagne de sensibilisation contre l'épidémie du Sida, un comportement sexuel à la limite de la débauche.

✓ Il faut lutter avec les armes de son temps. Il est inadmissible que le PNLS ne dispose ni d'adresse électronique ni de site Internet.

Encore deux mots pour finir : lutter autrement. Pour lutter autrement, il faut savoir s'arrêter et faire le point :

d'abord, dresser un bilan précis de la situation épidémiologique présente du Gabon ; ensuite, déterminer les objectifs ou les réviser au besoin ; puis, coordonner les moyens humains, matériels et financiers nécessaires à une lutte efficiente contre l'épidémie du Sida au Gabon ; mais ne pas oublier de contrôler périodiquement les résultats obtenus, de les comparer avec les objectifs fixés. Tant que ceci ne sera pas posé comme

---

[28] Domaine des initiés.

préalable, tant que l'information et la sensibilisation n'éliront pas domicile dans les quartiers pauvres des villes d'Afrique en général et de celles du Gabon en particulier, où le sexe, la drogue et l'alcool règnent en uniques consolateurs, tant que les villages frontières seront ignorés des acteurs de la prévention contre le VIH, tant que nos programmes de lutte contre le Sida privilégieront les procédures à l'efficacité de l'action, la propagation du Sida continuera sa course folle dans le pays, dans les familles, dans les maisons, déchirant les cœurs.

Références

Sources orales

Informateurs ou Personnes ressources Pnls

Dr Malonga, Directeur du Pnls
M. Mombo, Administrateur national
M. Abengome Abiaghe, Chargé d'études
Dr Kéba, département Epidémiologie
M. Mabik ma kombil Psychoclinicien
Dr Pendi, Projet ACCESS
Dr Mahé, Coopération française
M. Ada, Département IEC
Mme AVomo, PTME

Textes et lois

Décret n°1002/PR/MSPP portant création et organisation du CNLS/Sida/MST.
Décret n°1026/PR/MSPP portant création, attributions et fonctionnement du comité consultatif sida.
Décret n°1158/PR/MSPP du 4 septembre 1997 fixant les attributions, l'organisation du ministère de la santé.
Arrêté n°0063 Pnls portant nomination des membres des sous-comités techniques.

Décision/MSPP du 12 juin 2002 accordant une subvention de 700 millions de francs CFA au CNLS/IST.
MSPP/ Plan stratégique multisectoriel.

Ouvrages et communications

PNLS-Département Epidémiologie, (2003), *Le point sur la situation de l'épidémie au Gabon,* Rapport 2003, Rapport 2004, 43 p.

PNLS/IST : *L'analyse de situation.*

PNLS/IST : *Fiche technique du PNLS/MST.*

DIBANGA G. DE LAPORTE E. et *al.*, (1996), « Epidemiological & molecular characteristics of HIV infection in Gabon, 1986-1994 », *AIDS*, n°10, pp. 903-910.

DESCLAUX A., NDOYE Ibra et *al.* (dir.), (2002), *L'initiative sénégalaise d'accès aux médicaments antirétroviraux*, ANRS, Coll. Sciences sociales, 260 p.

GRMEK M., (1995), *Histoire du sida,* Paris, Payot, 504 p.

MALONGA et NGOMO (dir.), (2002), *Guide du SIDA.*

MICHAEL J. KELLY, (2003), *Planifier l'éducation dans le contexte du VIH/SIDA,* Paris, Unesco-Iipe, n°66, 123 p.

MILLELIRI J-Marie, *Approche géographique de l'épidémie de SIDA au Gabon. Territorialité et mobilité*, Université de Paris X, mémoire de DEA de Géographie, 120 p.

SAUTTER Gilles, (1966), *De l'Atlantique au fleuve Congo. Une géographie du sous-développement. République du Congo, République du Gabon,* Paris, Mouton.

YVERT F., RIOU J.Y., FROST E. et al., (1984), *Les infections gonococciques au Gabon (Haut-Ogooué), Pathologie biologique*, 32, 2, pp. 80-84.

La législation coloniale du travail en AEF et au Gabon d'avant le Code du Travail des Territoires d'Outre-Mer de 1952 : portée et limites, 1903 - 1940

Par Clotaire MESSI ME NANG
Doctorant en Histoire Économique et Sociale
Université Paris I. Panthéon - La Sorbonne

Avant la promulgation du Code du travail des territoires d'Outre-Mer en 1952, l'administration coloniale avait déjà mis en place un ensemble de textes organisant le monde du travail africain. Elle initia une législation qui devait par la suite servir de base de référence pour l'élaboration d'un régime du travail en AEF. Un ensemble de circonstances avait poussé l'administration coloniale à édicter des règles dans le but de gérer la force de travail, au moment où la mise en valeur de la colonie réclamait une main-d'œuvre abondante. Mais cette législation du travail des colonies françaises d'Afrique noire se présentait d'abord comme une mosaïque de textes épars inspirés davantage par la protection des intérêts coloniaux que par ceux des travailleurs. Dans cette étude, nous tenterons de retracer l'évolution de cette législation tout en mesurant sa portée théorique. On distinguera notamment deux étapes dans l'évolution de la législation coloniale en matière de travail en AEF et au Gabon : d'abord, celle qui est caractérisée par des textes fragmentaires et sommaires de 1903 à 1921 ; puis celle de l'entre-deux-guerres, pour laquelle on note une timide progression vers une meilleure codification des normes régissant le monde du travail.

Une législation du travail de portée limitée, 1903 - 1921

Le souci de fixer l'emploi de la main-d'œuvre s'est exprimé bien avant la Première Guerre mondiale. En effet, afin de réglementer les rapports entre la main-d'œuvre locale et les compagnies concessionnaires ou tous autres employeurs européens, des textes avaient été pris et faisaient office de réglementation du régime du travail en AEF et au Gabon.

L'une des premières tentatives de réglementation du travail en AEF en général et dans la colonie du Gabon en particulier date de 1903. Il s'agit du décret du 11 mai 1903 réglementant les contrats d'apprentissage au Congo français. Ce décret, comme d'ailleurs les suivants, était dominé par le souci de fixer les modalités des contrats de travail. L'article premier posait, dès le départ, le principe de la liberté des contrats. Ces derniers étaient conclus librement par les indigènes en toute connaissance des clauses et devant l'administrateur qui devait s'assurer de leur régularité. Le décret interdisait de recruter des travailleurs âgés de moins de quinze ans ou apparemment inaptes au service auquel ils étaient destinés.

Un livret du travail fut institué, contenant les conditions d'engagement dont la durée ne pouvait excéder deux ans. Le contrat devait être transcrit à sa date sur un registre *ad hoc*.

La journée de travail était fixée à dix heures maximums et le repos hebdomadaire devait obligatoirement être observé. À l'expiration du contrat, l'engagé avait droit au rapatriement. En cas de rupture du contrat avant la fin de l'engagement, c'était à l'administration de décider si l'engagé avait droit ou non au rapatriement.

En ce qui concerne le paiement des salaires, ils étaient réglés en numéraires ou en marchandises et toujours « évalués en argents », selon le système monétaire français. Si le paiement des salaires avait lieu à la fin de l'engagement, l'ouvrier avait le droit de réclamer un acompte correspondant à la moitié du travail effectué.

Sur le plan social, le décret du 11 mai 1903 restait bien vague. Il exigeait, sans autres formes de prescriptions, que l'ouvrier devait être bien nourri, bien logé et soigné en cas de maladie ou d'accident survenu à l'occasion du travail.

Par ailleurs, le texte prévoyait que toute entorse à la présente réglementation devait être portée devant l'autorité du chef de circonscription qui statuerait par voie de décision administrative. Les administrateurs devaient en outre jouer le rôle d'inspecteurs du travail et dans leur tournée, visiter les chantiers, ateliers ou plantations.

Enfin, le décret du 11 mai 1903 prévoyait des amendes de 1 à 6 francs contre quiconque aurait sciemment engagé des travailleurs non libres ou aurait par promesses, violences ou manœuvres quelconques entravé la libre volonté des indigènes.

Le décret du 11 mai 1903 fut suivi de l'arrêté du 1er octobre 1904 sur le recrutement des travailleurs. Selon Catherine Coquery-Vidrovitch, cet arrêté « instaure théoriquement le contrôle du recrutement par l'administration.[1] » C'était le seul point innovant d'un texte bien pâle.

On peut en dire autant du décret du 28 mai 1907 qui, aux dires du ministre des colonies, ambitionnait « *de prévenir les abus auxquels l'emploi de cette main-d'œuvre pouvait donner lieu, de façon que l'indigène*

---

[1] COQUERY-VODROVITCH Catherine, (1972), *Le Congo au temps des grandes compagnies concessionnaires (1888 – 1930)*, Paris, Mouton & Co, p. 489.

appréciât les avantages du travail au lieu d'en fuir les obligations.[2] » En effet, ledit décret conservait pratiquement la même mouture que celui du 11 mai 1903. Il définissait, d'une part, les règles générales auxquelles était soumis le travail des indigènes au Congo français et, d'autre part, les conditions dans lesquelles les travailleurs pouvaient être recrutés.

Le texte confirmait la liberté du travail inscrite dans le précédent, en stipulant que l'indigène pouvait s'employer soit comme journalier soit comme permanent. Seule innovation, le décret réglementait de manière énergique les absences de l'ouvrier qui pouvaient être autorisées ou occasionnées par la maladie ou la force majeure. En cas de maladie, l'ouvrier recevait la moitié de son salaire ; et si l'absence était volontaire, le salaire était, bien entendu, supprimé et un tiers était même ensuite retenu à titre d'amende pour un nombre de jours correspondant à celui pendant lequel l'ouvrier a abandonné son travail. Comme quoi le législateur colonial était prompt à la sanction !

Ce décret, différent du précédent, fut complété quelques années plus tard par un autre en date du 7 avril 1911[3]. Celui-ci améliorait les précédents en instituant préalablement au recrutement des travailleurs une visite médicale obligatoire au lieu de recrutement et, à défaut du médecin en ce lieu, au lieu de débarquement ou au lieu de travail. À défaut du médecin au lieu de recrutement, l'autorité locale était à même d'apprécier si l'engagé était adulte, s'il paraissait en bonne santé et s'il était capable de travailler. En outre, le décret innovait en décidant que le paiement des salaires aurait lieu désormais en totalité en argents. Ainsi, la faculté qui avait était laissée aux employeurs de solder leurs travailleurs en marchandises était abrogé, au regard de nombreux abus constatés.

Ce fut ensuite le tour du décret du 15 juillet 1912[4] destiné à garantir aux ouvriers le paiement de leurs salaires en cas d'insolvabilité des employeurs. Lorsque les salaires devaient être payés en fin d'engagement, l'engagiste devait verser tous les six mois dans les caisses de l'administration les sommes revenant aux engagés, déduction faite des montants pouvant lui être dus. La même règle s'appliquait en cas de décès de l'ouvrier, et l'argent disposé était tenu à la disposition des ayants droit.

[2] Rapport du ministre des colonies au Président de la République française au sujet du décret du 28 mai 1907 portant réglementation des contrats de travail au Congo français, *JOCG* de 1907, p. 259.

[3] Décret du 7 avril 1911 réglementant les contrats de travail en AEF, *JOAEF* de 1911, pp. 334-337.

[4] Décret du 15 juillet 1912 complétant la réglementation des contrats de travail en Afrique Équatoriale française, in *JOAEF* de 1912, p. 410.

Afin de prémunir les employeurs contre les détournements des avances de salaires consenties aux travailleurs, le décret du 14 avril 1920[5] vint renforcer la réglementation en matière de sanction contre l'ouvrier africain. En effet, le texte stipulait que les indigènes de l'AEF qui auront détourné ou dissipé les avances de salaires, sans exécuter le travail demandé, seront punis d'une amande de 50 à 100 francs et de 6 à 15 jours de prison si les valeurs détournées ne dépassaient pas 25 francs, et de 1 mois à 1 an de prison et 500 francs d'amende, si elles les dépassaient. Des peines sévères qui n'avaient pas leur pareille à celles des employeurs.

Enfin, l'arrêté du 18 février 1921[6] bouclait la série de textes d'avant 1922. Etant donné l'épuisement des réserves de travailleurs et l'impérieuse nécessité de ménager la main-d'œuvre locale en prévision de l'exécution des travaux d'utilité publique, le recrutement désormais se fit avec l'autorisation de l'administration. Celle-ci fixait le nombre d'indigènes à recruter, qui dans une circonscription ne pouvait dépasser le tiers de la population mâle valide, ayant atteint l'âge adulte, vieillards et enfants exclus. Comme on le voit, ce texte accroissait le rôle de l'administration dans les opérations de recrutements.

Au total, les textes ci-dessus présentés avaient le mérite de poser les premiers jalons d'une réglementation du travail en AEF et au Gabon. Mais, ces décrets et arrêtés étaient marqués par un souci de fournir de la main-d'œuvre aux entreprises coloniales implantées dans la région. Les principales dispositions concernaient en effet les contrats de travail et les recrutements, le tout couronné par une ferme volonté de punir le travailleur indélicat. Ainsi, la législation sociale demeurait-elle embryonnaire et de faible portée pour le travailleur indigène. Toutefois le prochain texte devait marquer un autre moment de l'histoire de cette législation du travail en AEF et au Gabon.

Le décret du 4 mai 1922 : un moment fort de la législation du travail de l'entre-deux-guerres

Au lendemain de la Grande Guerre, le souci de contrôler la main-d'œuvre devint la préoccupation majeure du pouvoir central de Brazzaville. Alors que se posait le problème de l'extension de grands travaux publics en

---

[5] Décret du 14 avril 1920 réprimant en AEF les détournements d'avances de salaires commis par les indigènes, *JOAEF* de 1920, pp. 305-306.

[6] Arrêté du 18 février 1921 concernant le recrutement de la main-d'œuvre indigène sur toute l'étendue du territoire de l'AEF et des territoires de l'ancien Cameroun, *JOAEF* de 1921, p. 154.

AEF, nécessitant l'emploi d'une main-d'œuvre active et nombreuse, on parlait de la mise en place d'un nouveau régime du travail. Au Gabon, cela se justifiait d'autant plus que le développement de l'activité forestière avait entraîné une pénurie criarde de main-d'œuvre. En prélude à la réalisation du vaste projet de construction du Chemin de Fer Congo-Océan, un nouveau décret sur le travail fut pris : celui du 4 mai 1922[7], qui réglementait de manière plus précise le recrutement des travailleurs ainsi que les conditions de travail.

En effet, le texte marquait le renforcement du rôle de l'administration en matière de recrutement et d'emploi de la main-d'œuvre. Il rappelait le caractère libre du travail en même temps qu'il insistait sur la nécessité d'un contrat pour tout engagement supérieur à trois mois. Et, afin de lutter contre les abus et surtout contre la concurrence des entreprises privées, l'administration coloniale s'institua "tutrice des indigènes", qualité qui lui conférait le droit d'établir des contrats de travail, ainsi que celui d'exiger que le recrutement se fît avec son assentiment. En outre, des peines étaient prévues contre les violences ou manœuvres de nature à forcer la volonté de l'indigène, de même que contre quiconque aurait gêné le contrôle de l'administration.

L'arrêté du 11 février 1923[8], pris en application du décret du 4 mai 1922, vint préciser la réglementation du travail sur le plan social. Alors que les textes précédents ne mentionnaient vaguement que les ouvriers devaient être nourris, logés, soignés, l'arrêté du 11 février 1923 apportait plus de précisions. Il indiquait que la ration quotidienne à fournir aux travailleurs se ferait en nature, le poids et la composition mentionnés dans le contrat, conformes aux prescriptions du lieutenant-gouverneur de chaque colonie. Déjà un arrêté du 5 décembre 1921 fixait la composition minimum de la ration journalière des travailleurs autochtones[9]. Un autre, celui-là, du 30 décembre 1926, devait compléter et améliorer les dispositions précédentes[10].

Le texte comportait également des prescriptions sur le logement des travailleurs. Ces derniers devaient être logés dans des bâtiments élevés par l'employeur. Les dimensions des locaux devaient assurer à chaque habitant une surface à occuper de deux mètres sur deux, et un cube d'air de vingt

---

[7] Décret du 4 mai 1922 fixant le régime du travail en Afrique Équatoriale française, *JOAEF* de 1922, pp. 262-264.

[8] Arrêté du 11 février 1923 pour l'application du décret du 4 mai 1922 fixant le régime du travail en AEF, *JOAEF* de 1923, pp. 76-80.

[9] Arrêté du 5 décembre 1921 déterminant la nature et les quantités minima de vivres, constituant la ration journalière des travailleurs dans la colonie du Gabon, *JOAEF* de 1922, p. 20.

[10] Arrêté du 30 décembre 1926 fixant, pour l'année 1927, la composition de la ration journalière des travailleurs indigènes, *JOAEF* de 1927, p. 322.

mètres cubes par habitant. L'employeur devait fournir aux employés des lits surélevés d'au moins 0,50 cm au-dessus du sol. Des feuillées devaient être aménagées à proximité des camps, désinfectées et renouvelées chaque fois que cela était nécessaire. La couverture des logements devait être imperméable, les portes et les fenêtres munies de panneaux de bois mobiles permettant leur fermeture. Une fourniture d'eau potable devait toujours se trouver à proximité du camp. Dans le cas ou l'engagé était accompagné de sa famille, l'employeur était tenu de lui fournir le logement nécessaire.

En ce qui concerne les soins en cas de maladies, le texte stipulait que dans chaque camp ayant plus de cinquante travailleurs devait abriter une case à l'usage des malades, qui y seraient traités dès la première manifestation morbide. Cette case devait être assez vaste pour contenir 5 % des travailleurs du camp. Une salle destinée aux consultations et à la pharmacie devait y être annexée, et les camps constamment approvisionnés en médicaments. Chaque semestre, l'employeur, s'il ne disposait pas de médecin, devait faire visiter ses travailleurs, à ses frais, par un médecin de l'administration.

Le décret améliorait aussi les conditions salariales du travailleur autochtone. Désormais, le contrat devait indiquer le taux du salaire, qui ne devait être inférieur à un minimum fixé par arrêté du lieutenant-gouverneur de chaque colonie. La paie devait avoir lieu tous les quinze jours en espèces et, aucune retenue ne devait être effectuée si elle n'était la conséquence d'une sentence du conseil d'arbitrage.

Cependant, au sujet des accidents du travail et des licenciements, l'arrêté du 11 février 1923 restait décevant. Certes, l'employeur était tenu responsable des accidents subis par les engagés sur le chantier, mais le législateur ne crut pas bon de fixer les modalités d'indemnisation d'une incapacité pour l'ouvrier de continuer son travail. Du reste, même pour une indisponibilité limitée dans la durée, le législateur n'avait prévu que le minimum pour l'engagé accidenté : le demi-salaire et la ration de vivres.

Les licenciements étaient marqués du même sceau d'iniquité. En effet, le texte prévoyait que le travailleur licencié pour incapacité ou pour inaptitude au travail n'avait droit qu'à la somme représentative de la ration pendant les journées de voyage de retour dans son village d'origine. Il n'avait même pas droit à son salaire ! Quant à l'engagé licencié pour maladie, il ne percevait qu'un demi-salaire en sus de la somme due à la ration de son trajet retour.

Il faut dire que l'application du décret du 4 mai 1922 n'alla pas sans provoquer quelques réactions. En effet, l'arrêté du gouverneur général Victor Augagneur, du 11 février 1923, souleva de vives protestations de la part des employeurs coloniaux locaux. Le mécontentement des patrons était quasigénéral au point qu'il eut même un certain écho en métropole[11]. Plus que l'ensemble du texte, c'est l'immixtion de l'administration dans les opérations de recrutements des travailleurs qui était contestée. Selon Etienne du Vivier de Streel, président du syndicat des planteurs du Gabon et du Congo français, l'arrêté du gouverneur général contenait des restrictions si nombreuses et si graves qu'il paraissait difficile que la liberté du travail subsistât avec l'application de cet arrêté. En effet, il limitait, toujours selon le président, les régions ouvertes aux recrutements des travailleurs, le nombre d'hommes pouvant être recruté dans chaque subdivision, les possibilités pour l'indigène de s'employer comme journalier, le droit pour cet indigène de fixer lui-même son salaire et la durée de ses engagements. Le texte imposait en plus aux employeurs « *des obligations qui vont sensiblement au-delà de celles qui sont imposées à l'employeur français vis-à-vis d'ouvriers français, notamment en ce qui concerne les accidents de travail, les cas de maladie et de l'interruption du travail.*[12] » En un mot, le texte incriminé introduisait dans les opérations de recrutements tant de complications et de contraintes qu'il découragerait, aux dires de du Vivier de Streel, « *toute entreprise nouvelle et créera pour les entreprises existantes des difficultés devant lesquelles il est à craindre qu'elles soient amenées à se retirer.*[13] »

Fort de ce constat, l'Association des commerçants, industriels, planteurs et colons de Libreville, antenne locale du Syndicat des planteurs du Gabon et du Congo français, menaça de rompre sa collaboration avec l'administration dans les Assemblées Consultatives.[14]

En vérité, les critiques formulées par le patronat colonial contre l'arrêté du 11 février 1923 étaient non fondées. Cet arrêté ne faisait qu'édicter des dispositions conformes à la réglementation du travail en vigueur, notamment au décret du 4 mai 1922, et adaptées aux conditions spéciales de la situation de la main-d'œuvre en AEF. Une lecture attentive des textes aurait évité cette fausse querelle au sujet de la réglementation du travail. Du reste, les protestations des employeurs contre les nouvelles mesures appliquées en AEF étaient assez naturelles. Depuis 1903, date du premier décret sur la main-d'œuvre, la législation du travail se complétait et s'améliorait de plus en plus. De nouvelles décisions concernant les contrats

[11] CAOM, GGAEF-carton 2H10 dossier 1 – Lettre de du Vivier de Streel, président du syndicat des planteurs du Gabon et du Congo français au ministre des colonies. Paris, juin 1923.

[12] *Ibid.*

[13] *Ibid.*

[14] CAOM, GGAEF-carton 2H10 – Association des commerçants, industriels, planteurs et colons de Libreville, Assemblée générale du 14 mai 1923.

de travail, les salaires, les accidents, l'hygiène des travailleurs avaient été progressivement prises. Toutes ces mesures gênaient, évidemment, les employeurs habitués à traiter le travailleur indigène comme un objet ; elles diminuaient légèrement leurs bénéfices, leur créaient de nouvelles charges. Tout naturellement, des protestations s'élevaient !

Mais l'administration resta sourde. Bien plus, une circulaire du lieutenant gouverneur de la colonie du Gabon, du 15 juillet 1925, vint encore renforcer le rôle de l'administration dans les recrutements, en rappelant les prérogatives qui lui revenaient de droit en matière de répartition de la main-d'œuvre. Afin d'éviter les famines, chaque travailleur engagé dans sa subdivision d'origine avait droit à un congé sans solde de deux mois pour se consacrer aux cultures vivrières. Toutefois, rien ne fut prévu pour les travailleurs employés hors de leurs subdivisions.

D'autres textes complétèrent la réglementation du travail : les arrêtés du 3 janvier 1927[15]; du 20 janvier 1927[16]; de la circulaire du 10 février 1927[17]; de l'arrêté du 7 avril 1927[18]. La réglementation se renforçait également sur le plan coercitif. Un décret du 30 avril 1930[19] tentait de poursuivre, par une série de dispositions appropriées, le fait pour les indigènes de ne pouvoir justifier de moyens réguliers et avouables d'existence, ainsi que le fait de se trouver sans domicile ou de résidence habituelle fixe ou variable suivant la nature de leur profession : c'était le délit de vagabondage.

Enfin, un nouveau pas fut franchi en 1936 avec l'avènement du Front Populaire au pouvoir en métropole. Un nouvel arrêté fut promulgué, celui du 21 décembre 1935[20], complétant les dispositions du décret du 4 mai 1922. Cet arrêté reprenait *grosso modo* les principales dispositions sociales de celui du 11 février 1923. Cependant, le texte définissait d'une manière plus précise les circonstances dans lesquelles la passation des contrats était obligatoire. Il rompait l'habitude qu'avaient les employeurs d'employer la main-d'œuvre journalière, en étendant les contrats de travail aux travailleurs

---

[15] Arrêté du 3 janvier 1927 instituant un livret de travail pour les indigènes, *JOAEF* de 1927, p. 42.

[16] Arrêté du 20 janvier 1927 modifiant l'arrêté du 11 février 1923 pour l'application du décret du 4 mai 1922 fixant le régime du travail en AEF, *JOAEF* de 1927, p. 122.

[17] Circulaire du 10 février 1927 au sujet de la main-d'œuvre nécessaire aux exploitations forestières, *JOAEF* de 1927, p. 324.

[18] Arrêté du 7 avril 1927 modifiant l'arrêté du 11 février 1923 portant application du décret du 4 mai 1922 fixant le régime du travail en AEF, *JOAEF* de 1927, p. 315.

[19] Arrêté du 30 avril 1930 portant répression du vagabondage en AEF.

[20] Arrêté du 21 décembre 1935 déterminant les conditions d'application du décret du 4 mai 1922 fixant le régime du travail en AEF, *JOAEF* de 1936, pp. 37-41.

journaliers. Mais surtout le texte annonçait la création d'une inspection du travail en AEF. Cela fut consacré par arrêté du 24 juillet 1936[21]. Placé sous l'autorité immédiate du gouverneur général, l'organe avait à sa tête un inspecteur du travail. Ce dernier, chargé de suivre toutes les questions se rapportant à la réglementation édictée par le décret du 4 mai 1922, avait notamment dans ses attributions :

- l'organisation et le contrôle des modalités d'application dudit décret et de l'arrêté du 21 décembre 1935 réglementant le travail en AEF ;
- l'inspection personnelle du travail indigène dans tous les départements de la région et le contrôle du fonctionnement des organismes locaux du travail ;
- la surveillance générale des mesures relatives aux travaux d'utilité publique, aux contrats de travail, à la condition des travailleurs, à l'hygiène et à la liberté du travail ainsi qu'à l'assistance médicale et la protection sanitaire de la main-d'œuvre sur les chantiers publics et privés ;
- le contrôle de la réglementation des accidents du travail ;
- enfin, la centralisation des renseignements relatifs aux besoins des différentes régions en main-d'œuvre tant pour les services administratifs que pour les entreprises privées et les possibilités offertes.

Malheureusement, ce texte fut abrogé et l'inspection du travail ne vit le jour en AEF finalement qu'en 1946. En fait, il faut dire que les mesures sociales du Front Populaire allaient dans le sens d'un adoucissement du sort des populations colonisées. Mais avec la Seconde Guerre mondiale toutes ces mesures furent supprimées.

Cela dit, le décret du 4 mai 1922 et ses textes d'application amélioraient sensiblement la réglementation du travail en AEF et au Gabon. Sans être une révolution, ce texte constitue néanmoins un moment fort dans l'histoire de la législation du travail de l'entre-deux-guerres. Plus aucun autre texte de cette dimension ne fut pris jusqu'à la fin de la Seconde Guerre mondiale. C'était là tout son mérite.

Mais, en dépit de progrès certains, le décret du 4 mai 1922 et ses arrêtés d'application restaient lacunaires sur le plan social. Ces textes se consacraient essentiellement aux contrats de travail et aux recrutements des travailleurs. Ils marquaient la volonté de l'administration de contrôler la main-d'œuvre, tout en réservant aux ouvriers un minimum de conditions sociales et en concédant aux employeurs le maximum de prérogatives. Ces derniers se montraient très hostiles à toute réglementation du travail n'allant pas dans le sens de leurs intérêts. Tout en soulignant certains inconvénients

---

[21] Arrêté du 24 juillet 1936 créant une inspection du travail et de la main d'œuvre en AEF, *JOAEF* de 1936, p. 803.

des textes comme la lourdeur des démarches pour la signature des contrats de travail, les employeurs coloniaux craignaient avant tout une augmentation de leurs charges. Ils voulaient une organisation plus souple, susceptible d'être contournée à leur guise. D'ailleurs, le poids de la pratique prédomina sur l'esprit de la réglementation inspirée des textes métropolitains et la plupart des chefs d'entreprises firent preuve de la plus grande ignorance en matière de législation du travail. L'administration coloniale, pour sa part, fit preuve d'une large tolérance dans l'application des textes protégeant le travailleur africain ainsi que l'atteste le conseil d'arbitrage, organe sensé régler les litiges entre patrons et ouvriers.

Le conseil d'arbitrage : un organe arbitraire

Jusqu'à la promulgation du décret du 4 mai 1922, aucune autorité n'était en état d'intervenir utilement dans les litiges élevés entre employeurs européens et employés indigènes. En droit, les tribunaux français étaient compétents pour juger ces litiges ; en pratique, leur intervention était difficile. Car du fait de leur éloignement, tout recours y était onéreux pour le patron. Pis pour l'ouvrier indigène dont les formalités introductives d'une instance lui était inconnues, inaccessibles à son ignorance.

Aussi, afin de régler sur place les contestations occasionnées par l'inexécution des contrats de travail, le législateur colonial a-t-il dû prévoir des tribunaux d'exception désignés sous le nom de "Conseil d'arbitrage". Le décret du 4 mai 1922 prévoyait la création de ces juridictions. Celles-ci « *connaissent des contestations individuelles ou collectives entre les ouvriers ou employés indigènes et leurs employeurs, relatives aux conditions réglementant les rapports des employeurs et des indigènes employés ou ouvriers, que les conventions soient contenues dans un contrat ou d'ailleurs d'un engagement verbal ou de l'usage des lieux pour tout engagement inférieur ou égal à trois mois.*[22] »

Ces conseils d'arbitrage étaient créés par actes de l'autorité administrative locale partout où ils étaient rendus nécessaires par suite de l'affluence des travailleurs ou de l'importance des entreprises.

La composition de ces conseils comportait suivant les cas :

- un président, le chef de circonscription ou de subdivision ou un fonctionnaire désigné par arrêté du gouverneur général ;
- deux assesseurs, français et africain ;
- deux assesseurs suppléants ;

---

[22] Article 12 du décret du 4 mai 1922 fixant le régime du travail en AEF, *JOAEF* de 1922, p. 263.

- un fonctionnaire désigné par le président jouait auprès du conseil le rôle de secrétaire.

La procédure y était gratuite ; l'action était introduite par simple lettre ou même sur une déclaration verbale faite au secrétaire ou au président, qui délivrait un reçu. Ainsi, la procédure avait été rendue simple, peu coûteuse et expéditive afin de parer dans l'immédiat à la conciliation et à la solution des litiges opposant patrons et ouvriers. Cependant, il s'avère que les textes créant ces conseils d'arbitrage portaient en eux-mêmes déjà les germes d'un arbitraire.

En effet, la composition même des conseils était source d'injustice. Dans la majorité des juridictions, les assesseurs français étaient souvent des exploitants forestiers ou des planteurs, donc des patrons ; alors que leurs collègues africains n'étaient que les relais locaux de l'administration coloniale. A titre indicatif voici comment se composaient les conseils d'arbitrage de la colonie du Gabon en 1923[23] :

Libreville
Président : le maire de Libreville
Assesseur européen : Génichon, exploitant forestier
Assesseur indigène : N'Dongo, chef de canton
Suppléant européen : Guiguet
Suppléant indigène : Baria

Port-Gentil
Président : le chef de circonscription
Assesseur européen : Rousselot, planteur
Assesseur indigène : Mayordome
Suppléant européen : Lirand
Suppléant indigène : Owoungo

Lambaréné
Président : le chef de la circonscription
Assesseur européen : Foing, exploitant forestier
Assesseur indigène : Rigondjo, chef de canton
Suppléant européen : Pouillet, exploitant forestier
Suppléant indigène : Endeng

[23] Arrêté du 15 avril 1923 fixant la composition des conseils d'arbitrage en Afrique Équatoriale Française, *JOAEF* de 1923, p. 192.

Mayumba
Président : le chef de la circonscription
Assesseur européen : Berthelot du Chesnay, exploitant forestier
Assesseur indigène : Makanga Malumba
Suppléant européen : Bisch
Suppléant indigène : Zinguimi Voudou

Eschiras
Président : le chef de la circonscription
Assesseur européen : le R.P. Auvray
Assesseur indigène : M'Goumi
Suppléant européen : Lemoigne
Suppléant indigène : Moussambo

Ainsi, on peut noter une représentation des employeurs et une absence flagrante des employés. Dès lors, quand on connaît la solidarité qui caractérise le monde patronal face à la menace de leurs intérêts communs et leurs connivences avec les politiques, on ne peut s'étonner de l'issue de ces séances des conseils d'arbitrage. Et, ce n'étaient sûrement pas les assesseurs indigènes, courroies de transmission du pouvoir colonial, qui pouvaient constituer le contre-poids adéquat.

L'arbitraire des conseils apparaissait également au niveau des sanctions. Le décret du 4 mai 1922 stipulait, en effet, que « *la non-exécution par l'indigène des obligations pécuniaires ou en nature résultant d'un jugement du conseil d'arbitrage le rend passible de la contrainte de corps pour une durée qui n'excédera pas un mois et qui, dans tous les cas, sera fixé par le conseil dans le prononcé de son jugement*.[24] » De la prison pour l'employé indélicat, mais de simples avertissements pour l'employeur coupable de manquements à ses obligations contractuelles.

Ainsi, par son caractère inachevé, et surtout, par ses lacunes, la réglementation du travail en vigueur faussait l'esprit d'arbitrage des conseils. Cela prédisposait ces juridictions à l'injustice. En 1936, le chef du département de l'Ogooué-Maritime reconnaissait que « *le conseil ne procède pas de façon équitable dans les cas des indemnités à attribuer aux travailleurs victimes d'accidents ayant entraîné une incapacité permanente, puis qu'il [le conseille] est obligé de se contenter de faire verser par l'employeur à l'engagé une indemnité basée sur le pourcentage d'invalidité et la valeur du sang fixée à 500 francs, tout en déplorant le caractère dérisoire d'une telle somme.*[25] » D'où le vœu

[24] Article 26 du décret du 4 mai 1922, *op. cit.*, p. 264.
[25] CAOM, GGAEF-carton 4(1)44 – Rapport semestriel du département de l'Ogooué-Maritime, 2e semestre 1936.

du chef de la région du Gabon, qui souhaitait qu'une réglementation sur les accidents du travail fût enfin arrêtée et promulguée.[26]

Mais les accidents de travail n'étaient pas les seuls litiges portés devant les conseils d'arbitrage. Il y avait aussi, et surtout - fait révélateur - les délits de vagabondages, de désertion, d'absence au travail, que les conseils sanctionnaient avec une rigueur énergique. En 1934, dans la subdivision de Lambaréné le conseil d'arbitrage avait condamné, au cours du seul troisième trimestre, 57 individus pour vagabondage soit, au total, 267 mois de prison ; tandis que 217 autres indigènes avaient vu leurs pécules revenir en partie ou en totalité, à titre d'indemnité, à leurs employeurs.[27]

De fait, les conseils d'arbitrage ne manquaient pas, chaque fois que la nécessité se faisait sentir, de sanctionner, sévèrement, la non-exécution des clauses du contrat de travail par l'engagé.

Certes, il y avait des cas (accidents du travail, non versement des arriérés de salaires et de pécules, rations insuffisantes ou inexistantes...) où les conseils décidaient à l'encontre des patrons, mais ces sanctions paraissaient peu rigoureuses. Du reste, dans la plupart des cas, il s'agissait de simples procès verbaux dressés contre les exploitants défaillants. Les employeurs eux-mêmes ne reconnaissaient-ils pas que « *l'employeur européen et le travailleur indigène ne peuvent être placés sur le même pied lorsqu'il s'agit d'apprécier les manquements de l'un d'eux au contrat de travail. A cet égard la réglementation en vigueur apparaît jusqu'à présent comme satisfaisante et la composition des conseils d'arbitrage donne à l'employeur le maximum de garanties* »[28]. Et de l'aveu même de l'administration « *la procédure prévue par le décret de 1922 ne prête guère à un règlement rapide des litiges. Le jugement intervenu, il est bien difficile de la faire exécuter, s'il a été prononcé contre un employeur. Si la non exécution par un engagé des obligations mises à sa charge par un jugement du conseil d'arbitrage le rend passible de la contrainte de corps, rien de tel n'a été prévu contre l'employeur qui peut impunément se dérober, aucune disposition du décret n'ayant trait au mode d'exécution d'une décision de l'espèce rendue contre les justiciables des tribunaux français.*[29] »

---

[26] CAOM, GGAEF-carton 4(1)45 – Rapport annuel de la région du Gabon, année 1937.

[27] CAOM, GGAEF-carton 4(1)D40 – Rapport trimestriel de la circonscription du Bas-Ogooué, 3e trimestre 1934.

[28] CAOM, GGAEF-carton 2H10 dossier 1 – Étude de l'Association des Commerçants, Industriels et Colons de Libreville sur l'arrêté du gouverneur général en date du 11 février 1923 fixant les conditions d'application du décret du 4 mai 1922 sur la réglementation du travail en AEF.

[29] CAOM, GGAEF-carton 4(1)45 – Rapport annuel de la région du Gabon, année 1937.

Au terme de cette étude sur la législation du travail en AEF et au Gabon, il apparaît que l'Etat colonial s'est efforcé de limiter les abus des employeurs sur la main-d'œuvre locale. On note une certaine volonté de l'administration de protéger le travailleur par l'édiction de règles de l'emploi de la main-d'œuvre. Mais cette réglementation n'avait pour but premier que d'assurer aux entreprises coloniales une main-d'œuvre qui se faisait rare. Aussi insistent-elle, essentiellement, sur les questions concernant les recrutements de travailleurs et les contrats de travail. C'était là son but utilitaire auquel on adjoignait accessoirement une préoccupation humanitaire : protéger le travailleur contre les dérives des patrons.

Ainsi, la législation sociale du travail indigène apparaît-elle comme rudimentaire, n'accordant au travailleur autochtone qu'un minimum de protection. « *Nos travailleurs coloniaux n'ont-ils pas droit tous à la même protection ?* [30] » S'interroge Pierre Monnet ; cela d'autant plus que certains aspects de la loi métropolitaine étaient déjà appliqués dans certaines colonies dites évoluées.[31] Mais alors pourquoi n'avait-on pas assimilé purement et simplement les colonies d'Afrique noire à la métropole du point de vue de la législation du travail ? Pierre-François Gonidec et Martin Kirsch répondent sur le plan du droit : « *Théoriquement, le code du travail métropolitain aurait pu être appliqué aux colonies. Les quatre lois des 28 décembre 1910, 28 novembre 1912, 21 juin 1924 et 25 février 1927 contiennent un article semblable autorisant le Président de la République à déterminer par décret les conditions d'application des quatre livres du code aux colonies.*[32] » Mais le législateur colonial préféra édicter des règles spéciales aux colonies, différentes de celles de la métropole. Il faut souligner ici que cela était le produit d'une opinion très partagée à l'époque : les colonies étaient trop différentes, par les races, les climats, le degré d'évolution, que le mieux était de donner à chacune d'elles une législation du travail conforme à ses besoins et à son stade de civilisation. Dès lors, on comprend aisément que la législation du travail restât incomplète sur un grand nombre de droits sociaux à accorder aux travailleurs. La quotité des indemnités due aux accidents de travail n'était pas fixée ; aucune réparation des maladies professionnelles n'était prévue ; les conditions de sécurité et d'hygiène au travail n'étaient pas spécifiées ; pas de dispositions sur les retraites ouvrières ; pas de congés

---

[30] MONNET P., (1925), *La législation du travail dans les colonies françaises*, Paris, Jouve & Cie Editeurs, p. 125.

[31] Par exemple la loi du 21 mars 1884, qui réglementait les syndicats professionnels, fut appliquée dans les colonies de Martinique, de la Guadeloupe et de la Réunion. Il en était de même sur certaines dispositions concernant les accidents de travail. Cf. P. MONNET P., (1925), *La législation du travail ..., op. cit.*, pp. 100-105.

[32] GONIDEC P.-F. et KIRSCH M., (1958), *Droit du travail des Territoires d'Outre-mer*, Paris, LGDJ, p. 46.

payés et, surtout, de liberté syndicale. Bref, cette législation était de portée limitée. Conçue pour répondre à un besoin ponctuel, elle ne s'inscrivait pas dans la perspective de la constitution d'une classe ouvrière stable qui vaille. À ce propos Jules Ninive conclu fort justement qu'elle n'avait pas « *valeur des codes de Travail, de l'Hygiène et de la Prévoyance sociales.*[33] »

Références

Les sources d'archives

C.A.O.M.-G.G.A.E.F.-Carton 2H10 dossier 1 - Lettre de du Vivier de Streel, président du syndicat des planteurs du Gabon et du Congo français au ministre des colonies. Paris, juin 1923.

C.A.O.M.-G.G.A.E.F. Carton 4(1)D40 -Rapport trimestriel de la circonscription du Bas-Ogooué, 3e trimestre 1934.

C.A.O.M.-G.G.A.E.F. Carton 4(1)44 - Rapport semestriel du département de l'Ogooué-Maritime, 2e semestre 1936.

C.A.O.M.-G.G.A.E.F. Carton 4(1)45 - Rapport annuel de la région du Gabon, année 1937.

C.A.O.M.-G.G.A.E.F. Carton 2H10 dossier 1 - Etude de l'Association des commerçants, industriels et colons de Libreville sur l'arrêté du gouverneur général en date du 11 février 1923 fixant les conditions d'application du décret du 4 mai 1922 sur la réglementation du travail en A.E.F.

Les publications officielles

J.O. de la colonie du Gabon, 1907- décret du 28 mai 1907 portant réglementation des contrats de travail en A.E.F., pp. 258-261.

J.O.A.E.F. de 1911. Décret du 7 avril 1911 réglementant les contrats de travail en A.E.F., pp. 334-337.

J.O.A.E.F. de 1912. Décret du 15 juillet 1912 complétant la réglementation des contrats de travail en Afrique Equatoriale Française, p. 410.

---

[33] NINIVE J. (1932), *La main-d'œuvre indigène dans les colonies françaises*, Paris, Jouve & Cie Editeurs, p. 122

J.O.A.E.F. de 1920. Décret du 14 avril 1920 réprimant en A.E.F. les détournements d'avances de salaires commis par les indigènes, pp. 305-306.

J.O.A.E.F., 1921 - arrêté du 18 février 1921 concernant le recrutement de la main-d'œuvre en A.E.F. au Cameroun français, p. 154.

J.O.A.E.F., 1922 - décret du 4 mai 1922 fixant le régime du travail en A.E.F., pp. 262-264.

J.O.A.E.F., 1923 - arrêté du 11 février 1923 pour l'application du décret du 4 mai 1922 fixant le régime du travail en A.E.F., pp.76-80.

J.O.A.E.F. de 1927. Arrêté du 30 décembre 1926 fixant, pour l'année 1927, la composition de la ration journalière des travailleurs indigènes, p. 322.

J.O.A.E.F., 1936 - arrêté de 21 décembre 1935 déterminant les conditions d'application du décret du 4 mai 1922, pp. 37-40.

Bibliographie

COQUERY-VIDROVITCH C. (1972), *Le Congo au temps des grandes compagnies concessionnaires (1888-1930)*, Paris, Mouton & Co, 598 p.

GONIDEC P.F. et Kirsch M. (1958), *Droit du travail des Territoires d'Outre-Mer*, Paris, Librairie Générale de Droit et Jurisprudence, 743 p.

LUCHAIRE F. (1949), *Manuel de Droit d'Outre-Mer*, Paris, Sirey, 574 p.

MONNET P. (1925), *La législation du travail dans les colonies françaises*, Paris, Jouve, 133 p.

NINIVE J. (1932), *La main-d'œuvre indigène dans les colonies françaises*, Paris, Jouve et Cie Editeurs, 241 p.

L'univers des auxiliaires gabonais dans l'extension du système fiscal colonial, 1902-1946

Par Gilchrist Anicet NZENGUET IGUEMBA
Docteur en Histoire Contemporaine

L'exploitation des ressources humaines avait pris une certaine importance au Gabon colonial avec la mise en place du système fiscal, plus particulièrement avec l'impôt de capitation ou indigène. Pour mettre en pratique cette politique fiscale, l'autorité coloniale recourut à l'assistance d'un personnel auxiliaire local. Ce recours aux autochtones, triés sur le volet, permit un rapprochement entre les administrés et l'administration coloniale. De ce fait, l'administration coloniale réserva aux Gabonais le rôle peu enthousiaste de collecteur d'impôt auprès de leurs congénères. Ce rapprochement de circonstance entre le dominé et le dominant perdura pendant de nombreuses années, tout au moins durant toute la période coloniale. Elle eut le mérite de transformer les institutions politiques existantes dans le sens souhaité par le colonisateur et d'en créer de nouvelles, toujours pour répondre à une logique prédéterminée.

Pour mettre en place et faire fonctionner le système colonial, le personnel européen ne suffisait pas : il fallait aussi et surtout un personnel africain. Ce dernier, "objet", de la colonisation constituait une classe ou des classes intermédiaires, en charge des travaux que les Européens ne pouvaient ou ne voulaient pas faire. Tantôt instrument de légitimation, tantôt courroie de transmission, souvent *factotum,* cette catégorie intermédiaire des cadres africains se composait principalement de deux entités, les chefs traditionnels et une nouvelle élite[1].

Toutefois, l'analyse d'une telle mutation nécessite une prise en compte de la dynamique temporelle. C'est ainsi qu'il convient de préciser le choix de nos bornes chronologiques. En effet, l'année 1902 marque l'instauration du principe de l'impôt indigène au Gabon comme dans les autres colonies de l'AEF[2]. En revanche, 1946 scelle la fin du système de l'indigénat par le biais du décret n°46-277, du 20 février 1946, portant suppression en AOF, en AEF, au Cameroun, au Togo, à la Côte Française

---

[1] M'BOKOLO ELIKIA, (1992), *Afrique noire. Histoire et civilisations, tome II. XIXe-XXe siècles*, Paris, Hatier-AUPELF, p. 358.

[2] Arrêté du 11 février 1902 étendant à toute la colonie la perception de l'impôt indigène et, de préférence, sous la forme d'un impôt de capitation, *Journal Officiel du Congo français de 1902*, pp. 59-65.

des Somalis, à Madagascar et Dépendances et en Nouvelle-Calédonie et Dépendances, des peines de l'indigénat[3].

Cette vaste opération de séduction avait-elle apporté des résultats probants ? Comment les Gabonais, bien peu instruits, ont-ils perçu ces nouveaux responsables ? Ont-ils mené à bien leur mission ? Comment étaient-ils récompensés ? Qui déterminait le choix de ces auxiliaires ? Toutes ces interrogations orientent l'analyse portée dans cet article.

Pour faire fonctionner son appareil administratif balbutiant, l'autorité coloniale s'appuyait, pour des tâches élémentaires, sur un personnel autochtone composé des chefs de villages, des chefs de canton ou chefs de terre et des chefs de quartiers. Les missions du chef de canton et chef de terre consistaient à aider l'autorité coloniale dans le domaine de l'administration, de la fiscalité et de la justice indigène. Quant au chef de village, il était chargé de dresser et d'enregistrer les actes de l'État-civil indigène et de recenser la population. En matière de fiscalité, le rôle de ces organes consistait à s'assurer du paiement des impôts et des taxes dans les villages du canton ou de la terre. Le chef de quartier, pour sa part, était dans les centres urbains comme Libreville et Port-Gentil, l'auxiliaire de l'autorité coloniale. Il y exerçait les mêmes attributions que le chef de village.

Cependant, l'administration coloniale fit appel à des autochtones autres que les responsables politiques cités ci-dessus pour servir comme commis, interprètes dans ses bureaux. Le tableau I (Cf. page 227) nous renseigne sur l'évolution des effectifs de ce personnel entre 1913 et 1916. L'augmentation portait depuis le 31 décembre 1913 sur 14 auxiliaires et écrivains- interprètes, 185 gardes régionaux, 4 infirmiers, 4 agents des travaux publics et 1 moniteur soit 208[4]. Autrement dit, l'effectif du personnel indigène avait augmenté de 9 % en 1914 pour fléchir à 7 % en 1915 et 6 % en 1916. Ce ralentissement en pourcentage de la croissance du personnel pourrait s'expliquer par l'état de guerre qui animait la période de 1915 à 1916. Cependant, cette augmentation en nombre de l'effectif indigène répondait à un besoin en personnel pour remplir certaines missions. En 1983, Henri Brunschwig écrivait :

> « *Administrateurs et chefs de service blancs, chefs noirs, interprètes et policiers constituaient l'armature de la colonisation. Au fur et à mesure que les colonies se développèrent, il fallut renforcer et diversifier l'armature. Mais les moyens faisaient défaut. Pour seconder même médiocrement, les blancs en place, pour alimenter les bureaucraties naissantes, on fit appel à un petit personnel indigène, d'abord très*

---

[3] *J.O* de l'AEF du 1er avril 1946, p. 413.

[4] CAOM Fonds AEF Carton 4(1)D14 - Colonie du Gabon. Rapport d'ensemble sur la situation de la colonie du Gabon et les événements de la Guerre en 1916.

élémentaire. D'anciens tirailleurs baragouinant le français, d'anciens élèves des écoles de brousse ou des missions, d'anciens boys instruits par leurs maîtres fournirent des plantons, des commis, écrivains ou expéditionnaires, des infirmiers, des imprimeurs, des agents politiques, des exécutants de tous les services progressivement institués.[5]»

Comme on peut le constater, c'est le personnel autochtone qui permit la liaison entre l'autorité administrative et les populations gabonaises.

L'auxiliaire gabonais : une personnalité coloniale incontournable ?

Le recouvrement de l'impôt nécessita de la part de l'administration l'appui des autorités politiques locales notamment les chefs de villages à qui elle donna une nouvelle dimension. À ceux-ci, l'autorité administrative adjoignait une autorité, le chef de canton ou chef de terre. Ainsi, le chef de village et le chef de canton assuraient, pour le compte de l'administration, le rôle difficile de percepteur d'impôt.

Les attributions des chefs de villages et des chefs de terre étaient d'abord politiques et administratives. Ils faisaient exécuter les travaux de prestations, veillaient à l'entretien des sentiers et aidaient au recensement annuel. Ils signalaient "*les indigènes qui cherchaient à se soustraire au recensement, à leurs obligations fiscales, les vagabonds, les perturbateurs de l'ordre public, les individus recherchés par la justice, les délinquants et les criminels*". C'est par les chefs que passaient toutes les directives administratives concernant la production. Enfin, les chefs de villages et de terre aidaient à recueillir l'impôt de capitation[6].

Du chef de tribu relève toute la famille ethnique où tout le groupement solidaire constitué par plusieurs terres ou villages[7]. Celui-ci exerce son contrôle sur les chefs de villages et sur les chefs de terre. Proche du chef de subdivision, il participait à l'établissement des rôles de l'impôt et pouvait proposer des mesures dans le domaine économique. Tels étaient les différents éléments hiérarchiques de la chefferie indigène[8].

En outre, les chefs de terre et de canton recrutaient les travailleurs, faisaient produire, assuraient la police. Et l'administration "fermait les yeux" sur l'usage personnel qu'ils pouvaient faire du pouvoir qui leur était confié.

[5] BRUNSCHWIG H., (1983), *Noirs et Blancs dans l'Afrique noire française*, Paris, Flammarion, p. 149.

[6] DUPRÉ G., (1982), *Un ordre et sa destruction*, Paris, ORSTO, Mémoires n°93, p. 293.

[7] *Ibid.*

[8] *Ibid.*, pp. 293-294.

C'était de nouveaux riches. Ils ne cachaient pas leur richesse ; leurs chèvres et leurs moutons remplissaient leur propre village ; leurs *nzundu*[9] étaient exposés devant leur maison et leurs nombreux sacs de sel étaient suspendus au plafond de leur case à la vue de tous. S'ils voyaient une belle femme en passant dans un village, ils la prenaient sans dot, en donnant un peu de vin à ses parents[10]. C'était les fonctionnaires de cette époque[11]. Craints de leurs administrés qu'ils pouvaient sous n'importe quel prétexte désigner à la vindicte de l'administration, les chefs de terre et le chef de tribu s'enrichissaient aux dépens des villageois. Ceux-ci étaient périodiquement requis pour abattre leurs plantations et construire leurs cases qui allaient en augmentant avec le nombre de leurs épouses. L'accumulation de femme qu'ils réalisaient était sans précédent ; tous avaient au moins six femmes et beaucoup en avaient deux ou trois fois plus[12].

Si les chefs savaient bien, en les exagérant, faire jouer à leur profit les relations de dépendance, ils ne répugnaient pas non plus à utiliser les possibilités du secteur monétaire naissant. Très souvent, les villageois avaient recours à eux pour trouver l'argent nécessaire au paiement de l'impôt. Les chefs qui disposaient de numéraire grâce au travail de leurs nombreuses femmes et aux prestations des villageois payaient les impôts de leurs administrés dépourvus d'argent. En échange, ceux-ci leur donnaient des *nzundu* ou des sacs de sels pour un prix dérisoire ou venaient travailler pour eux. Par ce biais, une clientèle grandissante se constituait autour des chefs. L'exploitation coloniale subie par les villageois et dont les chefs étaient agents actifs était redoublée de l'exploitation par les chefs eux-mêmes. Ceux-ci utilisaient leur position charnière pour asseoir par le transfert de richesse, de travail et de femmes un pouvoir qui devait tout au colonisateur. Et l'administration qui s'était plainte dans ses débuts de ne pas rencontrer de chefs « dignes de ce nom » tolérait ces pratiques dans la mesure où la puissance des hommes qu'elle avait choisis s'en trouvait renforcée et, où les extorsions étaient supportées sans broncher par les villageois[13].

---

[9] Le *nzundu* représentait une enclume de fabrication locale ayant une valeur importante dans les échanges et particulièrement les relations matrimoniales.

[10] *Ibid.*, p. 308.

[11] *Ibid.*

[12] *Ibid.*

[13] *Ibid.*, p. 309.

Chef de village ou agent du fisc colonial ?

Une des manifestations naturelles, spontanées, de l'instinct de sociabilité chez le Gabonais était entre autres le village. La notion de terre ne prit corps que lorsque d'autres familles firent « leurs villages » sur un terrain déjà occupé par une première famille. Le premier occupant, chef du premier village, se disait alors propriétaire de la terre et devenait « le chef de terre », tout en restant le chef de son village.

L'organisation des chefferies indigènes fut réglée par la circulaire n°32 du 30 mars 1925 du lieutenant-gouverneur du Gabon. Ces instructions ne prévoyaient la désignation des chefs de villages par le vote des habitants que dans des cas exceptionnels, lorsque plusieurs indigènes paraissaient avoir des droits égaux et qu'ils étaient également capables d'assurer la charge de chef. Mais, il n'était pas question d'adopter le système électoral pour toutes les nominations des chefs de villages. « *L'évolution des indigènes* notait en 1935 l'administrateur Assier de Pompignan *ne permet pas d'employer cette méthode qui risque de créer des erreurs et d'amener des représailles parmi les groupes en cause.*[14]»

Il était difficile pour l'administration de grouper sous l'autorité d'un même chef des ethnies souvent fort différenciées et, même dans une même ethnie, de réunir sous la même coupe, des lignages issus de clans souvent disparates. Seule une étude approfondie des groupes ethniques de la circonscription ou de la subdivision de leurs tenants et de leurs aboutissants pouvait permettre à l'administration de réaliser un regroupement ethnique ou un choix de chef logique. Cet état de fait était relevé dans la subdivision de Lambaréné constituée par une véritable mosaïque d'ethnies. Point d'homogénéité mais un coudoiement de groupe ethnique venu de toutes les régions du Gabon.

Aux autochtones Galoa, Adjumba, Séké et Enenga vinrent s'ajouter les Fang, et les Akélais qui, chassés eux-mêmes par les avant-gardes fang, s'infiltrèrent par petits groupes jusqu'aux rives de l'Ogooué et de la N'Gounié ; enfin toutes les vagues successives de peuples du Sud et de l'Est attirés par cette contrée, grand centre d'activité commerciale du Bas-Ogooué. Il était donc évident que l'administration ne pouvait admettre un chef par groupe ethnique.

---

[14] CAOM, Fonds AEF Carton 4(1) D41- Région du Gabon. Correspondance n°1842 du 15 juin 1935 de l'administrateur supérieur représentant le gouverneur général dans la région du Gabon au chef du département de l'Ogooué-Ivindo.

Les chefs, semble-t-il, n'avaient pas d'aptitudes au commandement. Leur autorité était à peu près nulle indiquent les rapports d'archives[15]. Les services qu'ils rendaient étaient bien légers. Ils étaient, selon les mêmes rapports politiques, incapables de faire des recensements, de tenir des registres d'État civil, de faire exécuter leurs décisions en matière de conciliation. Ce n'étaient, en fait que de simples agents de liaison entre les autorités administratives et les populations autochtones.

Les chefs avaient donc peu d'autorité, ils devaient être seulement les exécuteurs aveugles des ordres du chef de subdivision. Ils ne pouvaient émettre ni conseils, ni vœux, ni empêcher les abus administratifs lorsqu'ils se produisaient. Ils étaient vis-à-vis de leurs congénères ce qu'était le chef de subdivision, c'est-à-dire bon ou mauvais. Pour cette raison, il ne convient pas d'accepter les yeux fermés les appréciations formulées par l'autorité administrative.

Le chef de la subdivision de Fernan-Vaz, l'administrateur Lalande, appréciait en 1936 ainsi qu'il suit les chefs autochtones de sa localité :

> « *La plupart des chefs que j'avais convoqués, dés mon arrivée, se sont présentés. Dès cette première visite, j'ai eu l'impression que leur esprit n'est pas mauvais bien qu'il soit dépourvu de toute idée de réforme.*
>
> *En 1922, j'avais déjà apprécié ces chefs ainsi qu'il convient. Ils n'ont guère changé si ce n'est physiquement. Impossible de compter sur eux. Ils n'ont qu'un désir, c'est de continuer à croupir dans la plus dégradante des paresses et la meilleure des preuves en est la demande qu'ils se sont empressés de m'adresser de ne plus avoir à leur dépêcher de gardes pour activer les travaux, ce système leur paraissant insupportable. C'est pourtant, aussi longtemps que les chefs seront défaillants, le seul moyen d'assurer l'exécution des instructions de l'autorité.*[16]»

Il existait sur l'ensemble de la colonie du Gabon des chefs descendants des vieilles familles, mais la politique de l'autorité administrative les avait éliminés du pouvoir depuis bien longtemps. Les chefs auxquels il s'agit ici étaient pour la plupart d'anciens boys, cuisiniers, contremaîtres qui avaient vécus près de l'Européen, mais qui n'avaient par conséquent aucune autorité sur leurs congénères.

À la fin des années 1930, on constate que dans tout le département de la N'Gounié, la plupart des chefs autochtones acquirent de l'autorité, précisément à cause de l'allocation mensuelle qui les faisait tous considérer par leurs congénères comme des agents appointés de l'administration. Leur concours était plus précieux pour l'administration locale que lorsqu'il était

---

[15] Lire les rapports politiques de la colonie du Gabon au Centre d'Archives d'Outre -Mer d'Aix-en-Provence.

[16] CAOM, Fonds AEF Carton 4(1) D43- Région du Gabon. Département de l'Ogooué Maritime. Rapport politique du 1er semestre 1936.

prêté à titre bénévole. Parfois, les chefs de villages ne faisaient guère d'administration, ils étaient plutôt occupés à gagner leur vie ; souvent, ils s'absentaient du village pour aller travailler et gagner de l'argent pour satisfaire un certain nombre de désirs. En conséquence, le village n'était plus commandé.

En définitive, le chef de village était là pour lever l'impôt, faire cultiver, fournir des vivres aux miliciens de passage, des hommes et de la nourriture pour les chantiers de construction et son succès dans ces entreprises était la mesure directe de son autorité et la condition de son maintien à la chefferie.

Une innovation institutionnelle coloniale : le chef de canton

Le canton est de création purement administrative notait en 1938, le chef de département du Djouah, Henry L'Hermier des Plantes[17]. L'autorité coloniale, pour des besoins de contrôle des populations, mit en place un organe de gestion des ressources humaines regroupant plusieurs villages sous l'autorité d'un seul individu. Celui-ci par ses responsabilités devait administrer ses congénères comme il souhaitait, palliant ainsi aux lacunes du chef de village. Les chefs de canton qui touchaient une rétribution avaient, certes, comme le notaient de nombreux rapports une certaine qualité, mais en général, ils se heurtaient à leurs administrés qui étaient, à certains moments, indisciplinés[18].

L'allocation des chefs de canton était basée sur le nombre de leurs ressortissants, et sur l'importance de leur commandement. Fort de ces indications, certains chefs de canton de la région d'Omboué s'empressèrent en 1939 de faire figurer sur leurs tableaux numériques, des villages depuis longtemps disparus ou des campements de brousse éphémères[19]. Entre temps, en 1938, selon l'administrateur Maurice Assier de Pompignan, chef du département de l'Estuaire, « *les chefs de cantons des différentes subdivisions de l'Estuaire ont donné dans l'ensemble satisfaction.*[20]» Au cours du premier semestre 1938, certains chefs de canton, en raison de leur âge, ne manifestèrent guère d'activité ; d'autres n'accusèrent qu'un rendement

---

17 CAOM Fonds AEF Carton 4(1)D41- Territoire du Gabon. Département du Djouah. Rapport politique du 1er semestre 1938.

18 *Ibid.*

19 CAOM Fonds AEF Carton 4(1)D - Territoire du Gabon. Département de l'Ogooué Maritime. Rapport politique du 1er semestre 1939.

20 CAOM Fonds AEF Carton 4(1)D46 - Territoire du Gabon. Département de l'Estuaire. Rapport politique du 1er semestre 1938.

médiocre par insuffisance de moyens, mais il était difficile à l'administration de les remplacer, ces chefs étant les seuls à bénéficier d'un certain prestige auprès de leurs administrés.

Une décision du 20 janvier 1938 fixa les allocations annuelles consenties aux chefs de canton. Toutefois, en 1937, ces auxiliaires furent frustrés des remises d'impôt, les chefs de villages étant désormais seuls à les percevoir. Les émoluments accordés, quoique modestes, permettaient aux chefs de canton de ne plus faire figure de " besogneux", toujours à l'affût d'une "combine"; aucun n'avait en effet de fortune personnelle. L'analyse du tableau II (Cf. page 229), indique l'effort fourni par les auxiliaires indigènes dans le département de l'Estuaire au moment de la mise en place de la décision qui attribuait une remise au chef de canton. Cependant, les recettes de Cocobeach, comptabilisées au 30 juin 1938, ne comprenaient pas les recettes reçues du poste de Médouneu. La situation exacte de Cocobeach présentait au 30 juin 1938 un reste à recouvrer de 16.485 francs. Selon le rapport politique du 1er semestre, les populations de la commune de Libreville ne montraient que peu d'empressement à payer leurs charges fiscales. En juillet, la commune enregistra une rentrée de 12.000 francs. Tous les chefs de quartiers avaient reçu des instructions spéciales pour hâter le recouvrement de l'impôt indigène[21]. Comparativement à la situation qu'expose le tableau III (Cf. page 229), on constate une nette évolution entre les recouvrements de juin 1937 et ceux de l'exercice 1938.

En outre, la superficie du département du Woleu-N'Tem était en 1936 de 34.200 km² répartie comme l'indique le tableau IV (Cf. page 230). Pour une population de 68.185 autochtones, il n'y avait que 52 Européens soit 0,99 % de la population totale du département.

De l'observation du tableau IV, nous constatons que le département du Woleu-N'Tem présentait sur son territoire une organisation cantonale disproportionnée. C'est la subdivision de Mitzic qui présente le plus grand nombre de cantons avec sept (7) au total suivi d'Oyem avec cinq (5) cantons. La situation de Minvoul paraît paradoxale car cette subdivision présentait une superficie de 15.200 km², donc le plus grand territoire du département, pour seulement quatre (4) cantons. Nous pouvons donc supposer que cette subdivision présentait une faible densité et par conséquent une population de moindre importance en nombre et peu de villages contrairement à la subdivision de Mitzic.

---

[21] *Ibid.*

Une émulation entretenue : les remises

C'est l'arrêté du 31 décembre 1919 du gouverneur général de l'AEF Angoulvant qui déterminait le taux et les conditions dans lesquelles pouvaient être accordées des remises d'impôt. Toutefois, l'arrêté du 11 février 1902 proposait en son article 5 une remise variant de 10 à 20 % de la recette effectuée[22]. L'indemnité allouée aux chefs de villages par l'administration au titre de remise à l'impôt de capitation était proportionnelle au nombre des imposables. En conséquence, l'éclatement des villages courant avant le contrôle de l'administration coloniale était sanctionné par l'administration, et les chefs avaient tout intérêt à ce que cela ne se produise pas.

Aux yeux des populations, la perception de l'impôt constituait le principal attribut de souveraineté ; en chargeant les chefs indigènes d'effectuer cette opération, l'administration coloniale consolidait leur autorité et facilitait par-là même son action. Afin de stimuler l'empressement des chefs indigènes et de les intéresser à l'accomplissement de cette partie de leur tâche, il convenait donc de leur allouer des remises sur le montant des perceptions effectuées. Il paraissait tout de même difficile à l'autorité locale de fixer un taux uniforme pour ces remises ; le taux devait alors dépendre de l'importance du rôle, de la fidélité du chef, de l'influence politique dont il disposait dans son village et le gouverneur général Émile Merlin d'estimer qu'« *en aucun cas il ne faudrait attribuer aux chefs plus de 5% sur les sommes qu'ils recouvrent.*[23]»

Dans l'article premier de l'arrêté du 31 décembre 1919, les chefs et collecteurs indigènes qui s'étaient effectivement employés au recouvrement par leurs soins, devaient percevoir une remise qui ne pouvait, en aucun cas, être supérieur à 5 %. L'article deuxième de cet arrêté stipulait que cette remise n'était accordée que par arrêté du lieutenant-gouverneur ou du commandant du territoire sur proposition du chef de circonscription.

La nature des remises : une gratification sous contrôle

L'arrêté du 31 décembre 1919, fixait à 5 % le taux maximum des remises qui pouvaient être accordés aux chefs et collecteurs indigènes de l'impôt[24].

---

[22] *Bulletin Officiel Congo français* de février 1902, p. 61.
[23] *JOCF* du 1er septembre 1909, p. 234.
[24] *JOAEF* du 1er janvier 1920.

La caractéristique des remises est qu'elles étaient, pour l'autorité coloniale, la récompense du concours prêté par ces intermédiaires indigènes. Ceux-ci, par leur zèle, leur influence et leur activité, avaient contribué efficacement et avec intégrité au recouvrement de l'impôt.

Pour que la récompense décernée produise l'effet moral attendu, il convenait à l'autorité administrative de la proportionner aux services rendus qui n'étaient pas souvent uniformément satisfaisants. Si ces services étaient négatifs, la remise ne saurait se justifier et le cas était fréquent où l'impôt n'était recouvré que par l'action du chef de subdivision où la pression qu'il était contraint d'exercer sur les notables ne jouissant d'aucun prestige à l'égard de leurs congénères dont ils avaient d'ailleurs souvent la crainte d'une part. D'autre part, dans les subdivisions les plus évoluées, l'impôt pouvait être perçu sans intervention d'intermédiaires, les remises n'avaient plus leur raison de subsister ou du moins ne devaient être allouées qu'à un taux très faible.

L'importance de la récompense devait, en outre, être fonction de la rapidité des perceptions qui, en principe, dans les circonscriptions favorisées par le développement économique, devaient être terminées à la fin du premier trimestre de l'année et, au plus tard, le 30 juin. Cela permettait aux états de remises de recevoir les approbations des administrateurs coloniaux à temps pour que le montant en fût versé aux bénéficiaires à l'occasion du 14 juillet, fête nationale de la métropole.

Enfin, si dans certaines circonscriptions pauvres ou d'organisation récente, notamment les circonscriptions de l'hinterland, les perceptions se prolongeaient durant toute l'année, l'administration accordait des remises aux chefs et collecteurs indigènes à titre tout à fait exceptionnel, s'ils avaient réellement fait preuve de dévouement et de zèle. Mais, dans ce cas, les chefs de circonscriptions motivaient la proposition en faveur d'une exception à la règle ci-dessus.

En 1939, le chef de la subdivision d'Omboué notait à propos du comportement d'un chef de village :

> « *Il serait juste d'augmenter le traitement du chef Mandja, du canton Eschiras du Rembo - N'Komis qui a versé en 1938, 44.225 francs d'impôt et au cours du premier trimestre 1939, 38.375 francs. Son traitement actuel et de 1.200 francs.*[25] »

Cet enthousiasme manifeste de la part de cet administrateur à l'égard d'un chef de village reflète si bien la pression tacite que vivaient au quotidien les chefs de villages et au demeurant les administrateurs. Fallait-il

[25] CAOM, Fonds AEF Carton 4(1)D - Territoire du Gabon. Département de l'Ogooué Maritime. Rapport politique du 1er semestre 1939.

encourager systématiquement les chefs qui produisaient un recouvrement d'impôt important ? À travers ce passage, nous retrouvons un chef gabonais qui répondait positivement aux objectifs assignés par sa hiérarchie. Signalons que nous sommes bien là dans une région où l'activité économique était développée par la présence des exploitations forestières.

Dans une correspondance de 1937, le gouverneur général de l'AEF Reste proposait d'allouer une allocation annuelle fixe aux chefs de terre autonomes car leur rôle se rapprochait davantage de celui d'un chef de canton ou de tribu, que de celui d'un chef de village ; ils n'étaient pas d'ailleurs chargés de collecter directement l'impôt, et le paiement de remise semblait leur donner ce rôle qui n'était pas le leur. Pour l'administrateur Reste, « *ces allocations devraient être fixées à 3 % environs du montant de l'impôt perçu sur la terre et payables par douzième ; elles devraient être calculées, comme pour les chefs de canton ou de tribu et, par conséquent, susceptibles d'être majorées ou réduites suivant les services.*[26] »

L'allocation annuelle des chefs de canton, de tribu, de terre autonome ou non, était calculée d'une part en prenant pour base l'impôt versé par le groupement de ces chefs ; d'autre part, en tenant compte de leur valeur personnelle. Toutefois, ces allocations ne devaient pas varier avec les changements possibles du taux de l'impôt. Il s'agissait, en somme, de déterminer une sorte de solde de base susceptible d'être augmenté ou réduite pour tenir compte de la façon de servir de chacun des chefs. Il paraît, note l'administrateur Reste, « *normal d'admettre que les bons services d'un chef, soient, quand il aura su se faire valoir et qu'il aura donné sa mesure, reconnus par une allocation plus importante. Le carnet de notes institué par l'arrêté du 28 décembre 1936 aura son intitulé puisqu'il permettra de suivre les différents chefs et d'apprécier leur rendement.*[27]» Mais les propos de l'administrateur Reste sont nuancés lorsqu'il précisait « *de ne pas accorder aux nombreux chefs de la colonie, des allocations présentant, suivant le cas, entre elles, des différences de quelques dizaines ou centaines de francs ; ces différences ne s'expliqueraient pas et elles seraient insuffisantes pour distinguer les chefs non seulement selon l'importance de leur commandement mais aussi selon leur valeur. Sans vouloir créer une hiérarchie rigide de chefs, sans les fonctionnariser, j'ai fixé une échelle d'allocation (...) avec des taux suffisamment nombreux pour que l'importance des différentes chefferies puisse toutefois être sensible. Dans le même ordre d'idées, j'ai pensé qu'il devait être possible d'accorder à certains chefs de peu d'importance comme il s'en rencontre surtout parmi les chefs de terre non autonomes, une*

---

[26] CAOM, Fonds AEF Carton 4(1)D46 - Correspondance n°1729 du 13 décembre 1937 du gouverneur général de l'A.E.F au gouverneur délégué du gouverneur général au sujet des chefferies dans la région du Gabon.
[27] *Ibid.*

allocation sensiblement plus forte que le calcul du 3 % ou du 5 % de leur impôt ne l'indiquerait.[28]»

Bien que le travail de ces chefs fût fonction de l'importance de leur terre, certaines allocations de l'ordre de 60 à 120 francs furent insuffisantes pour reconnaître les services que leur demandait l'administration coloniale. Le minimum était donc de 120 francs par an pour les chefs de terre autonome, de canton ou de tribu. Les allocations des chefs de terre non autonome étaient fixées par le gouverneur délégué du gouverneur général. Cependant, certains chefs de départements avaient envisagé une désignation immédiate de secrétaires à placer au côté des chefs de canton.

Dans le département de l'Estuaire, le chef de département supposait que la nouvelle organisation impliquait nécessairement la réduction du nombre de commandements indigènes. Il importe, sur ce point de préciser l'esprit de la circulaire n°11 du 27 janvier 1937.

Ce texte prévoyait de façon impérative la réduction du nombre de cantons ou de terres ; il prescrivait seulement d'envisager les suppressions possibles lorsque ce nombre a été grossi, outre mesure, sans tenir compte des unités politiques, économiques, ethniques ou géographiques, naturelles ou déjà anciennes. Sur le choix des chefs, les propositions du chef de département de l'Estuaire avaient recueilli l'assentiment du gouverneur général, Jean François Reste, qui les trouva judicieuses. Du fait que les Fang n'avaient pas eu de véritables chefs autres que les chefs de groupement sans attributions administratives étendues, il paraissait alors nécessaire de laisser en exercice ceux de ces auxiliaires qui avaient fait leurs preuves. Cependant, pour les autorités coloniales, il ne fallait pas que ces chefs se considèrent uniquement comme des juges imposés par la coutume. Ils devaient être aussi des auxiliaires de l'administration et, acceptés comme tels par leurs administrés. Aussi, faut-il retenir que le département de l'Estuaire présentait une organisation qui ne comptait que des chefs de canton, à l'exception de chefs de terres autonomes et de chefs de terres non autonomes groupées en cantons.

Dans le département du Woleu-N'Tem, contrairement aux opinions du chef de département, il fallut pour l'autorité coloniale, envisager l'extension des pouvoirs des chefs de canton ou plus exactement l'exercice des fonctions qui étaient octroyées par l'arrêté du 26 décembre 1936. Il n'était nullement question que les chefs indigènes remplissent seuls toutes leurs attributions, et il n'était non plus question de créer dans chaque canton un bureau d'administration générale. En attendant que les chefs de canton fussent suffisamment au courant de la tâche qui leur était dévolue, il

---

[28] *Ibid.*

appartenait aux chefs de subdivisions de les conseiller, de les guider, de leur apprendre le métier qu'ils avaient à exercer.

Dans le canton d'Oyem, l'administration ne prévoyait pas la rétribution du chef de canton, car selon elle, dans cette unité qui ne comprenait qu'une seule terre, il ne pouvait y avoir le canton et la terre. C'est le chef de canton qui existait et qui subsista, lequel devrait être rémunéré par l'allocation prévue de 1.500 francs[29]. Dans les autres cantons, l'administration coloniale prit en compte l'existence éventuelle de la terre et du chef-lieu de canton. Toutefois, si le chef de canton n'avait pas, d'après la coutume le commandement direct sur une terre, il convenait de ne pas créer un échelon inutile en laissant à la tête de la terre ou du chef-lieu de canton un chef autre que le chef de canton lui-même.

Dans la subdivision de Bitam, l'allocation de 4.000 francs proposée par le chef de département pour le chef de canton nord fut retenue par le gouverneur général Reste en raison selon lui de « *ses services exceptionnels.*» En revanche, l'allocation de 1.500 francs proposée pour le chef du canton sud paraissait insuffisante à cause de l'importance de son canton. Mais, cette allocation fut fixée à 2.500 francs. Au regard de l'allocation proposée dans les deux grands cantons de Bitam, on constate une nette différence en valeur courante de 1.500 francs et en valeur constante de 1938 la somme de 1704,54 francs. Cette rémunération reflétait les rendements de l'impôt indigène de chaque canton comme l'expose le tableau VII (Cf. page 231).

En outre, la terre non autonome de Minvoul, qui n'était autre que l'ancien canton du même nom, était, selon l'autorité coloniale, trop peu importante pour rester comme telle, et devait être considérée comme rattachée au canton nord. Pour l'autorité administrative, le chef du canton nord, le nommé Asseko N'Zé devait bénéficier d'une allocation correspondant à l'importance de son canton comme présenté par le tableau VIII (Cf. page 231). Cela dit, dans la subdivision de Mitzic[30], le regroupement des cantons d'Ekouk, d'Essone et de Bissa en un canton ouest avait eu l'approbation du gouverneur général de l'AEF l'administrateur Reste. Ainsi, le chef de canton restait-il chef de la terre d'Essone et ne devait percevoir que son allocation de chef de canton. Toutefois, l'allocation des deux chefs de terres non autonomes devrait être fixée par le gouverneur délégué. Cependant, le taux de l'impôt indigène fut porté dans le canton ouest en 1937 de 5 francs à 10 francs soit une hausse de 100 %.

Par ailleurs, dans le département de l'Ogooué Maritime, les chefs de chacun des trois villages du centre urbain de Port-Gentil étaient rémunérés

---

[29] Voir tableau VI, p. 231.
[30] Voir tableau IX, p. 231.

par des requises d'impôt dont les taux étaient fixés pour l'année 1938 à 5 % au minimum, par un arrêté pris en conseil d'administration. Bien que les familles étaient désignées pour exercer le commandement, les chefs indigènes de la subdivision de Port-Gentil étaient considérés comme des agents presque directs de l'administration et acceptés par les populations comme tels. Ils percevaient les allocations révélées par le tableau X (Cf. page 232). On observe que les allocations fixées contrastent, dans deux cantons : principalement le canton ouroungous de l'Océan et ouroungous, n'komi de l'Ogooué. Dans ces deux cantons, les taux fixés présentent un léger changement par rapport aux taux proposés. Une baisse de 16,67 % pour le chef de canton ouroungous de l'Océan et une hausse de 25 % pour le chef de canton ouroungous, n'komi de l'Ogooué. Dans la subdivision d'Omboué, le canton n'komi avec 5 terres avait vu accroître la rémunération de son chef par rapport aux propositions de 25 %. Les autres cantons et terres autonomes exposaient des allocations presque inchangées[31].

Par ailleurs, à N'Djolé, la désignation des chefs avait donné lieu à des protestations. Les habitants de cette unité se plaignaient de ce que les anciens chefs n'eussent pas été maintenus bien que la nomination des nouveaux chefs fut faite à la majorité des voix[32]. Sans tenir compte de ces protestations, l'autorité coloniale fixa les allocations des nouveaux responsables autochtones. Certains virent, dans la plupart des cas, leurs allocations baissées ou maintenues[33] ; d'autres comme le chef du canton Abanga- Samkita obtenait une allocation fixée à 2.500 francs soit une hausse de 25 % par rapport à l'allocation proposée. De même, le chef de canton Akélé recevait une augmentation de 63,63 %. Le canton de Toulagouga-M'Bigné présentait une allocation en baisse de 23,07 % de celle proposée, tout comme Ebélé-Alémbé -41,66 % et Junckville -11,11 %. Dans la subdivision de Lambaréné, les allocations des chefs furent fixées sans une quelconque proposition préalable. Seuls les chefs de l'Ogooué-M'Biné et de la terre galoa d'Aloumba avaient connu des propositions d'allocations. Ainsi, les allocations fixées passèrent à 11,11 % dans l'Ogooué - M'Biné et fléchirent à 33,33 % dans la terre galoa d'Aloumba.

En outre, dans le département de la N'Gounié, les rémunérations des chefs dans la subdivision de Mouila mettent en évidence une augmentation de l'allocation fixée de l'ordre de 25 % pour le canton bapounou de N'Déndé

---

[31] Voir tableau XI, p. 232.

[32] CAOM, fonds AEF carton 4(1)D46 - Correspondance n°1729 du 13 décembre 1937 du gouverneur général de l'AEF au gouverneur délégué du gouverneur général au sujet des chefferies dans la région du Gabon.

[33] Voir tableau XII, p. 232.

nord[34]. Cependant, une nette différenciation est constatée dans la subdivision de Sindara. En effet, les allocations proposées dans les six cantons ne furent pas maintenues. Toutes les allocations proposées ont été revues à la baisse à l'exception de celle du canton mitsogo. Ainsi, nous constatons que dans le canton eschiras-n'gosi l'allocation fixée avait fléchi de 33,33 %, alors que ce canton comprenait trois terres dont une sous la responsabilité du chef de canton. De même, le chef du canton eschiras-Kamba avait vu ses émoluments chuter[35] de 16,66 % bien que les rentrées fiscales eurent été importantes par rapport aux autres cantons de la subdivision. Les allocations fixées au canton eschiras Tando diminuaient de 33,33 %, celles du canton bakélé furent baissées de 50 %. Contrairement à la subdivision de Sindara, celle de M'Bigou présentait quelques variations entre les allocations proposées et fixées. Des légères augmentations caractérisèrent les allocations du canton bandjabi notamment celui du centre avec 4,16 %, la Douaye 11,11 % et le canton bavoumbou 16,66 %. En revanche, dans le canton de l'ouest et le canton batséngui des baisses insignifiantes de 16,66 % furent appliquées[36]. À Mimongo, le seul canton à connaître une baisse de 33,33 % de l'allocation était celui d'Apouangadi, tous les autres avaient perçu une nette croissance de leurs allocations : 25 % dans le canton de Mapeba, 16,66 % à N'Zambi, 33,33 % à Sandou et à Idiata[37].

L'observation du tableau des rémunérations des chefs dans le département de la Nyanga indique que toutes les allocations fixées furent revues à la baisse par l'autorité coloniale. Cet état de fait contraste avec la logique des analyses précédentes. Cela dit, nonobstant l'importance des cantons et des terres non autonomes dans la subdivision de Mayumba et de Tchibanga, les allocations fixées ne différenciaient que très légèrement des allocations proposées. Au sein de la subdivision de Mayumba, le chef du 1er canton avait donc une allocation ponctionnée de 20 %, de même pour le 2ème canton 6,98 %, le 3ème canton 5,88 %, le 4ème canton 4,76 %. Dans le sillage de la réalité de Mayumba, à Tchibanga les allocations du chef du 1er canton fléchissaient de 7,69 %, le 2ème canton de 20 %, le 3ème canton de 14,28 %, le 4ème canton de 16,66 %, le 5ème canton de 4,76 %[38].

Dans le département des Adoumas, notamment dans la subdivision de Lastoursville, l'allocation du chef de canton Ogooué sud augmenta de 0,84 %, celles du chef du canton Poungui et du canton Leyou croissaient de 11,11 %, de même l'allocation du chef du canton Onoï grimpait de 23,07 %.

---

34 Voir tableau XIV, p. 233.
35 Voir tableau XV, p. 233.
36 Voir tableau XVI, p. 234.
37 Voir tableau XVII, p. 235.
38 Voir tableau XVIII, p. 235.

À cela, s'ajoutent les baisses de 33,33 % pour le chef du canton Lassio, de 50 % pour le canton Batsangui, de 16,66 % pour l'Ofooué ainsi que la Lolo-Wagna[39]. Dans le département du Djouah, trois des six cantons avaient vu les allocations fixées fondre notamment de 16,66 % dans le canton Pahouin de la subdivision de Makokou, de 13,04 % dans le canton Bakota, de 25 % dans le canton Nord et de 50 % dans le canton sud de la subdivision de Mékambo. Ces baisses s'opposaient à des maintiens des allocations proposées dans les cantons Bekwélé et Bouéni de la subdivision de Makokou[40].

Au bout du compte, l'administration coloniale avait réussi à associer implicitement, puis concrètement les Gabonais à la fiscalisation de la colonie du Gabon. Au cours de cette entreprise, quelques personnes ont émergé des villages pour soutenir l'action coloniale moyennant des compensations dont la plus efficace fut l'argent. Aussi, apparaît à nos yeux le rôle éminent dans la propagation de l'usage de la monnaie effectué par l'administration coloniale. Les divers cadeaux et l'argent offerts aux chefs autochtones ont fait d'eux les grands acteurs de l'extension du système fiscal colonial au Gabon.

---

[39] Voir tableau XIX, p. 235.

[40] Voir tableau XX, p. 236.

Annexes

Tableau I : Effectif total du personnel indigène 1913-1916

Années	Effectif total
1913	922
1914	1.002
1915	1.074
1916	1.136

Source : *C.A.O.M. Fonds A.E.F. Carton 4(1)D14 – Colonie du Gabon. Rapport d'ensemble sur la situation de la colonie du Gabon et les événements de la guerre en 1916.*

Tableau II : Recouvrements de l'impôt indigène dans le département de l'Estuaire au 1er semestre de 1938

Subdivisions	Rôles émis	Recouvrements	Reste à recouvrer
Chinchoua	246.245	213.915	32.330
Cocobeach	215.825	189.815	26.010
Kango	264.265	232.075	32.190
Libreville	217.420	151.490	65.940
Commune de Libreville	163.360	66.360	97.000
	1.107.115	853.645	253.470

Source: *C.A.O.M. Fonds A.E.F. Carton 4(1)D46- Territoire du Gabon. Département de l'Estuaire. Rapport politique du 1er semestre 1938.*

Tableau III : Les recouvrements de l'impôt indigène au 30 juin 1937

Subdivisions	Rôles émis	Recouvrements	Reste à recouvrer
Chinchoua	255.900	196.390	59.210
Cocobeach	232.035	192.390	39.645
Kango	266.620	201.230	65.390
Libreville et Commune	334.425	239.190	95.235
	1.088.980	829.200	259.780

Source: *C.A.O.M. Fonds A.E.F. Carton 4(1)D46- Territoire du Gabon. Département de l'Estuaire. Rapport politique du 1er semestre 1938.*

Tableau IV : Les cantons et les chefs de canton du département du Woleu-N'Tem en 1936

Subdivisions et superficies	Cantons	Chefs de cantons
Oyem soit 4600 km²	1er Canton	Mendama Mendong
	2ème Ellelem	Mébiame Ondo
	3ème Woleu	Ella Ndamane
	4ème Bissok	Nguéma Ndamane
	5ème Kyé-Nyé	Mbeng Ndong
Bitam soit 4500 km²	1er Nord	Mezu Allogo
	2ème Sud	Ovondo Allogo
	3ème Ekorité	Abogo Akom
Mitzic soit 10.000 km²	1er Lara	Obame Missang
	2ème Doumanzou	Ndong Ebé
	3ème Bissa	Metoulou Metogo
	4ème Essonne	Mendama Madong
	5ème Ekouk	Bang Essoung
	6ème Okala	Allogo Ondo
	7ème Makokou	Abaga Biyogo
Minvoul soit 15.100 km²	1er Nord	Assogo N'zé
	2ème Minvoul	Abe Mbe
	3ème N'Tem	Angoué Emane
	4ème Sud	Menié Mella

Source *: C.A.O.M. Fonds A.E.F. carton 4(1)D44 – Région du Gabon. Département du Woleu-N'Tem. Rapport politique du 2ème semestre 1936.*

Tableau V : Recouvrement de l'impôt indigène et allocation de chef dans le département de l'Estuaire, en 1937

Cantons	Impôts	Allocations proposées	Allocations acceptées	observations
		Commune de Libreville		
1er canton	69.405	3.400	3.000	
2ème canton	55.895	2.700	2.500	
3ème canton	51.500	2.500	2.500	
		Subdivision de Kango		
1er canton	114.135	3.600	6.000	Collaborateur précieux et éclairé
2ème canton	47.425	3.000	2.500	*Idem*
3ème canton	11.975	600	500	
4ème canton	15.400	700	700	
		Subdivision de Chinchoua		
1er canton	25.375	1.200	1.000	
2ème canton	18.130	900	800	
3ème canton	30.170	1.500	1.200	
4ème canton	27.615	1.300	1.200	
		Subdivision de Cocobeach		
1er canton	51.090	2.500	2.500	
2ème canton	71.090	3.500	3.500	
3ème canton	52.560	2.600	2.500	
4ème canton	38.085	1.900	1.500	

Source : *C.A.O.M. Fonds A.E.F. carton 4(1)D46 - Correspondance n°1729 du 13 décembre 1937 du gouverneur général de l'A.E.F. au gouverneur délégué du gouverneur général au sujet des chefferies dans la région du Gabon.*

Tableau VI : Recouvrements et allocations dans la subdivision d'Oyem en 1937

Cantons	Terres non autonomes	Impôts	Allocations proposées	Allocations acceptées
Oyem	1	33.795	1.800	1.500
Ellelem	2	22.515	1.200	1.000
Woleu	4	31.095	1.500	1.200
Bissok	3	33.120	1.800	1.200
Kyé-Nyé	3	68.730	3.000	3.000

Source : *C.A.O.M. Fonds A.E.F. carton 4(1)D46 - Correspondance n°1729 du 13 décembre 1937 du gouverneur général de l'A.E.F. au gouverneur délégué du gouverneur général au sujet des chefferies dans la région du Gabon.*

Tableau VII : Allocations proposées et fixées dans la subdivision de Bitam

Cantons	Impôts	Allocations proposées	Allocations fixées à :	observations
Canton Nord	71.040	4.000	4.000	Mérites exceptionnels Pas de chef de terre autonome
Canton Sud	52.740	1.500	2.500	
Ekorité	17.910	600	8.00	

Source : *C.A.O.M. Fonds A.E.F. Carton 4(1)D46 - Correspondance n°1729 du 13 décembre 1937 du gouverneur général de l'A.E.F. au gouverneur délégué du gouverneur général au sujet des chefferies dans la région du Gabon.*

Tableau VIII : Allocations proposées et fixées dans la subdivision de Minvoul

Cantons	Terre	Impôt	Allocations proposées	Allocations fixées à :
Sud		34.590	1.700	1.500
Sossolo-N'Tem	Minvoul	37.410	1.900	1.500
Nord		32.130	1.700	1.200
		11.035		

Source : *C.A.O.M. Fonds A.E.F. Carton 4(1)D46 - Correspondance n°1729 du 13 décembre 1937 du gouverneur général de l'A.E.F. au gouverneur délégué du gouverneur général au sujet des chefferies dans la région du Gabon.*

Tableau IX : Allocations proposées et fixées dans la subdivision de Mitzic

Cantons	Terres non autonomes	Impôts	Allocations proposées	Allocations fixées à :	Observations
Canton ouest		21.860	600	1.000	Taux de l'impôt porté de 5 à 10 francs
	Ekouk	2.980			
	Bissa	4.360			
	Essone	3.580			
La Lara		11.050	300	500	
Makokou		17.310	450	600	
Okala		14.220	400	700	
Doumandzou		20.880	600	1.000	

Source : *C.A.O.M. Fonds A.E.F. Carton 4(1)D46 - Correspondance n°1729 du 13 décembre 1937 du gouverneur général de l'A.E.F. au gouverneur délégué du gouverneur général au sujet des chefferies dans la région du Gabon.*

Tableau X : Subdivision de Port-Gentil impôt et allocations en 1937

cantons	Impôt	Allocations proposées	Allocations fixées	observations
Ouroungous de l'Océan	38.710	1.800	1.500	Pas de terre non autonome
Ouroungous, N'Komi de l'Ogooué	58.020	2.000	2.500	
N'Komi d'Anengué	33.845	1.500	1.500	

Source : *C.A.O.M. Fonds A.E.F. carton 4(1)D46 - Correspondance n°1729 du 13 décembre 1937 du gouverneur général de l'A.E.F. au gouverneur délégué du gouverneur général au sujet des chefferies dans la région du Gabon.*

Tableau XI : Subdivision d'Omboué Rémunération des chefs de canton et du chef de la terre autonome des Akélés en 1937.

Cantons et terres autonomes	Tribus	Impôt	Allocations proposées	Allocations fixées
N'Komis (5 terres)		58.775	2.000	2.500
Estuaire du Fernan-Vaz	Eschiras Warama Bapounou	29.050	1.500	1.200
Fang	{N'Gové et Eschiras	90.650	500	400
N'Gové		10.975	800	800
Terres autonomes des Akélés		8.000	400	400
Setté-Cama	Baloumbou Bavili	20.675	1.000	1.000
Eschiras de Bongo		25.760	1.000	1.000
Warama de Bongo		15.000	600	700

Source : *C.A.O.M. Fonds A.E.F. carton 4(1)D46 - Correspondance n°1729 du 13 décembre 1937 du gouverneur général de l'A.E.F. au gouverneur délégué du gouverneur général au sujet des chefferies dans la région du Gabon.*

Tableau XII : Rémunération des chefs dans la subdivision de N'Djolé

Cantons ou terres autonomes	Impôts	Allocations proposées	Allocations fixées à
Abanga-Samkita	32.360	2.000	2.500
Talagouga-M'Bigné	26.240	1.300	1.000
Ebélé-Alémbé	15.540	1.200	700
Junckville	9.160	450	400
Akélé	4.460	220	360

Source : *C.A.O.M. Fonds A.E.F. carton 4(1)D46 - Correspondance n°1729 du 13 décembre 1937 du gouverneur général de l'A.E.F. au gouverneur délégué du gouverneur général au sujet des chefferies dans la région du Gabon.*

Tableau XIII : Rémunération des chefs dans la subdivision de Lambaréné

Canton ou terres autonomes	Terres non autonomes	Impôts	Allocations proposées	Allocations fixées
- Ogooué-Mbiné		89.145	3.600	4.000
	Akélé de l'Ogooué			
- N'Gounié		27.580		1.200
Lacs du Nord		46.490		2.000
	Terre du lac			1.500
- Ogooué Aval	Azingo	37.880		
	Fang du lac			
- Terre Galoas d'aloumba	Avenga	8.435	600	400
Quartier indigène du grand village		10.920		500

Source : *C.A.O.M. Fonds A.E.F. carton 4(1)D46 - Correspondance n°1729 du 13 décembre 1937 du gouverneur général de l'A.E.F. au gouverneur délégué du gouverneur général au sujet des chefferies dans la région du Gabon.*

Tableau XIV : Rémunération des chefs dans la Subdivision de Mouila

Cantons		Impôts	Allocations proposées	Allocations fixées
Bapounou :	- Mouila	28.560	1.200	1.200
	- N'Déndé Nord	34.020	1.200	1.500
	- N'Déndé Sud	29.980	1.200	1.200
Mitsogo		13.810	600	600
Bavoungou		28.700	1.200	1.200
Bapindji		13.940	600	600

Source : *CAOM Fonds AEF carton 4(1)D46 - Correspondance n°1729 du 13 décembre 1937 du gouverneur général de l'A.E.F. au gouverneur délégué du gouverneur général au sujet des chefferies dans la région du Gabon.*

Tableau XV : Rémunération des chefs de canton de la subdivision de Sindara

Cantons	Terres non autonomes	Impôt	Allocations proposées	Allocations fixées
Eschiras-N'Gosi	- une terre sous l'autorité du chef de canton - une terre: Makoulouba - une terre Mavioga	28.760	1.800	1.200
Eschiras-Kamba	- une terre sous l'autorité du chef de canton - une terre Niama - une terre Bouvinga	49.260	2.400	2.000
Eschiras Tando	3 terres	32.400	1.800	1.200
Mitsogo	3 terres	42.640	2.000	2.000
Bakélé et		14.460	1.200	600
1 terre autonome		7.100		360

Source : *CAOM Fonds AEF carton 4(1)D46 - Correspondance n°1729 du 13 décembre 1937 du gouverneur général de l'AEF au gouverneur délégué du gouverneur général au sujet des chefferies dans la région du Gabon.*

Tableau XVI : Rémunération des chefs dans la subdivision de M'Bigou

Cantons	Terres non autonomes	Impôts	Allocations proposées	Allocations fixées	Observations
Bandjabi					
Canton du centre	N'Gokélélé	51.460	2.400	2.500	Est déjà chef
(5 terres)	Lacombi	28.660			de canton
	Boussiengui	4.550			
	Mapota	3.280			
	Lembouandji	6.570			
		8.400			
Canton de l'ouest		35.430	1.800	1.500	
(4 terres)	Bouyomba	9.260			Est déjà chef
	N'Goye	8.400			de canton
	Mandzo	8.920			
	Soundou	8.850			
Canton de la Douaye					
		43.720	1.800	2.000	
	Chachia	8.680			Est déjà chef
	Singa-Moala	10.510			de canton
	Mavodi	7.510			
	Moulounga	8.030			
	Vogo	8.990			
Chef de tribu Bandjabi		130.610			
Canton Batséngui		23.380		3.000	
(Boulenda)			1.200	1.000	Est déjà chef
(5 terres)	Boulenda	5.780			de canton
	Moucoto	6.230			
	Doumatsango	3.390			
	Wombo	12.510			
	Niamaloula	5.470			
Canton Bavoumbou		14.270			
(Baquidi)					
3 terres	Baquidi	5.020	600	700	Est déjà chef
	Mounoumicouma	3.480			de canton
	M'Boumbidi	5.770			
Canton du Nord					
(Wingui)					
3 terres	Wingui	8.170			Est déjà chef
	Mouhanga	3.090			de canton
	Modiqua	3.600			

Source *: C.A.O.M. Fonds A.E.F. Carton 4(1)D46 - Correspondance n°1729 du 13 décembre 1937 du gouverneur général de l'A.E.F. au gouverneur délégué du gouverneur général au sujet des chefferies dans la région du Gabon.*

Tableau XVII : Rémunération des chefs dans la subdivision de Mimongo

Cantons	Impôts	Allocations proposées	Allocations fixées à
Mapeba	37.990	1.200	1.500
N'Zambi	15.370	600	700
Sandou	17.630	600	800
Idiata	19.030	600	800
Apouangadi	9.390	600	400

Source : *C.A.O.M. Fonds A.E.F. Carton 4(1)D46 - Correspondance n°1729 du 13 décembre 1937 du gouverneur général de l'A.E.F. au gouverneur délégué du gouverneur général au sujet des chefferies dans la région du Gabon.*

Tableau XVIII : Rémunération des chefs dans le département de la Nyanga

Cantons	Terres non autonomes	Impôts	Allocations proposées	Allocations fixées
		Subdivision de Mayumba		
1er canton	5	23.340	1.250	1.000
2ème canton	6	44.160	2.150	2.000
3ème canton	2	17.700	850	800
4ème canton	3	21.240	1.050	1.000
		Subdivision de Tchibanga		
1er canton	7	26.796	1.300	1.200
2ème canton	6	25.212	1.250	1.000
3ème canton	7	34.596	1.750	1.500
4ème canton	6	36.204	1.800	1.500
5ème canton	7	63.312	3.150	3.000

Source : *C.A.O.M. fonds A.E.F. Carton 4(1)D46 - Correspondance n°1729 du 13 décembre 1937 du gouverneur général de l'A.E.F. au gouverneur délégué du gouverneur général au sujet des chefferies dans la région du Gabon.*

Tableau XIX : Rémunération des chefs dans le département des Adoumas

Cantons	Terres non autonomes	Impôts	Allocations proposées	Allocations fixées
		Subdivision de Lastoursville		
Ogooué Nord	3	15.645	1.000	1.000
Ogooué Sud	6	23.856	1.190	1.200
Poungui	4	17.647	900	1.000
Leyou	3	25.242	900	1.000
Lassio	4	6.200	600	400
		Subdivision de Koula-Moutou		
Lombo	4	25.010	1.200	1.000
Souenguedi- Yao	5	28.780	1.200	1.200
Batsangui	2	7.355	600	300
Onoï	3	17.130	650	800
Ofooué	4	16.125	1.200	1.000
Lolo-Wagna	5	18.035	1.200	1.000

Source : *C.A.O.M. fonds A.E.F. Carton 4(1)D46 - Correspondance n°1729 du 13 décembre 1937 du gouverneur général de l'A.E.F. au gouverneur délégué du gouverneur général au sujet des chefferies dans la région du Gabon.*

Tableau XX : Rémunération des chefs dans le département du Djouah

Cantons	Terres non autonomes	Impôts	Allocations proposées	Allocations fixées
	Subdivision de Makokou			
Pahouin		24.906	1.200	1.000
(3 terres)	Terre de la route Booué	14.070		
	Terre de l'Ouah	5.652		
	Terre Angouma	4.954		
Bakota		16.634	920	800
(3 terres)	Limboumba	13.316		
	Djaddié	2.821		
	Nouniangui	2.597		
Bekwélé		7.225	300	300
(2 terres)	M'Vadhi	4.978		
	Poste	2.247		
Bouéni	5 francs multipliés par 1.230	6.150	300	300
	Subdivision de Mékambo			
Canton Nord		7.889	400	300
	Békabié	5.930		
	Djouah	1.939		
Canton Sud		13.559	1.000	500
	Haute Liboumba	3.146		
	Mahongwé	7.415		

Source : *C.A.O.M. Fonds A.E.F. Carton 4(1)D46 - Correspondance n°1729 du 13 décembre 1937 du gouverneur général de l'A.E.F. au gouverneur délégué du gouverneur général au sujet des chefferies dans la région du Gabon.*

Références

Archives

CAOM Fonds AEF Carton 4(1)D4 – Colonie du Gabon. Rapport mensuel d'ensemble d'août 1906.

CAOM Fonds AEF Carton 4(1)D6 à 4(1)D 41- Colonie du Gabon. Rapports politiques de 1910 à 1934.

Bibliographie

M'BOKOLO Elikia, (1992), *Afrique noire. Histoire et civilisations, tome II. XIXe – XXe siècles*, Paris, Hatier-AUPELF.

BRUNSCHWIG Henri, (1983), *Noirs et Blancs dans l'Afrique noire française*, Paris, Flammarion.

DUPRÉ Georges, (1982), *Un ordre et sa destruction*, Paris, ORSTOM, Mémoires n°93.

Pour une quête identitaire urbaine

Les noms des quartiers de Libreville : appropriation de l'espace et identités urbaines chez les jeunes (15-28 ans)

Par Firmin MOUSSOUNDA IBOUANGA
Docteur en Sciences du Langage

Cet article a pour objet une analyse des noms de quartiers utilisés par les jeunes de Libreville. Ces noms sont extrêmement présents dans leurs pratiques langagières. Ils sont aussi relayés par les chauffeurs de taxis qui sillonnent la ville quotidiennement. Ces formes coexistent avec les noms administratifs des différents quartiers de la ville. En effet, cette étude s'intéresse à la signification et à la nouvelle identité des noms des lieux de Libreville. Il s'agit de relever les différents noms qui varient selon les locuteurs et leurs langues, voire les groupes de pairs, et justifier par la suite les conflits toponymiques.

Les différents quartiers visés par cette étude entourent quasiment le centre-ville et sont en majorité mal équipés ou défavorisés. Les enquêtés, 100 au total, ont entre 15 et 28 ans, font partie des groupes des pairs, venus des différentes provinces du Gabon. Nous pensons que les noms utilisés par les jeunes sont le résultat d'une jeunesse en quête d'identité parce que ces quartiers sont des lieux d'échange et de combat toponymique permanent : baptême ou remplacement. Cette conquête incessante des lieux vise à renforcer leurs identités ou celles de leurs rivaux dans le dessein de coloniser les lieux et en faire par la même occasion leur propriété.

Situation historique de Libreville

Au départ, Libreville était dénommée Arongo mbé ndiwa / eliwa zi ngaba. Elle est devenue ville des libertés lors de l'abolition de l'esclavage. Sa fondation date de 1849. Elle était antérieurement occupée par des Pygmées parmi lesquels les Akoa qui ont habité la rive gauche. « *Ils seront au sud de la presqu'île Denis et au fond de la crique où Mgr le Roy et le Père Trilles iront les étudier.* [1] » Puis arriveront tour à tour les différentes populations bantu. D'abord les Ndiwa qui trouveront les Pygmées en arrivant à la mer « *notamment à la rivière Otandé, au voisinage de la pointe Santa-Clara, ainsi qu'à Denis* »[2]. Ensuite viendront les Mpongwé autour du XIVe siècle qui occuperont progressivement les bords de l'Estuaire. À la même époque « les Benga s'installeront à leur tour dans la région du Cap Estérias » . Dans la même foulée, les Sékyani parviendront aussi par les côtes vers le XIVe siècle, « *à peu près à la même époque que les Mpongwé de l'Estuaire du Gabon.*[3] »

Un peu plus tard, de nouveaux migrants (Akélé, Fang et Européens...), viendront de différents horizons. Dans la même ère, quelques communautés africaines s'y installeront. La répartition des populations dans la ville se fera de manière progressive ; elles essayeront, par le biais de la langue, d'apprivoiser l'espace et de signaler par la même occasion leur présence. Les dénominations administratives que nous connaissons aujourd'hui ne sont pas le résultat d'un fait instantané mais celui d'un long processus appuyé par ces différents types de migrations ainsi qu'une variété de vision du monde comme celle que nous allons souligner ci-après.

Position du problème

Dès les années 1980, un nouveau courant toponymique est apparu concomitamment avec le mouvement de contestation sociale sur Libreville. La musique dite Rap est l'un de ces courants qui, avait entraîné la formation des bandes de pairs. On assiste, à cet effet, à un bouleversement toponymique qui fragilise du coup auprès des populations la dénomination des quartiers de Libreville.

Nos enquêtés estiment que la dénomination d'un lieu est une sorte de marque, de symbole parce qu'elle retrace à jamais le vécu, l'histoire de ceux qui ont investi le lieu. Ces dénominations s'inscrivent comme nous allons le montrer dans un monde de relations, de pouvoirs et de rivalités entre bandes de pairs, la parole qui est en quelque sorte la *materia prima* contribue à influencer, à transformer et à habiller l'espace.

---

[1] MERLET A., (1990), *Le pays des trois estuaires (1471-1900), quatre siècles de relations extérieures dans les estuaires du Muni, de la Mondah et du Gabon,* Libreville, Sépia, p. 13.

[2] RAPONDA WALKER A., (1996), *Notes d'histoire du Gabon suivi de toponymie de l'estuaire (Libreville) et toponymie du Fernanz-Vaz (Port-Gentil),* Libreville, Editions Raponda Walker, p. 58.

[3] *Ibid.*, p. 139.

Ainsi chaque dénomination de jeunes prise dans un lieu contribue à se révéler aux autres, parce que « *nommer c'est appeler à l'existence, c'est se tirer du néant.... La dénomination affirme un droit à l'existence. Ce sont les mots qui font les choses et les êtres, qui définissent les rapports selon lesquels se constitue l'ordre du monde.*[4] »

Nous partons d'un constat : la prolifération/variation de dénominations des quartiers de Libreville par ses jeunes habitants est le fait de différentes migrations venues de tous les horizons et du croisement de leurs représentations. Ces bandes sont composées essentiellement des jeunes âgés de 15-28 ans issus des *mapanes*[5]. Ne se reconnaissant plus dans les dénominations officielles et quelques fois populaires véhiculées par leurs parents, ils vont essayer d'inventer, d'apprivoiser, de dompter un espace qu'ils considèrent comme le leur par l'entremise de nouvelles unités linguistiques calquées, parfois, de l'étranger surtout de l'Occident. La présente étude nous permettra de montrer, à cet effet, comment les jeunes habitants de Libreville ont dénommé leur quartier. Quelles étaient les différentes catégories de dénominations ?

Méthodes de travail

Libreville est le principal lieu de notre enquête. Le corpus sur lequel nous allons nous appuyer a été recueilli à Libreville auprès des "*mapanistes*[6]". Notre approche sera à la fois quantitative et qualitative ; le corpus est composé de 100 questionnaires et de quelques conversations. Comme méthodologie, nous allons aborder cette question du strict point de vue de la sociolinguistique urbaine. Pour mieux appréhender cette question faisons un tour d'horizon des langues en présence à Libreville.

Langues en présence

Libreville est une ville plurilingue et multiethnique. Elle comprend les langues gabonaises dépourvues de statut officiel. Aucune langue gabonaise ne joue comme le français le rôle de langue véhiculaire. Ce sont « *des langues de communication intra-ethnique, elles se répartissent, selon Guthrie,*

---

[4] GUSDORF, (1998), *La parole*, Paris, PUF, pp. 40-41.

[5] Quartiers considérés comme des bidonvilles au Gabon.

[6] Habitants des bidonvilles.

en trois zones d'intégration : la zone A, la zone H et la zone B dont l'aire déborde largement le territoire.[7] »

Mais elles sont utilisées à la radio, à des degrés divers, et sont de véritables supports d'information très importants pendant les campagnes de sensibilisation sur les différents fléaux qui minent la vie des populations.

Sur le plan des religions locales (*bwiti*, *ilombo*, *mabandzi*, etc.), les langues gabonaises sont utilisées comme langues des rites initiatiques traditionnels et également de danses folkloriques (*ikoku*, *djembé*, etc.).

À côté des langues gabonaises, il y a une kyrielle de langues africaines, utilisées de manière ponctuelle par les migrants. Leur présence à Libreville est le fait des activités industrielles (pétrole, mine et bois) et commerciales qui s'exercent à Libreville et dans ses environs. Dans certains cas, cette situation a permis à quelques langues gabonaises dites transfrontalières à l'image du *ipunu*, du *fang*, du *inzebi* et du *téké* de renforcer le nombre de leurs locuteurs.

En plus de ces langues africaines, il existe d'autres langues dites occidentales ; elles sont pour les Librevillois des matières d'enseignement dans les lycées et collèges. Pour accroître leur importance, les différents diplomates organisent, en premier lieu, des concours au sein des établissements qui visent à soigner leur image et à capter l'attention des apprenants. En second lieu, ils soutiennent la création des clubs d'anglais, d'espagnol et d'italien par exemple.

Au sortir de ce tableau, deux langues européennes impriment de manière précise leur présence à Libreville : l'anglais grâce aux communautés nigériane (9.098 ressortissants [8]), ghanéenne et aux nouveaux mouvements d'immigrations venus du Libéria et de Sierra Leone et l'espagnol grâce à la communauté équato-guinéenne en provenance de la Guinée équatoriale (30.641 ressortissants). La convergence de différents groupes linguistiques en direction de Libreville fait d'elle un vrai laboratoire de variation et de transformation sociale. On peut s'en convaincre par les tableaux et cartes[9] qui nous donnent la répartition de toponymes à Libreville.

Libreville est composée de six arrondissements officiels et d'une variété d'appellations populaires/administratives des quartiers qui se chevauchent. On rencontre une difficulté quant aux différents organismes chargés par l'État pour l'élaboration des cartes de la cité. Aucune harmonisation de noms de quartiers n'existe entre l'Institut National de

---

[7] MBA NKOGHE, (1991), « Le Gabon linguistique », Notre Librairie. *Littérature gabonaise*, n° 105, avril-juin, p. 20.

[8] Ministère de la Planification et de l'Aménagement, (1993), *Recensement général de la population et de l'habitat (RGPH)*, Libreville.

[9] *Infra*, pp. 249-250.

Cartographie (INC), le service d'urbanisme de l'hôtel de ville, le service du cadastre et le bureau central du recensement.

Par exemple, sur la carte de l'INC (1994) qui porte sur les frontières des arrondissements, on note Plein-ciel ; sur une autre réalisée par la mairie, on a la cité Damas/Plein ciel-Beauséjour ; sur la troisième faite par le bureau central, on mentionne Plein Ciel-Bissegué (RGPH 1993). Tous ces noms cherchent presque à désigner le même espace.

Recueil, analyse et interprétation de données

Recueil de données

Les enquêtés résident essentiellement à Libreville. Les critères qui nous ont poussé à les choisir sont l'âge (15-28 ans), le groupe de pairs et le lieu de résidence.

Tableau I : Le nombre d'enquêtés par quartiers

Quartiers administratifs	Origine	Nombre d'enquêtés
Nzeng Ayong	Fang	16
Plaine Orety	myéné+français	11
Atong Abé	fang	09
Akémidjogoni	myéné	10
Akébé	punu	10
Kinguélé	fang	12
Lalala à gauche	français	08
PK 6	français	12
Atsibe Ntsoss	fang	6
Derrière la prison	français	6
Total		**100**

Libreville compte plusieurs dénominations administratives, fruit de la coexistence de plusieurs langues, qui fait d'elle une ville de mobilité linguistique et un espace de rencontre de nombreuses populations venues de divers horizons. Elle est considérée à l'heure actuelle comme un vaste «*marché linguistique* », une ville éminemment plurilingue. À côté de ces quelques noms coexistent au quotidien d'autres comme le tableau II nous le montre.

Tableau II : Les dénominations de quartiers de Libreville selon les jeunes

Dénomination administrative/populaires	**Dénomination des jeunes**[10]	**Signification**
Nzeng Ayong (Nzeng populaire)	Vallée kota Vallée Mpongwé Wembley Secteur commando Cité rose Seattle Koweït New Jack	filles dépravées lieu des snobs prestige arts martiaux habitat prospère USA pétrole USA
Plaine Orety	DM (dyem, Derrière Mbolo) Derrière l'Univ. Cité Pompidou	 Derrière l'universitaire Cité prospère
Atong-Abé	Le coin des chats Porto Santos Central Park Kansas	+ chats en réf. au FC Porto, Portugal en réf. au club brésilien[11] USA[12] USA
Akémidjogoni (Carrefour Léon Mba)	Le Bronx Le Queens	USA USA
Akébé	Les Etats Unis d'Akébé	USA
Kinguélé	Kingston	Jamaïque
Lalala à gauche	Shogun Cité Black Yakuza	Asie USA Japon
Sibang	Beyrouth	Liban
Atsibe Ntsoss	Kosovo	Yougoslavie
Derrière la prison	Boston	USA
Camp de boy	CDB	locale

[10] Le quartier chez les jeunes est de fois divisé en plusieurs secteurs (tributaire de groupes de pairs).

[11] Club dans lequel Pelé a commencé sa carrière de footballeur.

[12] Un des plus grands parcs du monde situé aux USA.

En 1993, Libreville comptait 427.950 habitants soit 22,3 habitants/km2[13]. Nous notons que l'essentiel de la population gabonaise (73 %) vit en ville et regroupe près de la moitié de la population totale du Gabon qui est estimée à 1.014.976 habitants. La ville de Libreville compte 251.107 jeunes, soit 58,67 % de la population : c'est une ville bondée des jeunes, les chiffres nous le montre. Nous comprenons, à cet effet, tous les phénomènes de variations, de remplacements toponymiques entretenus par de groupes de pairs qui habitent Libreville.

Avant de passer à l'analyse des noms de quartiers, essayons de savoir comment les Librevillois appellent Libreville, capitale du Gabon. Nous avons collecté une variété de noms. Libreville est désignée par les jeunes "Elbève, Elbévé, Loubeve, Elbivi", etc. Ces variétés sont le résultat de différentes appropriations de l'abréviation officielle de LBV par les jeunes. Elles sont entrain d'être adoptées par l'ensemble des habitants de Libreville et sont utilisées presque par certains seniors pour faire « branché » ou tendance. Les véritables véhicules de ces expressions sont les chauffeurs de taxis, ils transportent à longueur de journée de nombreux jeunes et ils ne s'orientent que par rapport à certaines dénominations. Comme nous a signifié (Peter, 27 ans, taximan d'origine ghanéenne) : « *je ne peux que m'adapter par rapport à leur demande, lorsqu'ils me disent oh taxi, Beyrouth s'il te plait, ou les Etats-Unis d'Akébé, ou les states, je m'exécute sans problème frangin...* » Il faut ajouter que, pour les jeunes, le mot pour désigner le quartier est "quartoche".

Pour une meilleure approche analysons ces dénominations selon les catégories. Il faut remarquer que ces dénominations de jeunes sont des moyens de prendre possession de la ville, de marquer leur territoire, et ce sont ces faits qui nous intéressent. Il y a deux manières de prendre possession de la ville ; les dénominations sont souvent écrites sur les panneaux de signalisation ou des panneaux publicitaires placés à certains carrefours, d'autres sont écrits sur les murs des maisons. La seconde est diffusée à travers quelques chansons de rappeurs de la capitale ou par les ressortissants de ces quartiers pour faire bonne figure face à d'autres Librevillois.

Ces dénominations, de manière générale, se révèlent différentes des dénominations administratives parce qu'elles ont un aspect identitaire et symbolique. Ces expressions représentent un lieu d'observation de faits linguistiques qui reflètent la "librevillité". Ces termes sont présentés comme l'émergence d'un code nouveau suivi aussi par les plus jeunes qui imitent

[13] Ministère de la Planification et de l'Aménagement, *op. cit.*, p. 5.

leurs aînés. Ce code leur permet de s'orienter en divers lieux de la capitale parce qu'il est le fruit d'une multitude de représentations en contact avec d'autres styles jugés allogènes.

Les dénominations en référence aux États-Unis

Les dénominations relatives aux États-Unis sont nombreuses et représentent 34,61 % des dénominations des jeunes. Le rêve américain séduit davantage les jeunes. Cette séduction est appuyée par les films américains qui abondent à Libreville et également par ce grand mouvement d'immigrants anglophones qui affluent à Libreville. Il est important de préciser que ces dénominations populaires sont utilisées par les jeunes scolarisés/ non scolarisés de la ville. Ces faits sont souvent perçus lorsque Coca-Cola organise les « battles » entre groupes dans les quartiers, voire dans quelques lieux mythiques de la ville, comme le Carrefour de Nzeng-Ayong, le Rond point d'Awendjé et le Carrefour de la SNI. Par rapport à ces situations on assiste à un chevauchement de dénominations.

Ainsi, le quartier Derrière la prison (dénomination administrative) n'est pas reconnu par certains habitants en raison de la connotation du mot prison. Ce quartier doit son nom à la Prison centrale qui s'y trouve. Les jeunes ont préféré Boston, ville des États-Unis, capitale du Massachusetts, centre culturel et ville d'art. Le Boston de Libreville a abrité, dans les années 1990, le meilleur groupe de danse smurf/break/rap de Libreville entraîné par Ben Mino, ce lieu se veut être un espace de diffusion de l'art rapologique. Les films Break dance, Ozone, Turbo et 8 mile (Eminen) appuient encore cet état d'esprit.

Le Bronx et le Queens dénominations des jeunes font référence aux quartiers des durs et des caïds. Ils sont situés entre le Carrefour Léon Mba (dénomination populaire) et le quartier Akémidjogoni (appellation administrative). Ils sont les avant-gardistes de la mode, de la chanson ou de nouvelles tendances qui éblouissent les jeunes.

Les États-Unis d'Akébé (appellation des jeunes) forment un regroupement des quartiers populaires (Akébé ville, Akébé frontière, Pont d'Akébé, Akébé plaine et Akébé poteau), comme les États-Unis d'Amérique et les jeunes souhaitent que cet espace soit un espace fédéré avec à la tête un groupe qui régenterait toutes les activités les concernant.

Cité Black (dénomination des jeunes) est située à Lalala à gauche (dénomination administrative) dans une partie du quartier populaire Soduco qui fait référence à certains ghettos noirs américains de Harlem.

Pour de nombreux jeunes, la dénomination d'un secteur est avant tout le résultat d'une histoire vécue. Elle ne relève pas du hasard et porte la marque d'une ou plusieurs identités qui collent avec les réalités des jeunes qui y habitent. Cette pluri-dénomination est aussi due à l'étendue du quartier qui est de ce fait divisé en zones/secteurs, faisant ainsi entrevoir les démarcations territoriales des différents lieux pré-cités.

Le langage joue un rôle prépondérant dans un espace social parce qu'il donne à l'homme la possibilité de s'y référer et de le modifier en temps voulu. Parmi ce que l'homme voit, « *il retient un certain nombre d'éléments qu'il conceptualise à des fins d'expressions linguistiques.*[14]» Le topos donne à notre perception une variété de possibilités de le nommer. Cette nouvelle topophagie a fait passer les noms de lieux d'un multilinguisme endogène vers un plurilinguisme allogène dans le sens que vise Chaudenson[15].

Les dénominations locales et populaires

Les dénominations locales ne sont pas en reste ; elles sont synonymes de stéréotypes : la Vallée mpongwé (dénomination des jeunes) à Nzeng Ayong (dénomination administrative) est une dénomination stéréotypée qui a été attribuée aux Mpongwé par d'autres populations (jeunes) venues de l'intérieur du pays. Les Mpongwé sont parmi les premiers habitants de Libreville depuis le XIVe siècle.

La Vallée kota (appellation des jeunes) située toujours au quartier Nzeng Ayong, était à l'origine attribuée aux filles d'ethnie kota. Par contre les noms de quartiers populaires sont nombreux ; en voici quelques-uns :

Lalala Dakar : ce quartier a accueilli les premiers Sénégalais venus de Dakar. Et le quartier Diba Diba : en Inzebi diba diba traduit l'obscurité, absence de lumière opposé au quartier Charbonnages de Paris qui est un quartier bien aménagé. Il est composé en majorité des populations du Sud (Nzebi, Punu ...). Le quartier Dragon, porte le nom d'établissement d'un Libanais situé entre Rio (quartier populaire qui fait référence à Rio de Janciro au Brésil) et Kosmopark. IAI (sigle et nom de l'école panafricaine d'informatique appelée Institut Africain d'Informatique), est un quartier cosmopolite situé sur la route des cimetières Mindoubé.

Les autres dénominations

Elles sont les plus nombreuses, en forte expansion et touchent certains quartiers résidentiels. Face à tous ces phénomènes de re-baptême

[14] POTTIER, (1992), *Théorie et analyse en linguistique*, Paris, Hachette, p. 8.
[15] CHAUDENSON, (2000), *Grille d'analyse des situations linguistiques*, Paris, Didier Erudition.

des lieux (topophagie), les jeunes affichent un sentiment identitaire qui laisse entrevoir un malaise social profond face auquel ils souhaitent s'extraire. Cette situation est presque commune à tous les jeunes de villes africaines et du monde entier. Ils aspirent à un monde meilleur dépourvu de pauvreté et d'injustice. Ce fait est justifié par Martin's, 24 ans " *nous à LBV, on combat, c'est la "deutche", nous on nomme ces lieux pour dire qu'on en a ras le bol, Grand, et aussi pour se faire connaître auprès des autres frangins de la place* ".

Ainsi, le quartier Kinguélé (dénomination populaire, administrative de fois Kinguélé-Belle-vue) est appelé Kingston en référence à la Jamaïque, lieu habitué à la contestation, foyer de l'opposition gabonaise, espace autrefois prisé pour lancer les mouvements de grève par les opposants au régime du président Bongo.

Le PK6 (appellation populaire, administrative Sibang) comme son nom l'indique est situé à 6 kilomètres du centre-ville, c'est un quartier populaire et périphérique ; il est appelé Beyrouth parce qu'on trouve en ce lieu un immeuble construit par un entrepreneur libanais (originaire de Beyrouth). Il est composé de nombreuses bandes de pairs qui poussent parfois la police à descendre pour y rétablir de l'ordre.

Dans un autre esprit, le quartier Charbonnages (appellation administrative) nommé Charbonnages de Paris, nom de la société qui l'a construit, une partie est devenue, à l'heure actuelle, Doubaï (dénomination des jeunes), qui est un État prospère du Moyen-Orient, et en ce lieu, on trouve un snack bar qui a une clientèle d'hommes d'affaires.

De l'autre côté, on a le quartier Camp de boy (appellation administrative et populaire) qui était antérieurement (pendant la colonisation) le lieu d'habitation des employés noirs des quartiers européens, situé à côté de l'ambassade de France et aux environs de Batteries IV. Camp de Boy est une dénomination qui était avilie pendant la colonisation. Elle a été réhabilitée par les jeunes en abrégeant CDB ou (sidibi pour les américanisés). En ce moment, elle a l'image d'un quartier branché dans lequel les jeunes se distinguent par les nouvelles tendances.

Cette kyrielle de dénominations aussi diverses que variées est porteuse d'informations destinées à provoquer une réaction ; "le coin des chats", à Atong Abé (administrative/populaire), est un lieu dans lequel on trouve des nombreux chats dans les poubelles du quartier, pour certains (10 % d'enquêtés) pensent que cet espace est une déchetterie. Tandis que les secteurs " Porto et Santos ", (toujours dans Atong Abé), comptent plusieurs joueurs amateurs de football qui participent au championnat de deuxième division à Libreville. Ces appellations font aussi référence aux noms des grandes équipes dans lesquelles certaines grandes figures du football mondial, comme Pelé à Santos, ont fait carrière.

Le Kosovo (appellation clichée au quartier Atsibe Ntsoss, dénomination administrative) est composé essentiellement des populations fang qui viennent de la Guinée Équatoriale ; c'est un quartier d'immigrés. Il est pour les habitants de Libreville un espace sans foi ni loi, où règne le désordre, dans lequel, on trouve les bars dancing ouverts nuit et jour, les filles sont facilement abordables.

Le cartel d'Owendo est situé dans la commune d'Owendo, à quelques kilomètres de Libreville. Ce lieu abrite une zone industrielle et le plus grand port du Gabon, le port d'Owendo : c'est un point de nombreuses migrations. Le cartel d'Owendo regroupe un ensemble de mouvements de rappeurs, rivaux incontournables de ceux qui habitent Libreville.

Et de manière éparse, dans d'autres quartiers, on trouve également des dénominations comme les "Yakuza" situés à Lalala à gauche (appellation administrative) et le Koweït (dénomination des jeunes) nom donné au lycée Nzeng Ayong situé au quartier qui porte le même nom, construit par l'Arabie Saoudite dans lequel on enseigne l'arabe. Ceux qui résident dans ce quartier sont appelés les Koweïtiens.

À l'intérieur de quelques quartiers, nous avons constaté un morcellement des noms de lieux, et cela correspond à l'esprit de ceux qui y habitent. À chaque secteur correspond un groupe. Il y a tout un paradigme identitaire articulé autour de cet univers qu'est le quartier. Ce paradigme est sans cesse réactualisé selon les faits de mode auxquels les jeunes adhèrent. Les noms de secteurs sont de fois liés aux noms de sentiers ou voies d'accès de différents habitants du quartier, tels que les jeunes de la VIIIe rue. Cette rue est située au quartier Derrière la prison, nommé Boston par les jeunes.

En définitive, de nombreuses dénominations font référence aux quartiers noirs américains comme Harlem, le Queens ou à certaines villes des États-Unis (Boston, Seattle, Kansas). Nous avons noté trois principaux courants à Libreville : le premier est le fait des jeunes qui incarnent la mouvance du rap au Gabon, le second englobe les fanatiques de football et le troisième se distingue par la pratique des arts martiaux. Cette façon de nommer les lieux de la ville crée chez les aînés d'importants bouleversements de repères, dans lesquels ils se sentent marginalisés face à une affirmation identitaire socialement grandissante de la part des jeunes. Ce fait est perceptible à travers les cartes que nous présentons ci-après.

Carte n°1 : Dénominations des quartiers par les jeunes (secteur A)

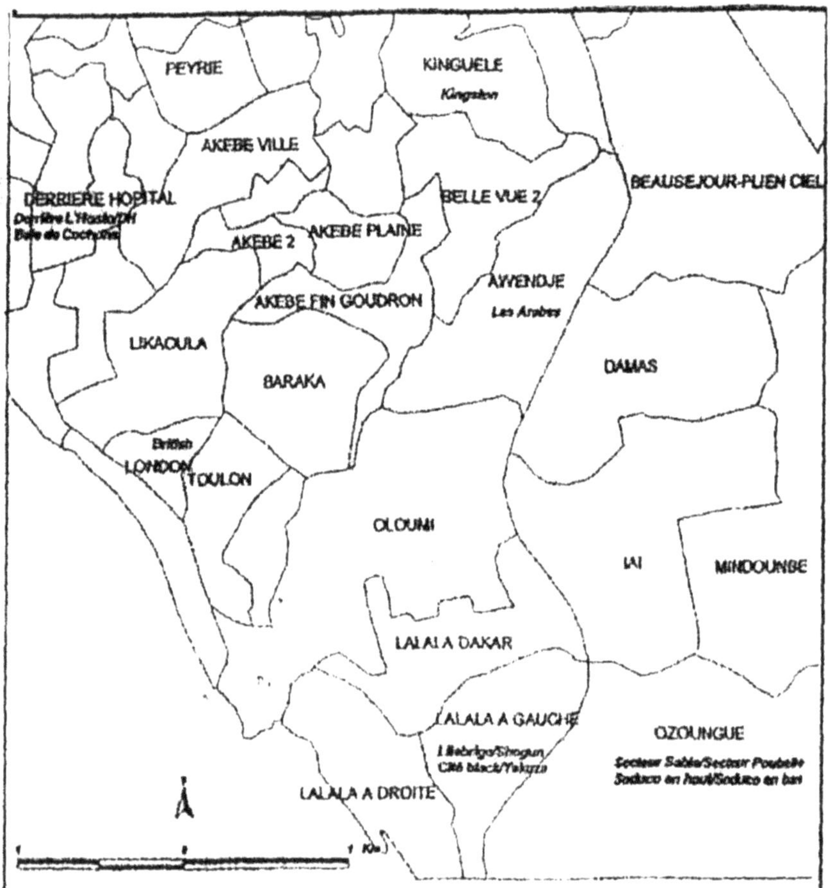

Réalisation : Rufin Mikala Mussavu avec la collaboration de Firmin Moussounda Ibouanga, septembre 2001.

Carte n°2 : Dénominations des quartiers par les jeunes (secteur B)

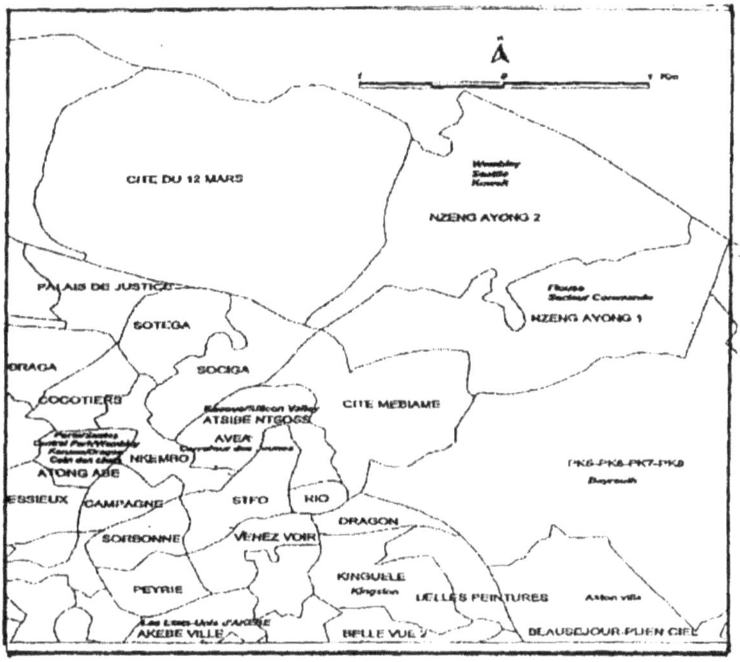

Réalisation : Rufin Mikala Mussavu avec la collaboration de Firmin Moussounda Ibouanga, septembre 2001.

Carte n°3 : Dénominations administratives et populaires
(Les dénominations des jeunes sont en petits cartouches)

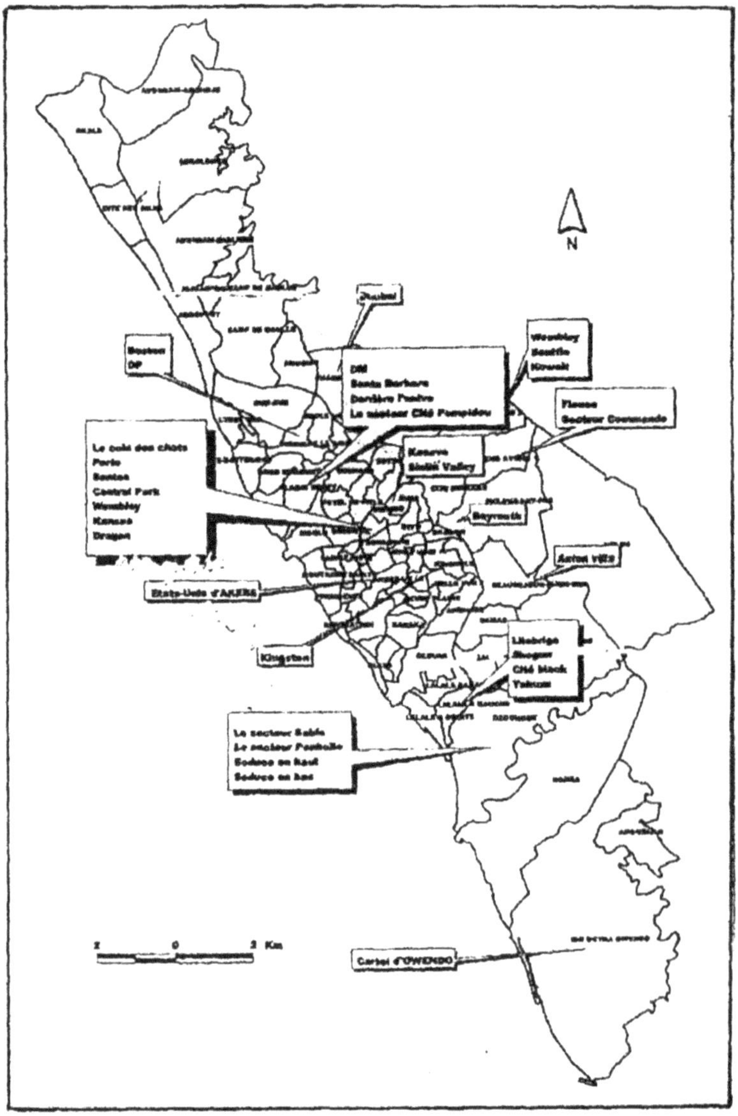

Réalisation : Ruffin Mikala Mussavu avec la collaboration de Firmin Moussounda Ibouanga, septembre 2001.

Références

Source imprimée

Ministère de la planification et de l'aménagement, *Recensement général de la population et de l'habitat (RGPH)*, (1993), Libreville.

Bibliographie

CHAUDENSON, (2000), *Grille d'analyse des situations linguistiques,* Paris, Didier Erudition.

GUSDORF G., (1998), *La parole*, France, PUF.

MBA NKOGHE, (1991), « Le Gabon linguistique », Notre Librairie. *Littérature gabonaise*, n° 105, avril-juin.

MERLET Annie, (1990), *Le pays des trois estuaires (1471-1900), quatre siècles de relations extérieurs dans les estuaires du Muni, de la Mondah et du Gabon,* Libreville, Sépia.

POTTIER B., (1992), *Théorie et analyse en linguistique, Paris, Hachette.*

RAPONDA WALKER André, (1996), *Notes d'histoire du Gabon suivi de toponymie de l'Estuaire (Libreville) et toponymie du Fernanz-Vaz (Port-Gentil)*, Libreville, Editions Raponda Walker.